# 国防装备系统工程中的成熟度理论与应用

张新国 著

国防工业出版社

·北京·

图书在版编目(CIP)数据

国防装备系统工程中的成熟度理论与应用／张新国著．
—北京：国防工业出版社，2013.3
ISBN 978-7-118-08733-8

Ⅰ.①国… Ⅱ.①张… Ⅲ.①武器装备管理－成熟度－研究 Ⅳ.①E237

中国版本图书馆 CIP 数据核字(2013)第 055016 号

※

(北京市海淀区紫竹院南路23号　邮政编码100048)
国防工业出版社印制
新华书店经售
*
开本 710×1000　1/16　印张 14　字数 198 千字
2013年3月第1版第1次印刷　印数 1—12000 册　定价 88.00 元

(本书如有印装错误，我社负责调换)

国防书店：(010)88540777　　发行邮购：(010)88540776
发行传真：(010)88540755　　发行业务：(010)88540717

# 序

张新国同志又一管理理论力作,《国防装备系统工程中的成熟度理论与应用》一书已经出炉,并在付梓出版过程中。我听了这个消息非常高兴,尽管很忙,但仍然毛遂自荐,希望再次为张新国同志新书作序。

因为技术成熟度理论也是我非常关注的问题,并且已成为今天重大系统工程管理中必备的管理工具。只不过是过去我们仅仅从国外一些零星资料中了解技术成熟度这个概念,同时也了解了作为系统工程管理工具应用中必须掌握的直接结论,然后就仓促上阵,匆匆忙忙付之应用。坦率地讲,对这样一个较新的系统工程管理工具,一直缺乏一个理论体系层面的系统性理解,有点囫囵吞枣的味道。现在张新国同志的新作弥补了这样一个缺失,无疑是极其难能可贵的。

现代系统工程,尤其是像航空工业这样的复杂系统工程,研制开发的难度随着时间推移,几乎呈几何级数增加,多学科和多门类技术协同、交叉及融合,使得现代高科技系统工程的实现异常复杂。那么在这样一个复杂的系统工程面前,用什么工具,或者以什么样的尺度来衡量和评价系统工程项目成功的可能性,以减少不确定性和风险,确实成为现代系统工程管理中的一个十分棘手的难题。显然在技术成熟度和制造成熟度等体系及理论出现之前,已有的管理工具都无法圆满地完成这一任务。

正如本书所指出的那样,上个世纪 70 年代,美国的 NASA 最早提出技术成熟度的概念,并且在探索中应用起来,后来在应用中又逐步完善形成了制造成熟度、保障成熟度、集成成熟度到系统成熟度。表明了人们逐步认识到,仅仅依靠研发技术成熟度单维度,无法从根本上解决复杂工程的全部问题,实际上还需要引入制造成熟度、保障成熟度、集成成熟度到系统成熟度，才足以应对复杂工程过程中可能产生的所有评估和评价问题，以减少工程项目的风险，提高成功的把握。这样从单维度考量复杂工程实现成功的可能性，发展到以多维度考量复杂工程实现成功的可能性，在西方国家用了大约二十年的时间。实际上，这是复杂系统工程的管理在进化中逐步完善实现的，而管理进化的本身也揭示了复杂大系统工程的成功管理必须经由多元要素来实现。从此，为了某个复杂系统工程项目的成功，在具体工程项目实施中或许不一定总是要多个维度并驾齐驱，在系统工程过程中人们也许会更关注多维度有机互补，同样也可以获得成功。这样的工程实例颇多，笔者在工程管理中是感同身受的。而对于理解这些问题，本书无疑是提供了系统的理论启示，同时也为乐于应用这样的管理工具者，提供了一个较为完整的方法工具性手册。这样的专著，不但在国防装备的复杂系统工程中，为我们提供了指导性典籍，我相信对于其他行业领域复杂系统工程的开发、建设也具有非常重要的参考价值。

成功的系统工程管理者不外有两种类型，一种是运作型的，他们在实践中不断积累工程管理经验，获得成功之后，他们可以用一本传记，把自己的成功经验和体会记述下来，形成案例，并启示指导后来者。还有一种类型，是导师型的，他们在工程管理实践过程中不断研究学习，在理论和实践的沃土上耕耘，并不断推出经典著作指导自己所从事的行业和影响其他同仁。不论是前者还是后者，实际上一个成功的管理者，首先应是一个成功的教育者。管理的最高境界是思想管理，有了正确的思想，才能有正确的方法论，教育者的角色正是达到这样境界的台阶。在成功的系统工程管理者中，张新国同志属于后者。本书的问世，表明了张新国同志作为一个优秀的系统工程管理者，又为系统工程管理理论发展和实际应用作出了自己的贡献，使自己升华为系统工程管理学家。我衷心祝贺张新国同志实现这样的升华，并衷心祝愿张新国同志，今后不断为丰富管理理论再添砖加瓦，做出新贡献！

林左鸣

中国航空工业集团公司　董事长

二〇一三年三月十八日

# 前言

国防装备系统既复杂又昂贵,国防装备项目系统工程的实施过程既困难重重又长路漫漫,这就需要在追求先进技术的同时又要控制好经费和时间。为了合理地把握这些矛盾之间的折衷和平衡,常常在追求装备先进性的同时,却不得不为减少项目风险而适度限制采用新的先进技术的比例。为了突破这一长期困扰的悖论,一个新的观念渐渐地成为共识,那就是在大型复杂装备项目中尽量采用先进而成熟的技术。"先进"似乎较容易通过该技术的原理、效应、功能、性能等来理解和描述,可对"成熟"的理解和说明就不那么容易,或者说,常常是比较含糊的,根本问题是缺乏一个客观判断的准则。另一个问题是,技术的"先进"性是由该技术的原理本质所决定的,是一种属性,在项目系统工程中是不变的。也就是说,某项技术一经选择,其先进性就已经明确了,而且不再会发生变化。技术的"成熟度"就不同了,因为成熟度就像其定义一样是一个成长的过程,是在生命周期的进化中不断成长变化的。再之,既然是一个过程,那就会有不同的阶段(系统工程中的不同阶段),而从每个低级阶段到高级阶段的转移也就需要有明确的标志,这样一来,技术"成熟"的过程就需要按照阶段划分而带有"标度"——"成熟的程度"。可见,如果拥有一套技术成熟度评价的客观准则体系,那么,在装备项目中选择先进而成熟的技术的期望就有了参考依据。反过来说,这样的理论和方法体系才能保证我们所选用的技术是先进和成熟的。这样,也就减少了项目管理的风险,而提高了项目成功的概率。

NASA在多年的研究工作中总结出了一套行之有效的方法,从科学成熟度等级(aSRL)到了技术成熟度等级(TRL),几乎覆盖了探索性科学研究和新技术开发过程的主要阶段,后来被美国国防部(DoD)和工业界稍加修改就适合用于任何领域技术项目的成熟度等级描述和评价。现在 TRL 方法不仅为全球航宇与防务领域的研究机构和工业组织广泛使用,而且也扩大到了其他多个技术领域,并且成为项目系统工程的开发者和管理者以及用户的公共语言和方法体系。

从整个系统工程的生命周期来看,只有 TRL 是不够的,因为全生命周期包含了设计、建造和运行的全过程,所以,后来在 TRL 方法论的理论和思想的基础上,又发展出了制造成熟度等级(MRL)和持续保障成熟度等级(SML)。这样,就为系统工程全生命周期内的多类技术(广义)成熟度提供了评价的方法。

从装备系统的角度来看,这还不够,因为单项技术最终要综合集成为系统一起工作,也就是说,在单项技术成熟度的基础上,还需要集成成熟度和系统成熟度,这样就进一步发展出了集成成熟度等级(IRL)和系统成熟度等级(SRL),以用于系统技术的评价。

就在 XRL 理论和方法不断的发展和完善的同时,系统工程本身也在持续地演进和变化,装备系统变得越来越复杂,以致于传统系统工程方法论本身也遇到了挑战,例如,系统之系统(SoS)、系统簇(FoS)、复杂体系(ES)都需要与之相应的复杂系统工程方法论,曾经的"设计论"已经不能应对复杂系统工程的不确定性,转而需要"进化"过程。总之,与其他科学技术领域一样,系统工程领域的知识、技术和方法也在不断地演进和发展,来应对复杂性的挑战。

本书共分 11 章,从国防装备系统工程引出 TRL、MRL、SML 等一系列成熟度理论,并以技术成熟度为重点,从基本概念、评价标准、评价实践、评价工具、评价管理等方面进行深入细致的探讨;还阐述了国防装备系统工程中常用的 MRL、SML、SRL 等模型;最后对国防装备复杂系统工程中的成熟度评价进行了探讨。

第 1 章,描述国防装备系统工程的基本概念和特点。给出了系统、复杂系统以及大规模复杂系统的定义和特点。对系统工程的概念、方法论以及发展展望做了描述,并给出了国防装备系统工程的基本框架和流程。

第 2 章,论述国防装备系统工程中的成熟度理论。阐述了系统工程生命周期模型,涉及到一般通用生命周期模型、典型高技术生命周期模型、DoD、NASA 等分别颁布的生命周期模型的比较,然后通过 DoD 采办管理系统的生命周期模型聚焦装备系统工程中的技术和流程管理活动,给出了基于技术/产品生命周期曲线的技术成熟度模型的基本原理,以及以技术成熟度等级为核心的成熟度模型体系。

第3章,技术成熟度的概述。从概念的起源到实际应用的综述,涉及到了技术成熟度、技术成熟度评价、技术成熟度等级等三个基本概念,还阐述了有关评价的对象和组织机构方面的论述。

第4章,技术成熟度评价的标准。详细描述了 TRL 的定义解析,包括了硬件 TRL 和软件 TRL 以及 TRL 九级要素的变化。阐述了技术成熟度评价的细则,包括提出的背景、主要构成及其理论依据和相关的术语说明。

第5章,技术成熟度评价的一般流程。本章描述了技术成熟度评价的工作流程,以及如何制定可行的成熟度评价工作计划,特别是详细地描述了识别关键技术元素(CTE)的基本流程、数据及信息的准备,以及有关编写具体化 TRL 的说明。本章还给出了关键技术元素评价的步骤和流程,以及如何编写 TRL 评价报告和审核 TRL 评价报告。

第6章,主要是关于技术成熟度评价的相关实践,或者是实际应用的案例。内容包括 JSF 项目的最佳实践、UH-60"黑鹰"直升机的案例和某型民用飞机评价的案例。在这些案例中,涉及到了项目概况、识别 CTE、TRL 评价标准、CTE 成熟度的判定、评价的结果以及相关的支撑材料和分析。

第7章,关于技术成熟度评价的管理工具。主要介绍了美国空军研究实验室(AFRL)TRL 计算器产生背景、结构功能及其运算法则和对软件的分析。另一个是介绍中航工业技术成熟度评价与管理系统,包括评价管理、工作流程、专家评审、技术信息管理等4个模块的内容。

第8章,关于基于技术成熟度评价的风险管理方法。论述基本原理,给出了技术成熟困难度评价方法,基于集成与可达性的风险识别、技术成熟度计划方法及其细则。

第9章,关于制造成熟度的理论与方法。阐述了其发展的历程、基本概念、评价原理、标准体系和典型的流程。还给出了最佳实践的案例,并论述了基于制造成熟度的项目制造风险管理。

第10章,关于后勤保障成熟度理论与方法。阐述了国防装备后勤保障相关背景知识及与之相关的成熟度概念,持续保障成熟度等级(SML)模型,还给出了参考比较的洛·马公司和美国海军提出的后勤保障成熟度模型。

第11章,关于系统成熟度理论与方法。描述了系统成熟度提出的背景,阐述了集成成熟度等级(IRL)和系统成熟度等级(SRL),并给出了矩阵计算、权值计算、因子计算和模版对比等四种方法。本章的最后还指出了面对复杂系统工程的成熟度评价时所遇到的问题。例如,SoS、FoS、ES 和网络中心系统都需要 IRL/SRL 的进一步发展和完善。

感谢殷云浩、程文渊博士带领的中航工业发展研究中心成熟度研究应用团队在实践应用、资料收集、编辑出版方面付出的努力和创造性工作。

由于时间仓促,水平有限,本书在构架和文字方面难免有不妥之处,敬请各位读者给予批评指正,在此表示衷心感谢。

作 者

# 目录

## 第1章 国防装备系统工程 ... 1

### 1.1 系统的概念及特点 ... 1
- 1.1.1 系统定义 ... 1
- 1.1.2 复杂系统定义 ... 2
- 1.1.3 复杂系统的特点 ... 3

### 1.2 系统工程概述 ... 4
- 1.2.1 系统工程的概念及特点 ... 4
- 1.2.2 系统工程的方法论 ... 5
- 1.2.3 新时期的系统工程 ... 9

### 1.3 国防装备系统工程理论 ... 12
- 1.3.1 国防装备发展系统工程的意义 ... 12
- 1.3.2 国防装备系统工程的基本框架 ... 13

## 第2章 国防装备系统工程中的成熟度理论 ... 19

### 2.1 装备生命周期技术和管理活动 ... 19
- 2.1.1 系统工程生命周期模型 ... 19
- 2.1.2 装备系统工程中的技术和流程管理活动 ... 22

### 2.2 通用技术成熟度模型 ... 26
- 2.2.1 技术/产品生命周期曲线 ... 26
- 2.2.2 技术成熟度模型的基本原理 ... 32

IX

2.3 以技术成熟度等级为核心的成熟度模型体系 ············ 34
   2.3.1 体系框架 ············ 34
   2.3.2 重点模型 ············ 36

## 第3章 技术成熟度概述 ············ 41

3.1 起源发展 ············ 41
   3.1.1 概念发展 ············ 41
   3.1.2 实际应用 ············ 42
3.2 评价模型 ············ 43
3.3 评价对象 ············ 44
3.4 组织机构 ············ 45

## 第4章 技术成熟度评价的标准 ············ 47

4.1 技术成熟度等级 ············ 47
   4.1.1 定义解析 ············ 47
   4.1.2 局限分析 ············ 56
4.2 技术成熟度评价细则 ············ 57
   4.2.1 提出背景 ············ 57
   4.2.2 主要构成 ············ 58
   4.2.3 理论依据 ············ 59
4.3 术语说明 ············ 62

## 第5章 技术成熟度评价的一般流程 ············ 64

5.1 技术成熟度评价流程 ············ 64
5.2 制定评价工作计划 ············ 66
5.3 识别关键技术元素 ············ 67
   5.3.1 基本概念 ············ 67
   5.3.2 基本流程 ············ 68
   5.3.3 数据及信息准备 ············ 69
   5.3.4 编写具体化TRL定义 ············ 70

| | |
|---|---|
| 5.4 评价关键技术元素(CTE) | 70 |
| 5.5 编写技术成熟度评价报告 | 73 |
| 5.6 审核技术成熟度评价报告 | 73 |

## 第6章 技术成熟度评价相关实践

| | |
|---|---|
| 6.1 联合攻击战斗机项目最佳实践 | 74 |
|     6.1.1 评价与管理实践 | 75 |
|     6.1.2 项目问题分析 | 76 |
|     6.1.3 案例总结 | 76 |
| 6.2 UH-60"黑鹰"直升机案例 | 77 |
|     6.2.1 项目简介 | 77 |
|     6.2.2 评价背景 | 79 |
|     6.2.3 评价过程 | 80 |
|     6.2.4 案例分析 | 84 |
| 6.3 某型民用飞机评价案例 | 85 |
|     6.3.1 项目概况 | 85 |
|     6.3.2 识别关键技术元素 | 86 |
|     6.3.3 技术成熟度评价标准 | 91 |
|     6.3.4 判定CTE成熟度 | 93 |
|     6.3.5 评价结果小结 | 99 |
|     6.3.6 评价建议 | 100 |
|     6.3.7 支撑材料 | 100 |

## 第7章 技术成熟度评价管理工具

| | |
|---|---|
| 7.1 美国空军研究实验室 TRL 计算器 | 101 |
|     7.1.1 产生背景 | 101 |
|     7.1.2 结构功能 | 103 |
|     7.1.3 运算法则 | 109 |
|     7.1.4 软件分析 | 111 |
| 7.2 中航工业技术成熟度评价与管理系统 | 111 |

|  |  |  |
| --- | --- | --- |
| 7.2.1 | 评价管理模块 | 112 |
| 7.2.2 | 工作流程模块 | 113 |
| 7.2.3 | 专家审核模块 | 115 |
| 7.2.4 | 技术信息管理模块 | 115 |

## 第8章 基于技术成熟度评价的风险管理方法 117

### 8.1 基本原理 117
### 8.2 技术成熟困难度评价方法 118
- 8.2.1 提出背景 119
- 8.2.2 理论模型 119
- 8.2.3 等级定义 121
- 8.2.4 评价细则 122
- 8.2.5 评价流程 126

### 8.3 基于集成与可达性的风险识别 127
- 8.3.1 提出背景 127
- 8.3.2 基本原理 128
- 8.3.3 评价对象 130
- 8.3.4 评价时机 132
- 8.3.5 评价标准 134
- 8.3.6 评价流程 135
- 8.3.7 最佳实践 139

### 8.4 技术成熟计划方法 141
- 8.4.1 制定过程 142
- 8.4.2 审核过程 143
- 8.4.3 实施监管 144
- 8.4.4 计划内容 145

## 第9章 制造成熟度理论与方法 147

### 9.1 发展历程 147
### 9.2 基本概念 149

9.3 评价原理 ································································· 150
　　9.3.1 评价目的与评价模式 ·············································· 151
　　9.3.2 评价对象 ·························································· 152
　　9.3.3 评价组织机构 ····················································· 152
9.4 标准体系 ································································· 154
　　9.4.1 制造成熟度等级 ·················································· 154
　　9.4.2 能力要素 ·························································· 156
　　9.4.3 评价细则 ·························································· 158
9.5 典型流程 ································································· 159
　　9.5.1 典型评价流程 ····················································· 159
　　9.5.2 启动工作 ·························································· 160
　　9.5.3 识别 CME ························································· 161
　　9.5.4 实施评价 ·························································· 162
　　9.5.5 编制报告 ·························································· 164
9.6 基于制造成熟度的项目制造风险管理 ································ 165

# 第 10 章 后勤保障成熟度理论与方法 168

10.1 国防装备后勤保障相关背景知识 ···································· 168
　　10.1.1 国防装备后勤保障相关概念 ·································· 168
　　10.1.2 武器装备生命周期中的保障活动 ···························· 170
10.2 国防装备后勤保障相关的成熟度概念 ······························ 176
　　10.2.1 研究概况 ························································· 176
　　10.2.2 DoD 提出的持续保障成熟度等级(SML)模型 ············ 177
　　10.2.3 洛·马公司提出的持续保障成熟度等级(SusRL)模型 ····· 181
　　10.2.4 美国海军提出的后勤保障成熟度等级(LRL)模型 ········ 184
10.3 小结 ···································································· 185

# 第 11 章 系统成熟度理论与方法 187

11.1 系统成熟度理论的提出背景 ········································ 187
11.2 系统成熟度评价的常用模型 ········································ 188

XIII

  11.2.1　矩阵计算法 ……………………………………… 188
  11.2.2　权值计算法 ……………………………………… 193
  11.2.3　因子计算法 ……………………………………… 194
  11.2.4　模版对比法 ……………………………………… 196
 11.3　复杂系统成熟度的评价问题 ………………………………… 197

**缩略语** ……………………………………………………………… 201

**参考文献** …………………………………………………………… 205

# 图表目录

图1-1　V字模型 …………………………………………… 6
图1-2　霍尔三维结构模型 ………………………………… 8
图1-3　系统工程应用范围 ………………………………… 10
图1-4　联合能力的挑战 …………………………………… 11
图1-5　基于能力的系统工程 ……………………………… 12
图1-6　国防装备系统工程管理框架 ……………………… 14
图1-7　系统工程流程 ……………………………………… 15
图1-8　DoD重大国防采办项目的三知识点实践 ………… 16
图1-9　系统生命周期流程组 ……………………………… 17
图1-10　贯穿生命周期各阶段中系统工程流程组的贡献 … 18
图2-1　装备系统工程生命周期模型的比较 ……………… 20
图2-2　DoD国防采办管理系统 …………………………… 21
图2-3　装备系统工程中的各种技术与管理活动 ………… 23
图2-4　技术生命周期曲线一 ……………………………… 26
图2-5　技术生命周期曲线二 ……………………………… 29
图2-6　产品生命周期曲线 ………………………………… 30
图2-7　单项技术发展与多个产品应用之间的关系 ……… 32
图2-8　系统工程流程中知识学习的过程 ………………… 33
图2-9　单项产品生命周期中TRL概念模型原理示意图 … 33
图2-10　综合特征与TRL——"V"模型 ………………… 34
图2-11　系统工程中的技术管理活动(成熟度模型) …… 35
图2-12　BPP计划中基于aSRL的技术发展路线图管理框架 …… 39

| 图 3-1 | 技术成熟度评价模型原理图 | 44 |
| --- | --- | --- |
| 图 3-2 | 评价工作组织结构 | 45 |
| 图 5-1 | 典型的技术成熟度评价流程 | 65 |
| 图 5-2 | 单项 CTE 的 TRL 判定流程 | 71 |
| 图 6-1 | JSF | 75 |
| 图 6-2 | JSF 关键技术元素的技术成熟度等级 | 75 |
| 图 6-3 | C-7101 飞机技术分解结构(TBS)示意图 | 87 |
| 图 7-1 | TRL 计算器(2.2 版本)总体显示工作表 | 104 |
| 图 7-2 | TRL 计算结果显示框 | 105 |
| 图 7-3 | 第 4 级的颜色不会高于第 3 级 | 105 |
| 图 7-4 | 技术类型选择对话框 | 105 |
| 图 7-5 | 评价内容选择对话框 | 105 |
| 图 7-6 | 绿色和黄色阈值点设置框(左绿右黄) | 106 |
| 图 7-7 | 总体显示工作表的超链接 | 106 |
| 图 7-8 | 数据采集工作表显示界面 | 107 |
| 图 7-9 | 通过复选框或滑块条回答问题 | 108 |
| 图 7-10 | 总体 TRL 运算流程 | 109 |
| 图 7-11 | 技术成熟度评价与管理系统首页 | 111 |
| 图 7-12 | 技术成熟度评价与管理系统模块设计 | 112 |
| 图 7-13 | 评价管理模块 | 113 |
| 图 7-14 | 工作流程模块 | 114 |
| 图 7-15 | 专家审核模块 | 115 |
| 图 8-1 | DoD 和 USAF 的风险管理过程示意图 | 118 |
| 图 8-2 | AD2 等级与风险影响/概率的对应关系示意图 | 122 |
| 图 8-3 | DoD 生命周期费用示意图 | 129 |
| 图 8-4 | DoD 采办框架中的风险管理 | 130 |
| 图 8-5 | 将 SoS 中的系统作为 UUE 进行的评估 | 131 |
| 图 8-6 | 自顶向下、自底向上的迭代方法 | 131 |
| 图 8-7 | 面向产品的 WBS(PBS) | 132 |
| 图 8-8 | 装备解决方案分析阶段(里程碑 A 前)RI3 | 133 |
| 图 8-9 | RI3 评价的实施过程及输出结果 | 135 |
| 图 8-10 | 5×5 风险矩阵中表征风险的标准颜色 | 136 |

| 图8–11 | 5×5风险矩阵与RI3排序的映射 | 137 |
| 图8–12 | 21个独立软件风险的RI3排序举例(S14是最为紧迫的事宜) | 137 |
| 图8–13 | RI3相对排序 | 139 |
| 图8–14 | RI3用于WBS的同一级部件 | 140 |
| 图8–15 | 子系统各个部件RI3等级 | 140 |
| 图8–16 | RI3用于一个系统的各个层级 | 141 |
| 图8–17 | TMP制定流程示意图 | 142 |
| 图8–18 | 关键技术元素成熟进度示意图 | 146 |
| 图9–1 | 制造成熟度评价原理 | 151 |
| 图9–2 | 评价组织机构 | 153 |
| 图9–3 | 典型制造成熟度评价流程 | 160 |
| 图9–4 | CME的组成 | 161 |
| 图9–5 | MRL判定流程 | 163 |
| 图9–6 | 基于制造成熟度的制造风险管理流程 | 166 |
| 图10–1 | 持续保障在生命周期各阶段的作用 | 171 |
| 图10–2 | 使用与保障费用占生命周期费用比例 | 175 |
| 图10–3 | 国防装备系统工程与持续保障成熟度等级(SML) | 181 |
| 图10–4 | 项目各个阶段需要完成的工作量 | 185 |
| 图11–1 | 系统成熟度理论的基本原理 | 190 |
| 图11–2 | 系统成熟度与国防采办的对应关系图 | 193 |
| 图11–3 | SRL同TRL–IRL–TRL的对应关系 | 196 |
| 图11–4 | 分层阶梯SoS | 197 |
| 图11–5 | 网络化SoS | 198 |
| 图11–6 | 以网络为中心环境下的SoS | 198 |
| 图11–7 | 复杂系统与系统工程的区别 | 199 |

| 表2–1 | 国防装备系统工程中的成熟度模型 | 35 |
| 表2–2 | 科学成熟度等级定义 | 36 |
| 表4–1 | 技术成熟度等级定义 | 48 |
| 表4–2 | 软件技术成熟度定义 | 49 |
| 表4–3 | 技术成熟度9级要素变化 | 50 |

| 表号 | 标题 | 页码 |
|---|---|---|
| 表4-4 | DoD 技术成熟度等级定义 | 55 |
| 表4-5 | TRL 5 评价细则(部分) | 58 |
| 表6-1 | 截至2011年2月,美军装备 UH-60 直升机情况 | 78 |
| 表6-2 | UH-60M 直升机项目 TRL 定义 | 81 |
| 表6-3 | UH-60M 直升机各项关键技术元素的技术成熟度 | 84 |
| 表6-4 | C-7101 飞机主要技术指标 | 86 |
| 表6-5 | 结构系统中的主要技术元素分析 | 88 |
| 表6-6 | C-7101 飞机最终的 CTE 清单 | 90 |
| 表6-7 | C-7101 飞机具体化 TRL 定义 | 91 |
| 表6-8 | 第4级评价细则判定表(样例) | 95 |
| 表6-9 | 第3级评价细则判定表(样例) | 96 |
| 表6-10 | 第5级评价细则判定表(样例) | 97 |
| 表6-11 | C-7101 飞机技术成熟度评价结果小结 | 99 |
| 表7-1 | TRL 计算器软件版本发展情况 | 102 |
| 表7-2 | 颜色代码含义 | 103 |
| 表8-1 | AD2 等级定义 | 121 |
| 表8-2 | RI3 各领域检查问题数量分布 | 134 |
| 表9-1 | 制造成熟度理论发展里程碑事件 | 148 |
| 表9-2 | 制造成熟度等级定义 | 155 |
| 表9-3 | 制造能力要素 | 157 |
| 表10-1 | 后勤保障相关成熟度概念 | 177 |
| 表10-2 | 持续保障成熟度等级及评价标准 | 178 |
| 表10-3 | SusRL 定义及相关评价标准 | 183 |
| 表11-1 | 集成成熟度等级(IRL)定义 | 188 |
| 表11-2 | 系统成熟度等级定义 | 190 |
| 表11-3 | 系统工程流程与 XRL 实施的关系 | 191 |
| 表11-4 | 对离子推进器部组件中各关键技术的评价 | 195 |

# 第1章　国防装备系统工程

当今社会,系统工程可谓无处不在,在遇到涉及因素多且难于处理的社会或工程问题时,常以"系统工程"的称谓来体现整个工作的艰巨性和复杂性。然而,在具体的工程实践中,运用好系统工程解决实际问题却非易事。系统工程背后必然紧跟一套具体的理念、方法和工具,特别是在面对复杂系统时,传统的系统工程方法已经难以驾驭,必须发展新的方法论和工具。本章将从系统、复杂系统的定义出发,在传统系统工程理论的基础上,提出国防装备系统工程的基本理论。

## 1.1　系统的概念及特点

系统工程的研究对象是组织化的大规模复杂系统,而"系统"作为系统工程的基本研究对象,需要正确的理解与深刻的认识。

### 1.1.1　系统定义

系统是由若干有机联系、相互作用的要素所组成,具有特定功能、结构和环境的整体。系统具有以下四个特点:

一是系统与其构成要素是一组相对的概念,取决于所研究的具体对象及其范围。系统是若干要素组成的整体,构成这个整体的各个要素可以是单个事物（元素）,也可以是一群事物组成的分系统、子系统等。

二是系统和环境也是两个相对的概念,任一系统又是其从属的一个更大系统的组成部分,并与其相互作用,保持较为密切的输入、输出关系,系统连同其环境一起形成系统总体。

三是系统组成诸要素之间存在一定有机联系,形成一定的相互关联方式。

四是任何系统都应有其存在的作用与价值,有其运作的具体目的,也有其特定功能。

### 1.1.2 复杂系统定义

随着科技的发展和时代的进步,国防装备系统工程的研究对象也在不断演化,从单项独立的复杂系统转向多重不同的"系统"组成的复杂系统,比较典型的包括系统簇(Family of System,FoS)、系统之系统(System of System,SoS)、复杂体系统(Enterprise System,ES)、网络中心系统(Net Centric System,NCS)等。

这些"复杂系统"都要求系统之间相互联系,而这常会使人有种无边无界的感觉,因此,界定系统的边界(或范围)是定义复杂系统的第一步工作。以美国国防部(Department of Defense,DoD)为例,其中的需求流程、特定任务或区域联合作战装备的本质就是界定系统之间联系范围的主要推手;一旦系统边界及目标缺乏清晰的定义,以网络为中心的系统效能将会低于以系统为中心的效能。另一方面,给出复杂系统(尤其是SoS)的简洁定义也是识别这些系统的关键功能及相关使能技术的必要条件。由于用于描述系统特征的关键性能参数(Key Performance Parameters,KPP)受到使用环境的影响较大,系统范围的界定工作常常会牵引出一系列相关的指南作为指导性文件。

DoD、工业界和学术界对以 SoS 为代表的复杂系统都有不同的定义。学术界主要关注可能用于未来的先进概念和技术,工业界则尝试提出各种不同类型、具有普适性的系统,而 DoD 则是基于联合作战的背景进行定义。本书以 DoD 的定义为主进行探讨,在 DoD 的多份文件中都涉及到对"系统"的定义。根据联合能力集成与开发系统(Joint Capability Integration and Development System,JCIDS)中的定义:

SoS 是指一组存在相互联系的或连接起来可提供一种综合能力的相互依赖的系统,其中任何一个部分的失效都会导致整体能力或整体效能的显著降级,开发 SoS 解决方案时会涉及到系统之间或单个系统效能的权衡问题。

FoS 是指通过不同的途径以达到相似或互补的效果而提供相似能力的一组

系统。例如，战斗机可能需要跟踪移动目标的能力，而提供这种能力的 FoS 可能会包括带有特定传感器的无人或有人航空飞行器，一个太空的传感器平台或一种特殊的作战能力。尽管每种系统都能提供这种跟踪移动目标的能力，但持久性、准确性和实时性等特性则各不相同。网络中心性（Net Centric）涉及的是网络中心环境的属性，网络中心环境是一个鲁棒的、全球互联的网络环境（包括基础设施、系统、流程和人员），在这个环境中，使用者、应用和平台之间可实现数据的准时和无缝共享。网络中心环境可显著提升军事态势感知能力以及大幅缩短决策周期。

这几种不同的复杂系统都有其自身的定位和特点，也有所区别：

（1）SoS 中任何一个系统的失效都会引起整体效能的降级，当 SoS 中许多系统的鲁棒性较强时，这种情况或许有所改善。然而，即使是一个最简单的 FoS，只要具有相似任务能力的系统没有全部失效，FoS 的效能就不会受到影响。

（2）FoS 是由具有某些共同特征的系统构成的一组系统，本质上讲，与 SoS 相比，其能力无法超出所有构成系统的能力总和，换言之，它无法实现"1 + 1 > 2"的效果；另外，FoS 缺乏 SoS 的协同性，甚至也不要求所有构成系统都与整体实现连接。

从 DoD、工业界和学术界对于这些复杂系统的定义中不难发现，事先给定互操作程度的定义，有助于更清晰地确定 SoS 等复杂系统的定义。而互操作性是指"系统、单位或军力为其他系统、单位或军力提供和接受服务，以及使用这些所交换的服务使它们能够一起有效地运作。"其中的服务并非只是连接性，还隐喻着对特定业务流程高质量的、时间上无缝的、且紧密连接到特定的业务流程的要求。

### 1.1.3 复杂系统的特点

复杂系统的特点主要表现：一是系统的功能和属性多样化，由此带来的多重目标间经常会出现相互消长或冲突的关系；二是系统通常由多维且不同质的要素所构成；三是一般人机系统，其中的人与相关组织或群体经常表现出固有的复杂性；四是由要素间相互作用关系所形成的系统结构日益复杂化和动态化。此外，复杂系统还具有规模庞大及经济性突出的特点。

## 1.2 系统工程概述

过去几十年间，人类利用系统工程解决大型复杂系统的工程问题，取得了不错的效果，也使得系统工程的概念和作用进一步得到重视。另一方面，随着网络环境的构建，现代装备系统的复杂性也要求自觉应用系统工程概念，确保获得可生产、可使用和可保障的系统，以满足任务要求。

### 1.2.1 系统工程的概念及特点

系统工程是系统科学的一个分支，是系统科学的实际应用，是从总体出发，合理开发、运行和革新一个大规模复杂系统所需的思想、理论、方法论、方法与技术的总称，属于一门综合性的工程技术，同时还是包括诸多工程技术的一大工程技术门类，涉及范围很广，不仅要用到数学、物理、化学、生物等自然科学，还要用到社会学、心理学、经济学、医学等与人的思想、行为、能力等有关的学科，有其独特的特点。

1. 系统工程的基本概念

根据国际系统工程协会(International Council on Systems Engineering, INCOSE)的定义可知，"系统工程是成功建设系统的一种跨学科的方法和工具。"系统工程是把自然科学和社会科学的某些思想、理论、方法、策略和手段等，根据总体协调的需要，有机联系起来，把人们的生产、科研、经济和社会活动有效组织起来，应用定性与定量相结合的方法和计算机等技术工具，对系统的构成要素、组织结构和反馈控制等功能进行分析、设计、制造和服务，从而实现最优设计、最优控制和最优管理，以便最充分地发挥人力、物力和信息的潜力，通过各种组织管理技术，使局部和整体之间的关系协调配合，以实现系统的综合最优化。

系统工程最初是为帮助了解和管理复杂性系统而产生的一门学科，不同于其他技术的是，它是一类综合性的整体技术、一种综合集成的系统技术、一门整体优化的定量技术，是体现了从整体上研究和解决系统管理问题的技术。

系统工程属于方法学（不同于基础学科），其重点在于研究系统问题的方法，而不在于探讨基本原理。系统工程的主要研究方法是模型方法，用数学模型即数学方程来描述过程的特性。通过数学方程在不同条件下求解，研究单元设备的结构参数和操作参数同过程整体特性之间的关系。通过过程的整体优化，确定各单元参数的最优数值，使过程的整体性能达到最优。

2. 系统工程的特点

系统工程关注的是整个系统，着重在系统的整体运行，它是从外部看该系统与其他系统和环境的相互作用，也从系统内部看这些作用。它不仅关注系统的工程设计，也关注对设计有影响的外部因素，包括用户需求、系统运行环境、界面系统、后勤保障要求、运行人员能力和其他在系统要求文件和系统设计中必须正确体现的因素。

尽管系统工程的主要目标是提供指导，但不意味着系统工程人员在系统设计中不能发挥关键作用，相反，他们负责新系统开发的形成（概念发展）阶段，将完成能够反映用户需求的系统功能设计。这一阶段的工作不能完全基于传统工程学科的定量知识，而常常基于定性的判断，并利用大量学科，尤其是新技术研发方面的经验。

系统工程在传统工程学科之间架起了一座桥梁，复杂系统元素的多样性使其在设计和发展中需采用不同的工程学科。系统要正确运行，每个系统元素都必须与其他元素正确结合，这些独立的设计元素之间具有物理和功能的复杂关联功能，因此，不同元素的功能相互影响，不能通过简单装配就成为一个有效系统。系统工程人员必须指导和协调每个独立元素的设计，以确保系统元素之间相互影响和接口的匹配协调性。

## 1.2.2 系统工程的方法论

1. V字模型方法论

在系统工程的发展过程中，还原论方法发挥了重要作用，特别是在自然科学领域中取得了很大成功。还原论方法是把所研究的对象分解成部分，认为部分研究清楚了，整体也就清楚了；如果部分还研究不清楚，再继续分解下去进行研究，直到弄清楚为止，如图1-1所示的V字模型的左侧。

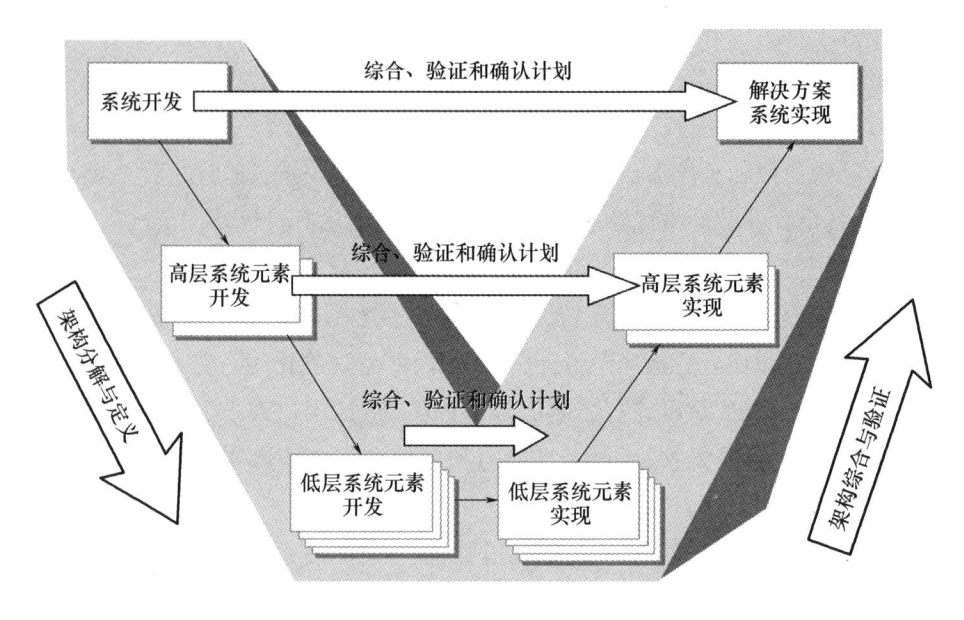

图1-1 V字模型

按照这个方法论,物理学对物质结构的研究已经到了夸克层次,生物学对生命的研究也到了基因层次,这是现代科学技术取得的巨大成就。但现实情况却是,即使我们认识了基本粒子,却依然不能解释大物质的构造,知道了基因也回答不了生命是什么。这些事实使科学家认识到"还原论不足之处正日益明显",这就是说,还原论方法由整体往下分解,研究得越来越细,这是它的优势方面,但由下往上回不来,回答不了高层次和整体问题,这又是它不足的一面。所以仅靠还原论方法还不够,还要解决由下往上的问题,也就是复杂性研究中涌现问题,需要研究微观如何决定宏观,解决由下往上的问题,打通从微观到宏观的通路,把宏观和微观统一起来。

同样道理,还原论方法也处理不了系统整体性问题,特别是复杂系统和社会系统的整体性问题。从系统角度来看,把系统分解为部分,单独研究一个部分,就把这个部分和其他部分的关联关系切断了,这样即使是把每个部分都研究清楚了,也回答不了系统整体性问题。20世纪30年代提出的整体论方法,强调还是从生物体系统的整体上来研究问题,但限于当时的科学技术水平,支撑整体论方法的具体方法体系没有发展起来,仍然从整体论整体、从定性到定性,却无法解决实际问题。

20世纪80年代中期,国外出现了复杂性研究。所谓复杂性其实都是系统复杂性,从这个角度来看,系统整体性,特别是复杂系统和社会系统的整体性问题就是复杂性问题。所以对复杂性的研究,后来也采用了一个复杂系统的词,代表那些对组成部分的理解不能解释其全部性质的系统。随着系统的复杂性增大,将系统工程用于组织管理复杂系统和社会系统时,传统的系统工程方法已经不够用。

虽然在方法论上也意识到了还原论方法的局限性,但并没有提出新的方法论。方法论和方法是两个不同层次的问题,方法论是关于研究问题所应遵循的途径和研究路线,在方法论指导下是具体方法问题,如果方法论不对,再好的方法也解决不了根本性问题。

2. 霍尔三维结构模型方法论

系统工程方法就是分析和解决系统开发、运行及管理实践中的问题所应遵循的工作程序、逻辑步骤和基本方法。它是系统工程思考问题和处理问题的一般方法和总体框架,为解决规模较大、结构复杂、涉及因素众多的系统问题提供了思路。

霍尔三维结构就是典型的以工程系统为研究对象,直观展示系统工程各项工作内容的三维结构图,如图1-2所示。三维结构由时间维、逻辑维和知识维组成,集中体现了系统工程方法的系统化、综合化、最优化、程序化和标准化等特点,是系统工程方法论的基础内容。

1) 时间维

三维结构中的时间维也称工作阶段,一般可分为7个阶段:

(1) 规划阶段。拟订系统工程活动的方针、设想和规划。

(2) 拟订方案阶段。提出具体计划方案。

(3) 研制阶段。实现系统的研制方案,并安排生产计划。

(4) 生产阶段。生产出系统的零部件及整个系统,并提出安装计划。

(5) 安装试验阶段。安装整个系统,并通过试验运行定出系统运行计划。

(6) 运行阶段。系统按规定的目标进行工作,或按预定的用途服务。

(7) 更新阶段。改造更新旧系统,以提高系统的效能。

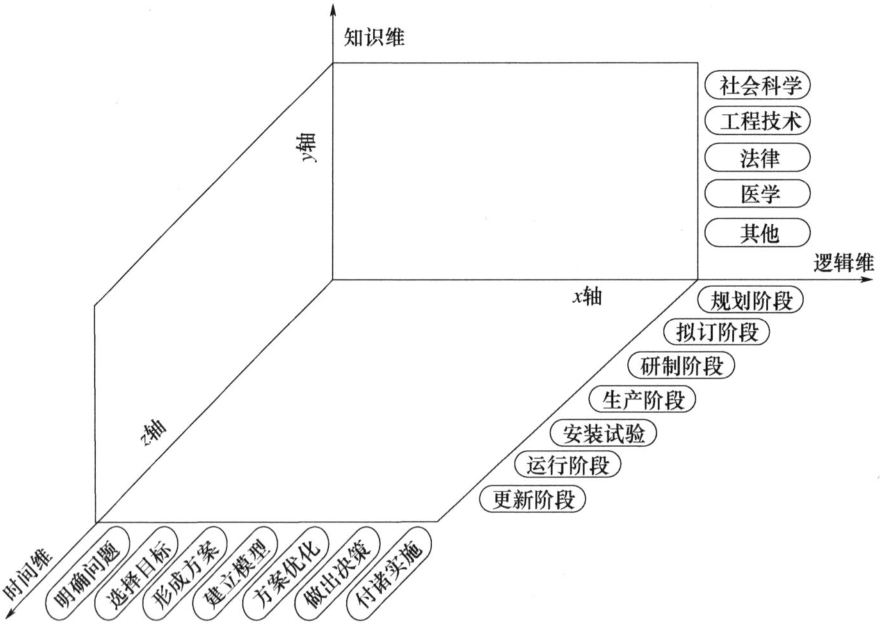

图 1-2 霍尔三维结构模型

2）逻辑维

三维结构中的逻辑维又称思维过程,是指实施系统工程的每一个工作阶段所要经过的 7 个步骤,也是运用系统工程方法进行思考、分析和处理系统问题时应遵循的一般程序。

(1) 明确问题。即弄清问题的实质,通过调研有关资料和数据,了解有关问题的历史、现状和未来的发展趋势,为解决问题提供可靠的依据。

(2) 选择目标。在明确问题后,应选择系统功能的具体评价指标,或确定其目标函数,以便据此对可供选择的系统方案进行比较和评价,也称评价系统设计。

(3) 形成方案。按照问题的性质和目标(功能)要求,形成一些可能的系统方案,以供选择,也称系统综合。

(4) 建立模型。它是指为了对各种可能的系统方案进行分析比较,通过建立一定模型,将这些方案与系统的评价目标联系起来的方法,也称系统分析。

(5) 方案优化。即在一定限制条件下,寻求最优的系统方案,也称系统选择。评价最优的标准有单目标和多目标。在一些可行方案中寻求最优方案常常是一个多次反复的过程。

（6）做出决策。有时优化的方案不止一个，或者除了定量目标外，还要考虑一些定性目标，如一些与人及社会因素有关的无法量化的目标。这些必须由决策者全面考虑，最后就一个或极少几个方案做出决定，予以实施。

（7）实施计划。根据最后选定的方案将系统计划具体实施的过程。如果实施中比较顺利或者遇到的困难不大，可略加修改和完善后即可，并把它确定下来，那么整个步骤即结束。如果问题较多，则需要返回到前面的步骤进行迭代。

3) 知识维

知识维是指完成上述各阶段、各步骤的工作所需的各种知识和各种专业技术。霍尔把这些知识分成工程、医学、建筑、商业、法律、管理、社会科学和艺术等。

霍尔三维结构强调明确目标，核心内容是最优化，并认为现实问题基本上都可归纳为系统工程问题，应用定量分析手段求得最优解答。该方法论具有研究方法上的整体性、技术应用上的综合性、组织管理上的科学性和系统工程工作的问题导向性等突出特点，可以有效指导开展工作。

### 1.2.3 新时期的系统工程

系统工程在与经济转型、国际化及企业发展结合，与新一代信息及网络技术结合，与实施可持续发展战略结合，与思维科学结合等方面，都有较好的发展前景，应用对象范围会逐步扩大，研究的新方法也会不断增多，使用的管理工具也会越来越多。

1. 传统系统工程和复杂系统工程并存

如图1-3所示，从工程到系统工程，再到复杂系统工程，又发展到复杂体系统工程，难度日益增加。传统系统工程的设计目标是系统，而在复杂系统工程中，却没有系统或产品的概念，所要考虑的是系统将处于持续改进的环境或过程中。例如，对于制造过程来说，是在设计制造过程，而不是在设计系统。复杂系统工程的关键是在系统的设计尚未开始前就对过程进行设计，使设计变得大为不同。

在复杂系统工程中，构建一个系统存在或建立的环境结构，所有人员的活动将在网络环境下进行,环境的本质不只是一些软件或硬件,而是要有一套人与人相互沟通和过程改变的规则。另外,复杂系统工程对技术的依赖性比民用传统系统工程要大,需要利用非传统的工具和方法从不同的领域找到答案。国外关于复杂性和复杂系统的研究,在研究方法上取得了诸多创新之处,如遗传算法、演化算法、开发的Swarm软件平台、以Agent为基础的系统建模、用数字技术描述的人工生命等。

传统系统工程不能了解所有的复杂性问题,对于高度复杂的系统问题,需要采用复杂系统工程方法。但是,传统系统工程方法在设计中仍将发挥作用,一方面用于复杂性较低的系统,另一方面用于处理复杂系统部件之间的相互影响分析问题。复杂系统工程将用于处理系统部件的集成问题。这两种方法相互配套,具体应用由系统的规模、范围和细节决定。

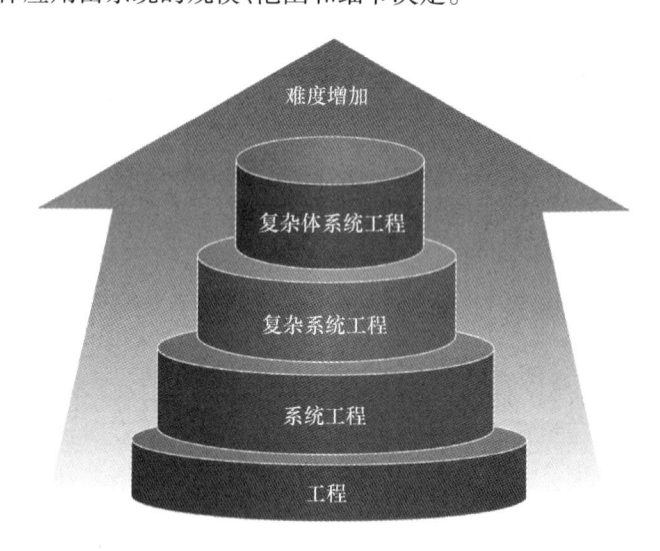

图1-3 系统工程应用范围

2. 基于模型的系统工程方法

现代复杂系统包括科学技术、软件、分析、项目管理、制造、计算机辅助设计等多个环节,设计系统的复杂程度非常高,以至于无人能够对系统有全面的了解。传统的"设计、制造、试验、再设计"设计流程由于需要耗费大量资金和时间,已不再适用于复杂系统工程。同样,传统的基于文件的系统工程途径也难以适应新的发展需求,在产品发展的不同阶段引入建模仿真手段,对于实现复杂系统十分重要。因此,为使各个组织对系统都能够有全面的了解,产生了综合系统模型的概念。该模型全面反映了系统的各个方面信息,包括要求、性能、物理结构、功能结构、质量、成本、制造和可靠性等。基于模型的系统工程方法(Model Based System Engineering,MBSE)是一种利用图形化语言生成和记录与要求、设计、分析、验证和确认有关详细信息的方法,它为系统工程人员提供了一种以系统建模语言(Systems Modeling Language,SysML)作为建模规范的新手段。SysML 分为 4 个功能区,包括:需求区(系统/子系统/部件要求)、行为区(使用案例、活动、结果、状态原理等)、结构区(内外部)、参数区(数学公式与约束条件)。

3. 基于能力的系统工程方法

为了应对联合能力的挑战(图 1-4),美军通过 2009 年的美国参谋长联席会议主席指令(Chairman of the Joint Chiefs of Staff Instructions,CJCSI)3170.01G 及相关文件,提出了采办项目生命周期的新架构,以凸显不断增长的早期系统

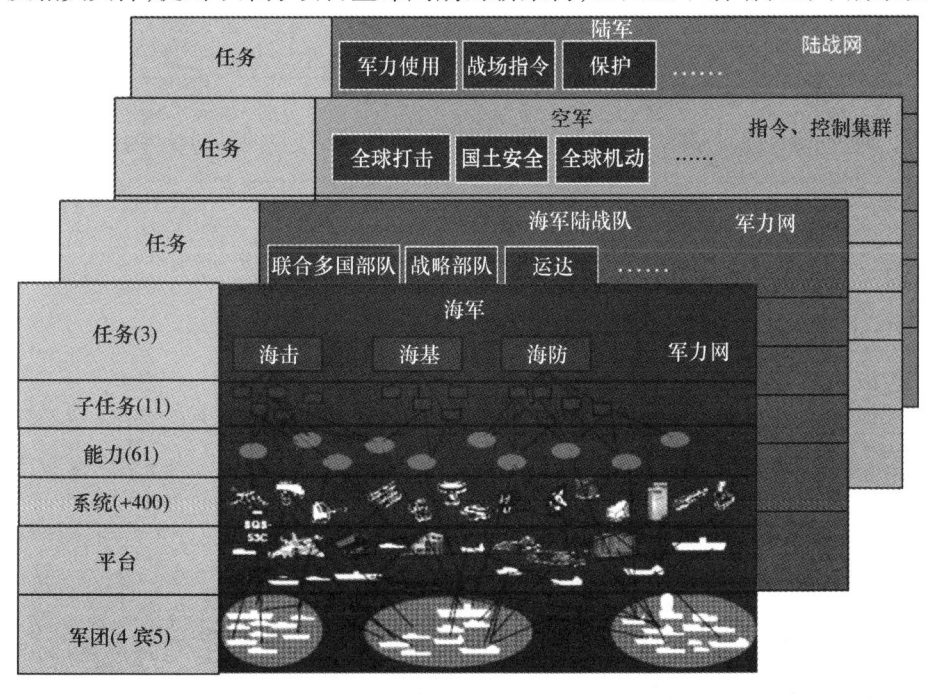

图 1-4 联合能力的挑战

工程活动的重要性,这些系统工程活动包含为正确实施持续保障 KPP 所要求的各种活动。

发展联合能力的流程需要利用基于能力的系统工程方法,就是将以网络为中心的应用、服务简单化,从关注军力到关注能力,再到关注设计、建造和试验等活动,从复杂系统(ES)到 FoS/SoS 等复杂体系,再到单个系统的构件,同时,将作战概念转换为能力,将能力转换为系统需求,再将系统需求转换为最终项。无论是哪种情况,都要求需求与多个流程、流程所有者和产品保持一致(图1-5)。

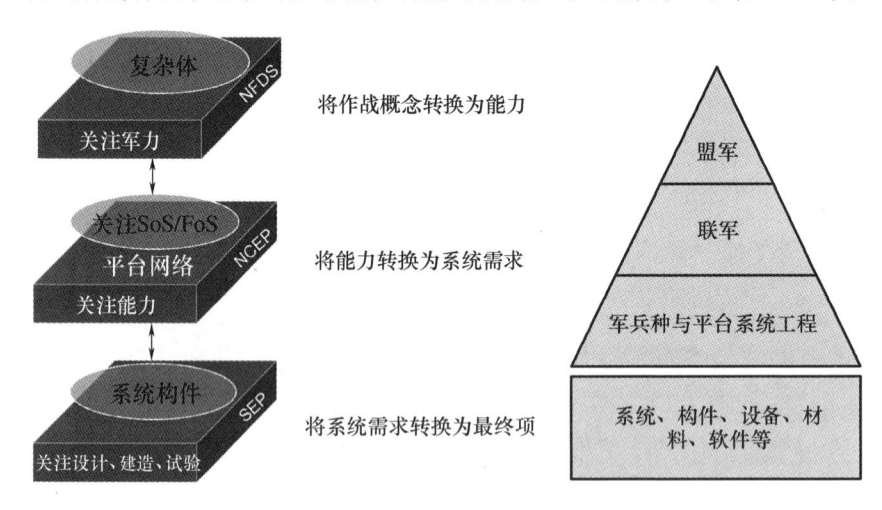

图1-5 基于能力的系统工程

## 1.3 国防装备系统工程理论

国防装备系统工程之所以能够引人注目,一个很大的原因就是20世纪中期"阿波罗"宇宙飞船的成功发射,此后数十年的实践进一步证明,应用系统工程理论是大型复杂国防装备研制成功的关键之一。

### 1.3.1 国防装备发展系统工程的意义

科学技术的发展在改善国防装备的性能同时,也使装备自身日益复杂化,复杂化不仅体现在装备的研制上,还体现在使用保障方面,加之长期以来受"重性能、轻效能"传统观念的影响,忽视可靠性、维修性、保障性、测试性、安全性等方面的设计,造成装备的使用寿命短、故障率高、维修效率低、停用时间长、生命周期费用大。针对这些问题,系统工程之于装备系统的重要意义不言而喻,它支持对复杂系统设计、研制和生产进行严谨地分析和协同,便于稳定地集成重大防务项目中包含的大量独立部件和分系统。随着武器系统复杂程度的提高,武器系统研制面临的技术难度和管理难度都在不断加大,系统工程实施面临着新的挑战。

另一方面,近些年来,DoD 国防采办项目频繁出现"拖进度、涨经费、降指标"的现象,自 2003 年起,美国政府问责办公室(Government Accountability Office,GAO)开始对 DoD 的重大国防采办项目的实施情况开展年度审查。以 2009 年为例,美军 96 个重大国防采办项目的总经费达到 1.6 万亿美元,超过最初预算 25%,比最初确定的交付时间平均拖延 22 个月。对此,GAO 认为:缺乏严格的系统工程是造成这些问题的主要原因之一。为了解决这些问题,美国国会颁布了《2009 年武器系统采办改革法》,引发了美军在系统工程组织机构、政策法规、理论研究和技术发展等方面的一系列连锁反应:在国防部办公厅内成立系统工程办公室,恢复研制试验验证办公室;要求重大国防采办项目将系统工程要求列入项目军事需求和合同要求;启动"系统 2020"倡议,开发新的系统工程方法和工具等,美军以《改革法》为标志启动了新一轮的系统工程改革。

由此可见,系统工程是国防装备研制与使用中重要的方法和工具,它对于管理人员按照性能、费用、进度的目标全面权衡、综合优化及制定有效的实施途径具有十分重要的意义。

### 1.3.2 国防装备系统工程的基本框架

国防装备系统工程涉及两方面的内容:一是国防装备系统工程管理;二是国防装备系统工程技术。

1. 国防装备系统工程管理

国防装备系统工程管理是运用技术状态管理、技术接口管理、技术数据管理、技术风险管理和技术评估管理等手段,对系统工程的技术过程、活动及要素进行管理和控制,确保系统工程目标实现的过程,主要由生命周期阶段划分、系统工程流程和目标导向的知识集合三部分组成,如图 1-6 所示。

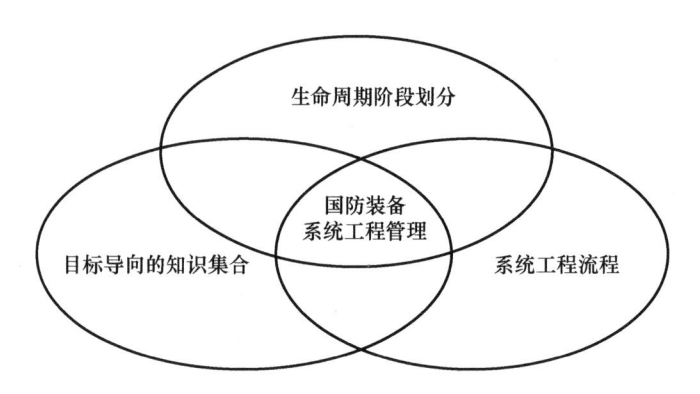

图 1-6　国防装备系统工程管理框架

1) 生命周期阶段的划分

生命周期是指装备从立项论证开始直到退役处理的全部过程,不同类型的装备生命周期阶段的划分根据性质、功能、复杂程度等因素的不同而有所不同,但一般装备的生命周期大致可分为论证、方案、工程研制、生产部署、使用保障和退役处理等阶段。生命周期划分主要有两个目的:一是通过建立基线控制全生命周期过程;二是通过规定生命周期过程中若干关键事件评估审查工作。在生命周期过程中装备的不同层次和不同阶段,涉及到系统方案、功能基线、分配基线和产品基线等概念,它们循序渐进地描述装备系统与技术状态,使系统的研制工作能有序进行。

- 系统方案是依据用户需求生成对系统的要求,进而形成系统的方案说明。
- 功能基线是依据系统方案说明形成以系统性能要求表示的系统说明,通常把系统性能说明的技术状态文件定为功能基线。
- 分配基线是依据系统性能说明形成分系统和部件级产品的一组性能说明,它是详细设计的依据,通常把分系统和部件的性能说明的技术状态文件称为分配基线。
- 产品基线是依据分系统和部件的性能说明形成的一组产品特征详细说明,它是制造的依据和制成的状态,通常把产品特征详细说明的技术状态文件称为产品基线。

2) 系统工程流程

系统工程流程是通过一系列活动将作战需求或要求转化为系统的设计方

案的过程。其中的基本活动包括需求分析、功能分析与分配、设计综合与验证，这些活动都要通过系统分析与控制加以平衡，从而实现性能、费用、进度的综合平衡。图1-7是典型的系统工程流程。

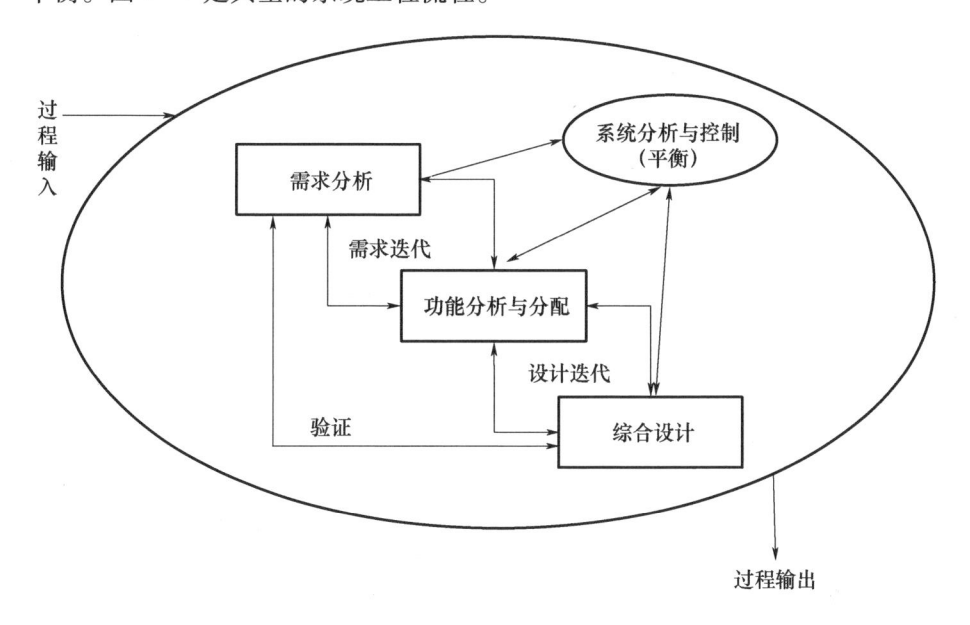

图1-7 系统工程流程

3) 目标导向的知识集合

传统的设计工作主要采取单一专业学科知识(如空气动力学)独自进行分析，它可以使装备获得一定的性能，但无法做到整体最优，不能获得优异的作战效能。系统工程出现后，把互不相干的众多学科、相互不完全理解的各行专家以及千百个目标各异的研究、设计和制造单位联系到一起，可以做到多种学科、多种专业知识(机械、电器、电子、结构、可靠性、维修性、综合保障、安全性、生产性、质量、价值、财务、法律、合同等)的综合利用，并行综合处理系统的研制、生产、验证、部署、训练、使用、保障和退役处理等有关问题，制定出全寿命平衡的设计方案。用这种知识集合可以减少系统设计过程中迭代的次数，减少重新设计和返工的次数。

下面以GAO提出的三知识点最佳实践方法为例，着重说明系统工程中目标导向的知识集合。图1-8所示的是GAO针对DoD重大国防采办项目的三知识点最佳实践。通常情况下,在系统研制过程中,要考虑技术的成熟性、设计的稳定性和制造的成熟性三方面的问题,实际上考核的是这三方面具备知识与目标需求的符合程度。

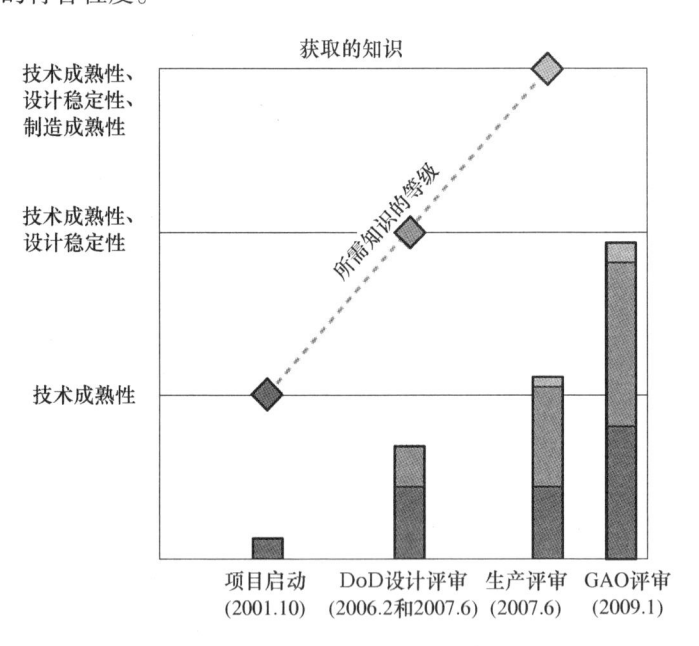

图 1-8 DoD 重大国防采办项目的三知识点实践

（1）与需求相匹配的技术知识。技术开发的最终目标是将一项技术成功应用到装备上,即它可以被集成到一种新产品中,并且能够依靠它满足需求。在技术从概念发展到可行性论证,再到生产出部件,最后安装到产品中并实现预期的功能的整个期间,存在可测量并可以逐级验证的与需求相匹配的技术知识,这些都是我们实现装备系统功能与性能的必要输入。

（2）依据需求开展设计的知识。世界上一流的军工企业在产品研发进行到一半时就可以确定产品的设计能够满足客户需要,并且还能保证产品可以生产制造出来。关键设计评审的目的就是确认设计成熟,并"冻结"技术状态以保证未来尽量少做修改。此时的技术状态不仅包括整个系统及其所有零部件的精确示意,还反映了试验和仿真结构,同时还描述了用来制造每个零部件的材料和工艺。

（3）满足成本、质量和进度目标的制造知识。一流的军工企业在开始生产之前必须清楚制造工艺是否能够生产出符合成本、质量和进度要求的产品。实现这一点不仅意味着产品能够生产出来，还意味着关键制造工艺可控。军工企业可以依靠良好的供应商关系、已知的制造工艺和统计过程控制，尽早获得这些知识。生产前对关键制造工艺的控制能力来自于用以识别和降低风险的最佳实践效果。

2. 国防装备系统工程技术

国防装备系统工程技术是制定系统工程流程，并按照系统工程流程，在系统工程专业技术、标准规范和工具方法的支持下，控制系统工程全生命周期活动的过程，最终成功获得系统的过程。系统工程流程组主要包括技术流程、项目流程、协议流程、组织的项目使能流程以及裁剪流程，各流程所涵盖的范围如图1-9所示。

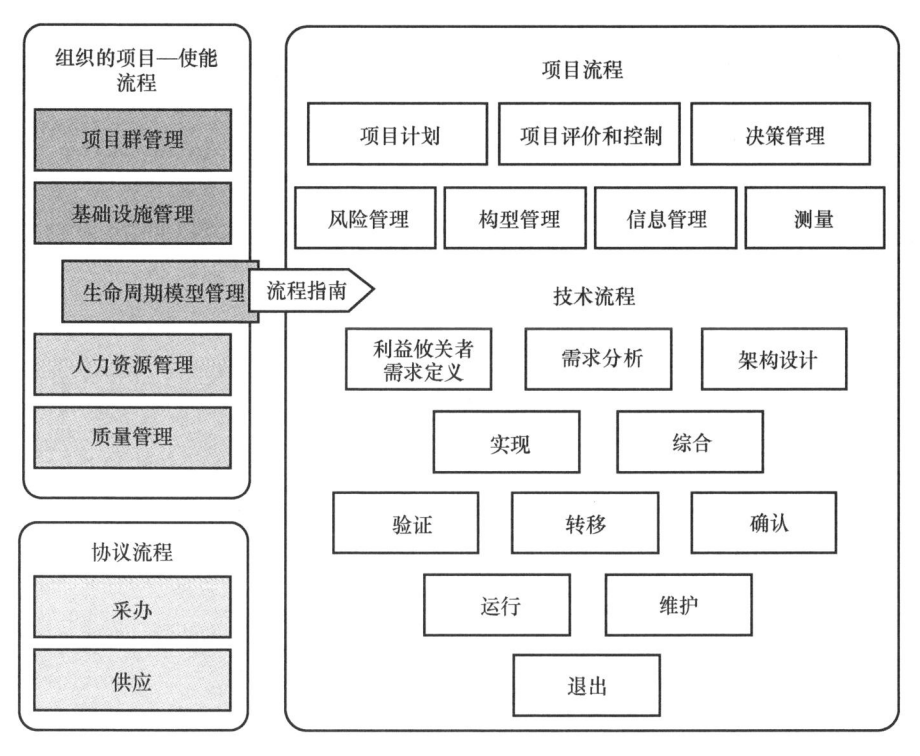

图1-9 系统生命周期流程组

系统工程实施就要制定不断优化的系统工程流程,理解各阶段的任务和活动,明确其技术要求和外场标志,建立覆盖全生命周期的系统工程技术、项目、协议流程。因此,系统工程流程是系统工程技术的核心,系统工程各流程对于生命周期各阶段均有其贡献,如图 1-10 所示。

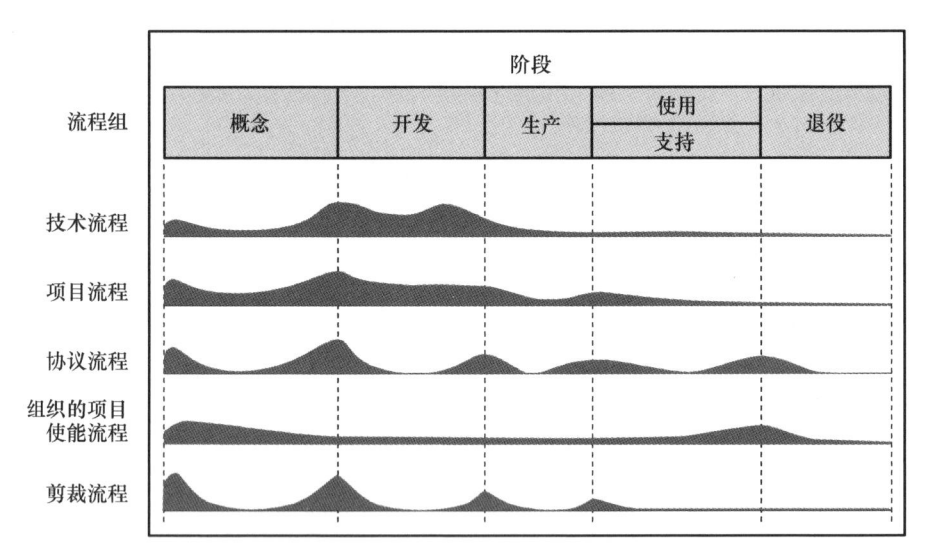

图 1-10 贯穿生命周期各阶段中系统工程流程组的贡献

人类社会发展到今天,任何一项国防装备建设项目都已经不再是一项纯粹的技术项目,而是一项必须与多种学科、多种专业综合的工程项目。装备系统工程的价值就在于它是运用了系统方法,无论从技术上,还是从管理上,全面处理了复杂装备系统的规划、研究、设计、制造、试验、使用、维修的一种科学方法。装备系统工程不能由任何一种专业的工程技术知识和社会科学、经济学知识所代替,而且,现代装备系统的复杂性要求必须自觉地在系统工程方法论指导下,对这些知识和技术进行科学的组织筹划和综合应用。

# 第2章 国防装备系统工程中的成熟度理论

国防装备建设是一项复杂的系统工程,涉及科学、技术、材料、制造、试验、保障等诸多领域,尤其是随着科技的进步,国防装备建设中的高新武器装备的复杂性更大、系统性更强、技术更先进,如何准确识别和掌握系统工程流程中各类技术和管理活动的状态,是研制方和使用方共同关心的一个话题。本章从国防装备建设系统工程的基本需求出发,剖析技术成熟度模型的基本原理,根据国防装备建设系统工程技术和管理活动的实际需求,引出国防装备建设中的成熟度模型体系。

## 2.1 装备生命周期技术和管理活动

### 2.1.1 系统工程生命周期模型

国防装备建设常用的生命周期模型通常分为概念、开发、生产、使用保障和退役等5个阶段,这些阶段涵盖了国防装备建设的所有内容。不同的产品开发或管理部门,结合自身产品研发和管理的特点,根据通用生命周期模型发展出符合自身实际的生命周期模型。例如:典型的高技术商用系统集成商、制造商提出了包括研究期、实现期和运行期等3个阶段的商用产品生命周期模型;DoD、美国国家航空航天局(National Aeronautics and Space Administration,NASA)、美国能源部(Department of Energy,DoE)等政府部门分别提出了各自的装备系统工程生命周期模型(图2-1)。然而,它们无一例外都体现了从用户

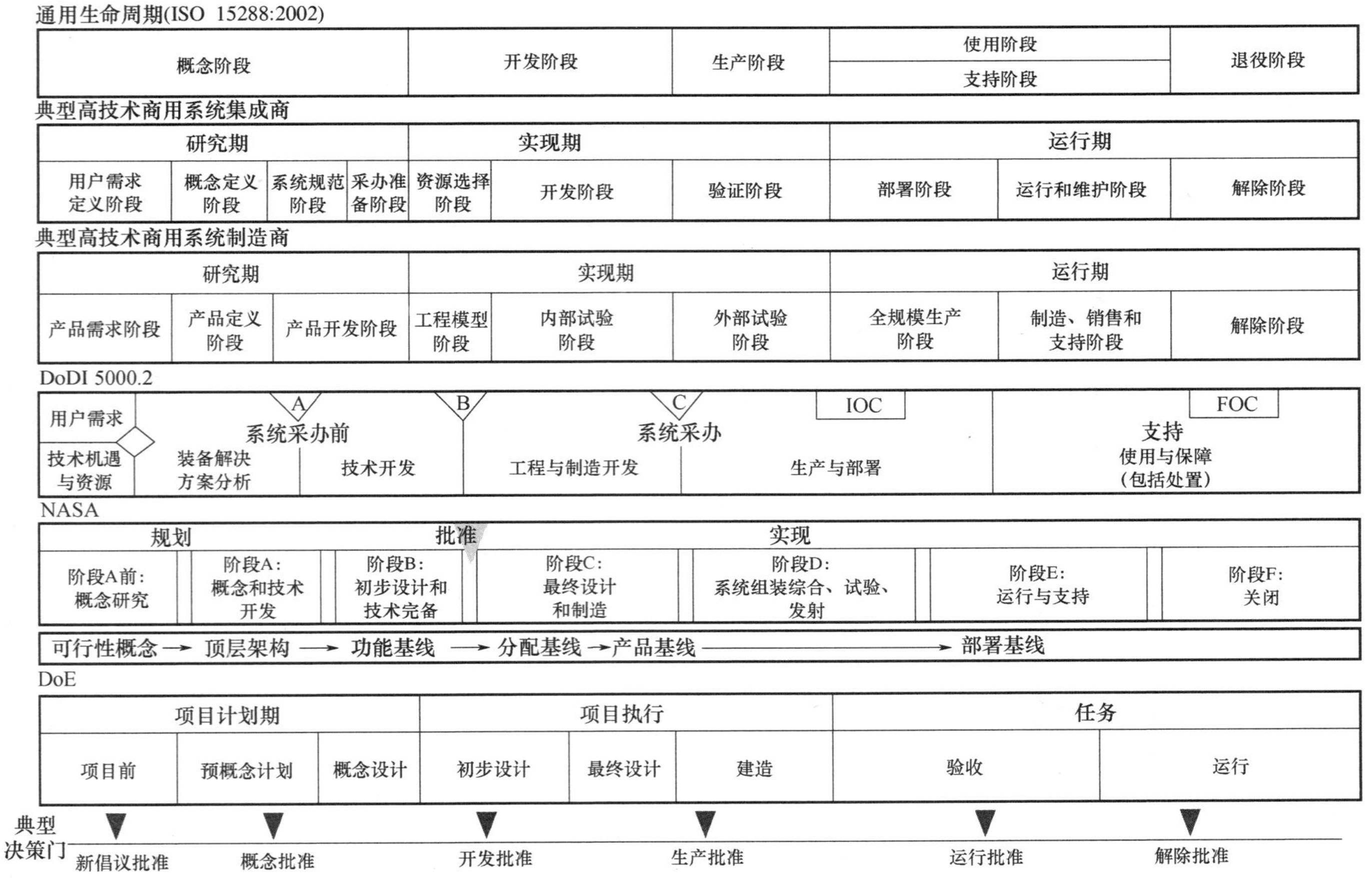

通用生命周期(ISO 15288:2002)
概念阶段
开发阶段
生产阶段
使用阶段
支持阶段
退役阶段
典型高技术商用系统集成商
研究期
实现期
运行期
用户需求定义阶段
概念定义阶段
系统规范阶段
采办准备阶段
资源选择阶段
开发阶段
验证阶段
部署阶段
运行和维护阶段
解除阶段
典型高技术商用系统制造商
研究期
实现期
运行期
产品需求阶段
产品定义阶段
产品开发阶段
工程模型阶段
内部试验阶段
外部试验阶段
全规模生产阶段
制造、销售和支持阶段
解除阶段
DoDI 5000.2
用户需求
技术机遇与资源
A
B
C
IOC
FOC
系统采办前
装备解决方案分析
技术开发
系统采办
工程与制造开发
生产与部署
支持
使用与保障
(包括处置)
NASA
规划
批准
实现
阶段A前：概念研究
阶段A：概念和技术开发
阶段B：初步设计和技术完备
阶段C：最终设计和制造
阶段D：系统组装综合、试验、发射
阶段E：运行与支持
阶段F：关闭
可行性概念 → 顶层架构 → 功能基线 → 分配基线 → 产品基线 → 部署基线
DoE
项目计划期
项目执行
任务
项目前
预概念计划
概念设计
初步设计
最终设计
建造
验收
运行
典型决策门
新倡议批准
概念批准
开发批准
生产批准
运行批准
解除批准

图2-1 装备系统工程生命周期模型的比较

到用户、从诞生到死亡的全系统、全过程的思想和理念。本书中将以 DoD 的生命周期模型为重点进行介绍。

根据 DoD 于 2008 年颁发的采办文件(DoDI5000.2),将国防采办过程划分为三大类活动、五个阶段、三个里程碑决策点,对采办系统的运行分阶段进行管理。其中,三大类活动是指系统采办前期工作、系统采办和持续保障。五个阶段是装备解决方案分析(Materiel Solution Analysis, MSA)阶段、技术开发阶段、工程与制造开发(Engineering and Manufacturing Development, EMD)阶段、生产与部署阶段、使用与保障阶段。三个里程碑决策点分别是里程碑 A、里程碑 B、里程碑 C,如图 2-2 所示。里程碑 A 的作用是决策进入技术开发阶段;里程碑 B 的作用是决策进入工程与制造开发阶段;里程碑 C 的作用是决策进入生产与部署阶段。

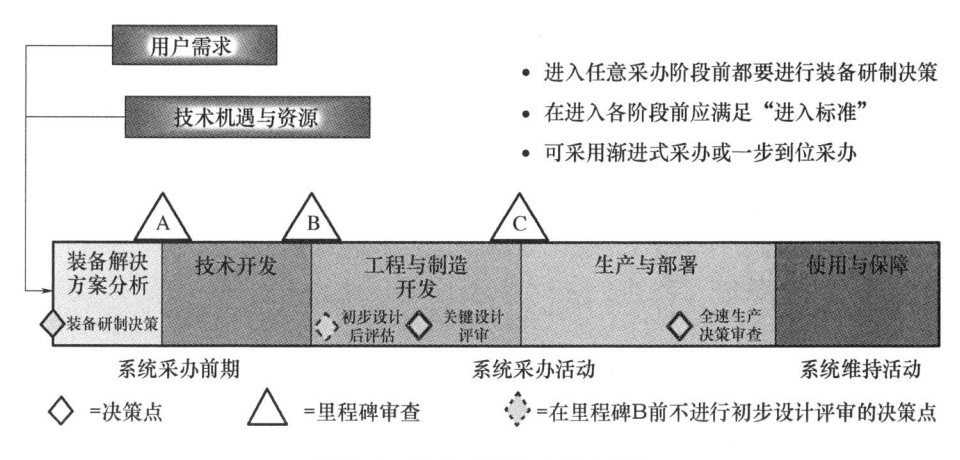

图 2-2　DoD 国防采办管理系统

(1)装备解决方案分析(MSA)阶段。本阶段的目的是评估各种可能的装备方案,以满足初始能力文件所规定的能力需求。备选方案分析将评估与提议每个装备方案相关的关键技术要素,包括技术成熟度、集成风险、制造的可能性等,并估算全生命周期费用。

(2)技术开发阶段。本阶段的目的是降低技术风险,确定纳入完整系统所需的相应技术,提升技术成熟度,并对关键技术要素进行样机演示验证。技术开发是一个连续的技术发现与开发的过程,需要科学技术部门、用户与系统开发人员紧密合作。它是一个评估技术可行性同时细化用户需求的迭代过程。

(3)工程与制造开发(EMD)阶段。本阶段的两项主要工作包括一体化系统设计和系统能力与制造工艺的演示验证。其中,一体化系统设计的主要工作是确定系统及系统体系的功能和接口,完成硬件和软件的详细设计,并降低系统级的风险。项目能否进入这个阶段取决于技术的成熟程度(包括软件)、经批准的作战要求和全部资金的提供情况。

(4) 生产与部署阶段。本阶段的目的是要获得满足任务需求的作战能力。本阶段的两项主要工作包括初始低速生产(Low Rate Initial Production,LRIP)和全速生产(Full Rate Production,FRP)与部署,并设置有全速生产决策审查。对于重要自动化信息系统项目或无生产部件的软件密集型系统而言,全速生产决策审查可视为全面部署决策审查。

(5) 使用与保障阶段。本阶段的目的是要在系统的整个生命周期内,以最经济有效的方式实施保障计划,以满足武器系统的战备和作战保障性能要求,并进行持续保障。这一阶段的计划安排应在项目启动前开始,并列入全生命周期保障计划。使用与保障阶段有两项主要工作,即全寿命保障及处置工作。

以上五个阶段涵盖了武器装备"从生到死"的全生命周期过程,而在这个过程中,推动技术纵向发展的科研活动始终贯穿其中。

## 2.1.2 装备系统工程中的技术和流程管理活动

以 DoD2010 年更新的第5.4版《国防采办、技术和后勤生命周期一体化管理系统》为例,国防装备系统工程中的技术活动主要涵盖技术开发、系统集成、试验与评价、生产演示和后勤保障等。在整个生命周期内包含5个系统工程流程,主要的技术管理活动包括装备研制决策、初步设计评审、关键设计评审等12个监督与评审点。在国防装备系统工程全生命周期内涉及的管理活动包括合同管理、财务管理等内容。

国防装备系统工程中与技术相关的活动涉及技术开发、系统集成、试验与评价、生产演示等,如图2-3所示,其中的V模型具体包括:

1. 第一个V模型过程

(1) 解释用户需求,分析作战能力和环境限制因素;

(2) 确定方案性能(和限制因素)的定义和验证目标;

(3) 将方案的性能分解到功能定义和验证目标中;

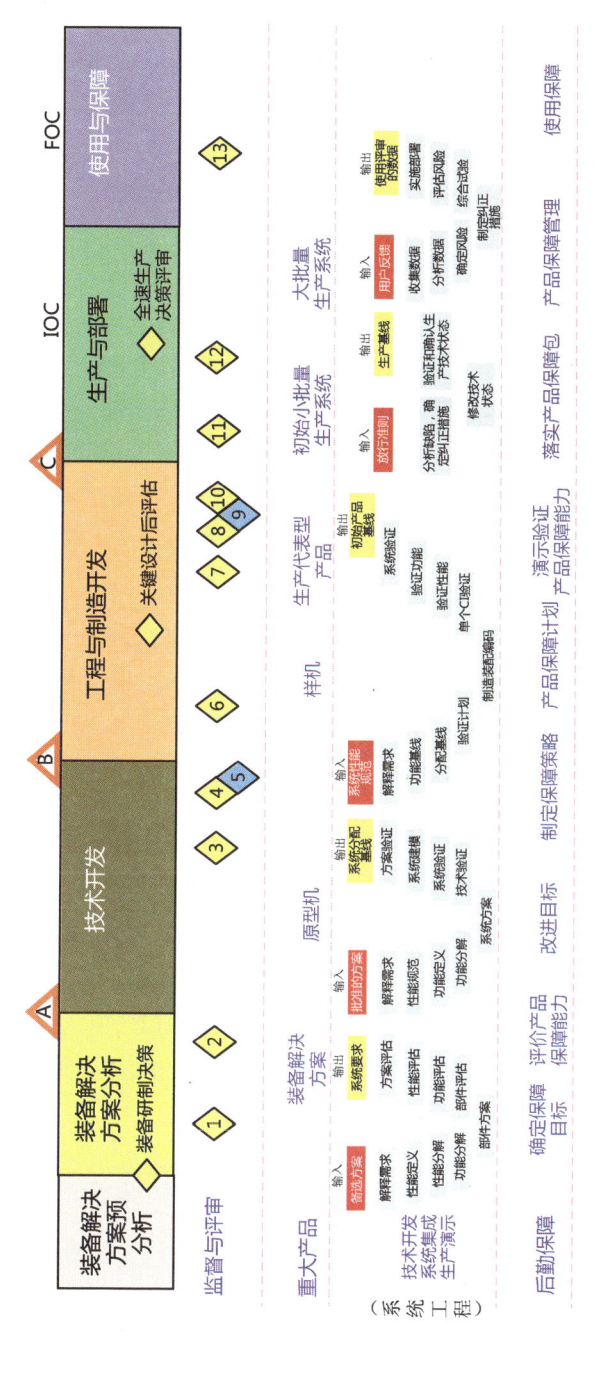

图2-3 装备系统工程中的各种技术与管理活动

1 ISR—初始技术评审　2 ASR—备选系统评审　3 SRR—系统要求评审　4 SFR—系统功能评审　5 PDR—初步设计评审
6 CDR—关键设计评审　7 TRR—试验完好程度评审　8 FCA—功能技术状态审核　9 SVR—系统验证评审
10 PRR—生产准备完好程度评审　11 OTRR—使用试验准备完好程度评审　12 PCA—物理技术状态审核　13 ISR—使用评审

（4）将方案的功能定义分解到部件的方案和评估目标中；

（5）开发部件的方案,包含使能技术/关键技术、限制因素以及费用/风险的主宰因素；

（6）按照能力对使能技术/关键部件进行评估/分析；

（7）按照功能对系统方案进行评估/分析；

（8）对方案进行评估/分析,并验证系统方案的性能；

（9）对照已经界定的用户需求和环境限制因素,对方案进行分析/评估。

2. 第二个V模型过程

（1）解释用户需求,分析使用能力和环境限制条件；

（2）编制系统性能(和限制因素)规范,以及使能技术/关键技术和原型机的验证计划；

（3）确定使能技术/关键技术/原型机的功能定义及其相关验证计划；

（4）将功能定义分解到关键部件定义和技术验证计划中；

（5）设计/开发系统方案,包含使能技术/关键技术,更新限制因素和费用/风险主宰因素；

（6）按照计划,对使能技术/关键技术元素进行演示验证；

（7）按照计划,对系统和原型机功能进行演示验证；

（8）按照性能规范,对一体化系统进行演示验证/建模；

（9）按照已经界定的用户需求和环境限制因素,对系统方案和技术成熟度进行演示验证和确认。

3. 第三个V模型过程

（1）解释用户需求,改进系统性能规范和环境限制条件；

（2）制定系统功能规范和验证计划,以逐步形成系统功能基线；

（3）将系统功能规范逐步发展成系统分配的基线；

（4）将技术状态项目(Configuration Item,CI)功能规范发展成为产品(制造)文件和验证计划；

（5）按照制造文件进行制造、装配和编码；

（6）通过研制试验与评价(Developmental Test and Evaluation,DT&E)对单个CI进行验证；

（7）通过综合使用 DT&E、实弹试验与评价（Live-Fire Test & Evaluation，LFT&E）和早期使用评估（Early Operation Assessment，EOA），验证性能是否符合规范要求；

（8）对系统开展 DT&E、作战试验与评价（Operational Test & Evaluation，OT&E）、LFT&E、使用评估（Operational Assessment，OA），以验证系统功能和限制因素是否符合规范要求；

（9）根据规定的用户需求和环境限制因素，综合使用 DT&E/OT&E/LFT&E，对系统进行演示验证。

4. 第四个 V 模型过程

（1）根据试验结果、放行准则等分析缺陷，以确定纠正措施；

（2）修改技术状态（硬件/软件/规范）以纠正缺陷；

（3）验证和确认生产技术状态；

（4）输出产品基线、试验报告等。

5. 第五个 V 模型过程

（1）监控和收集军种的使用和供应链的性能数据；

（2）分析数据，以验证故障和确定故障的根源；

（3）确定系统风险/危险的严重程度；

（4）制定纠正措施；

（5）对纠正措施进行综合和试验；

（6）评估系统改进的风险；

（7）实施和部署。

后勤保障方面的技术活动有：根据装备解决方案确定保障性目标，评价产品保障能力，根据评价结果改进保障性目标/限制条件，并制定初步的产品保障策略，启动产品保障商业案例分析（Business Case Analysis，BCA）（定义基本准则和假设），制定产品保障策略，形成产品保障计划（含法令/规章、保障提供方、现有考量因素、产品保障 BCA 和产品保障要素），演示验证产品保障能力，落实产品保障包/执行基于性能的后勤（Performance Based Logistics，PBL），产品保障/PBL 管理，使用和持续保障。

上述 5 个 V 模型将国防装备系统工程中的技术、制造、试验和使用等活动串接起来,并通过一系列的评审活动,确保装备建设顺利实现从用户需求开始到交付用户的目标。

## 2.2 通用技术成熟度模型

### 2.2.1 技术/产品生命周期曲线

1. 技术生命周期曲线模型

从生物学上讲,一般技术/产品的发展过程都遵循共性的规律(图2-4),都经历从无到有、从生到死的过程。技术生命周期的发展历程类似于一条鲸鱼曲线,在图2-4中,横轴为时间轴,而纵轴表示有效性或效用。该图表示技术在某个特定时间点上效用的大小,其中的曲线显示了一项技术在成熟过程中,有效性随着时间逐渐增加、持平、降低和最终过时的变化。这里值得注意的是,在孕育阶段到童年阶段,有效性的增长一直非常缓慢,从青少年时期才真正开始飞速增长,直至成年、成熟时开始持平,最后衰落到彻底消失。产品生命周期曲线与技术生命周期曲线类似,遵循同样的规律。

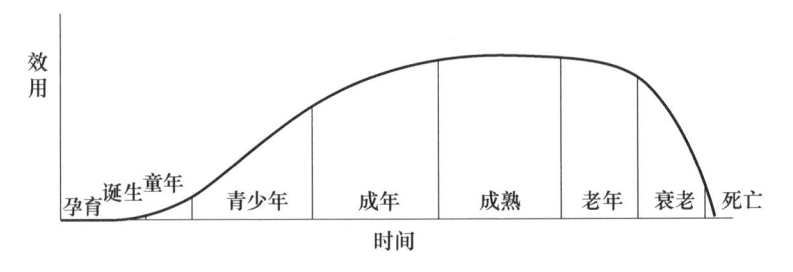

图2-4 技术生命周期曲线一

1) 孕育

孕育(概念)阶段通常定义为最初产生一项关于新技术的想法的阶段。这项技术此前并不存在,现在还只是一种想法、一个观点、一种猜想。新技术还没有任何明确的应用,关于它的所有发展或用途都是相当朦胧的。此时,不知道这个主意或想法是否有价值,也不知道这个概念是否起作用,即使起作用,也还不知道怎么做。这是个十分初级的阶段,形成的技术概念非常不完善。

一般来讲,孕育阶段将持续很长一段时间。这是因为该阶段要经历想法的整个孵化期。这个阶段的大部分时间用于完成汇聚各种有用的、无用的科技知识等准备工作,其中最艰难的工作是掌握问题的基本原理。

2)诞生

诞生阶段通常是随着知识的累积而出现思想的升华,对技术/产品未来的发展走向形成相对清晰的认识。由于所有背景工作或上一阶段中未察觉的想法都已解决,因此,通常情况下,诞生期要短于孕育(概念)期。

这个阶段的标志是已经有了初步明确的想法,并做了足够多的研究工作去证实这项技术理论上可行,可以将这些概念逐步落实,尝试实现一些推测性的应用,以便确定如何使这项技术发挥作用。

在这个阶段通常会自认为思路已经非常清晰,实际上,在技术的雏形尚未逐渐成熟到有用之前,仍有很多艰难的问题需要解决。

3)童年

童年阶段标志着将一项技术引入到现有或新产品(假如成功的话)的实际研发工作的开始。该阶段是验证现有理论,并证明其实现的过程。

该阶段开展的大部分工作都在实验室完成。许多研究人员把这份工作比喻成"在沙盘上游戏"。目标是尽力去尝试所有排列组合方式进行试验以使技术能够转化,最终使技术至少可在一个高度可控的实验环境下工作。一旦包含新技术的系统开始运作,就要尽可能尝试从中挖掘出更多的功能。通常当管理层的人员发现新兴技术并且要发行一种新产品时,实验室中的各种尝试就要结束了,即童年阶段到此为止。虽然仍有些遗留问题,但技术观点的可行性已经得到证明。不仅技术有效,而且已经显示出在特定的应用上同样有效。

4)青少年

之前由于竭尽所能去实现技术的所有功能,尚来不及考虑用户利益,但在青少年阶段还是准备发布新技术产品的首个版本,这是技术生命周期中的重头戏。例如,在DoD,这标志着由科技(Science & Technology,S&T)实验室向一个以产品为中心的采办环境的转变。

在进入下一阶段前,早期的技术用户发现的错误和缺陷要得到修改和完善。在青少年期接近尾声的时候,一类新的、纯技术性的用户开始要求新的特性以获得更好的用户体验。

早期用户在使用新技术一段时间之后,逐渐构成了潜在的主流用户。第一代用户帮助找出漏洞,修复缺陷,促进技术向更友好的方向发展。

5) 成年

在技术发展的成年阶段,技术已经成功地集成到某些背景应用之中,越来越多的供应商将参与其中,用户可以选择,但是他们只不过是在选择技术的不同潜在应用。

在这个阶段,市场不断扩大,为新产品吸引新用户提供了可能。这是个竞争的阶段,由于每个供应商都可提供大致相同的能力,相比产品本身的能力,市场占有率、价格、品牌认同显得更为重要。

6) 成熟

随后,市场开始逐渐饱和,供应商试图通过提供新特点和升级来吸引客户。大多数情况下,新功能已经与技术应用的初衷变得毫无关联,但仍担负着区分产品型号的职责。当市场完全饱和时,技术进入下一阶段。

7) 老年

技术发展进入老年期后,技术已拥有了完整的市场渗透率,不会再出现新的消费者。唯一的市场就是那些需要替换旧的或损坏产品的用户。在这个走下坡路的市场中,已经没有新供应商的立足之地,即使是既有供应商,也在这个环境中寸步难行,其中一些已经另谋出路。当然可能有例外,个别供应商会拼命寻求一种新的、更完善的解决办法。

8) 衰老

技术存在的时间太长,需不断进行补丁和升级。经过多次的修补,技术已经面目全非,以致很难辨认。实际上,技术的实用性已经开始降低,几乎走到了生命的尽头。

整个市场环境开始恶化,需求日益萎缩,这种情况下,大部分厂家开始停止生产与技术相关的产品,并将注意力转到利润更高的投资项目上。当然还有一部分公司仍坚守阵地,甚至可能出现利润丰厚的情况,但往往好景不长,这些固执的公司会逐渐发现,零部件和备件的供应已经变得越来越困难。

9) 死亡

最后,零部件全部断供,技术也消亡了。这就是技术被淘汰的阶段,不用再费力去维护。即使用上所有的补丁、升级、修补,曾经为之自豪的技术也无法跟上新的替代品的脚步,某些情况下,一种过时的技术会完全消亡。连那些瞄准了所剩无几消费者市场定位的三流供应商都认识到,不能再花钱为技术提供原材料和技术支持,最后转向其他投资项目,或者惨遭破产。

当然,除上文提到的鲸鱼曲线外,技术生命周期曲线也有其他的表现形式(图2-5)。它与鲸鱼曲线的主要区别在于没有后面的老年、衰老与死亡期。这种曲线更适用于简单的技术,对于国防领域复杂的产品来说,更多采用第一种曲线,因此本书重点关注第一种技术生命周期曲线。在这种技术生命周期曲线中,借用了生物学模型中的阶段定义,即孕育、诞生、童年、青少年、成年、成熟、老年、衰老、死亡。当然,本书不对这些阶段的生物学意义进行讨论,仅从事物的发展角度来看新技术在成熟过程的每个阶段的表现。

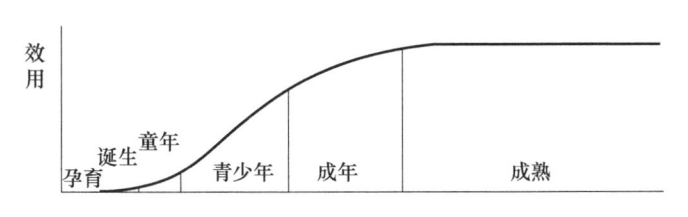

图2-5 技术生命周期曲线二

2. 产品生命周期曲线模型

产品生命周期的关注点是在设计中采用了现有技术的产品的生产和市场销售。这个概念尚未在DoD范围得到推广使用,主要因为在这里不存在市场销售问题。由于商业公司的利润依赖商品出售,大多数情况下,商业公司的主要关注点是产品生产和市场销售。

除了市场观点,从技术角度看,产品生命周期和技术生命周期也存在差异。产品生命周期实际上是嵌入在技术生命周期当中的。由于技术在被引入到产品当中时必须已经存在,因此技术生命周期的出现要早于相应的采用了该技术的产品生命周期。一个过时产品可能会被采用相同技术的新产品所替代。在这种情况下,产品生命周期终止,而技术生命周期则继续延续下去。

本书将采用一个包括7个阶段的产品生命周期(图2-6),每个阶段都可根据需要进一步分解。

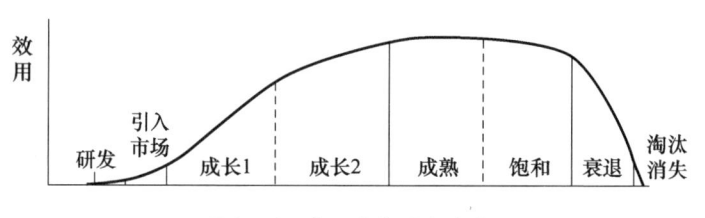

图 2-6 产品生命周期曲线

1）研发

本书所说的研发是指产品研发，而非技术研发。整个产品的研发过程通常称为"产品化"，这个名字反映了这个过程是运用已有技术来创造新产品，它通常发生在技术研发周期的末端以及产品投入使用的前端。在产品研发阶段，没有市场销售，这个时期是对未来更大盈利的投资。由于消耗资源来创造产品，又没有销售收入，因此，这个阶段是负收入。

2）引入市场

产品投放市场，或将新产品引入市场是很重要的一步，因为它标志着产品首次带来收益。产品投放市场是一个巨大的市场销售事件，通常伴随着大张旗鼓的宣传和媒体的关注。市场推广耗资巨大，因此，商家通常都热切地期盼着这个阶段能早早结束。由于第一笔收益不足以抵消前期产品投放市场的花销，因此，在这个时期的产品通常仍未实现盈利。因此，发布新的产品品牌仍存在风险。

3）成长

在成长阶段，产品获得市场认可，市场销售开始推出。这个阶段可分为两个子阶段。

成长阶段1：这个阶段市场需求开始大幅增长。在这个扩张的阶段中，想不盈利都很困难，因为市场正在消化生产出来的所有产品，厂家都一门心思提高自身的生产能力来满足市场需求。这是一个投资生产设备和设施的黄金时期，只要投资就会有丰厚回报，因为狂热的市场吸纳着所有从工厂生产出来的产品。

成长阶段2：接下来的这个时期，从绝对意义上来说，市场仍然在增长，然而，增幅已开始降低。新的消费者依然不见踪影，吸引他们会变得极其困难。

在这个阶段的末期,市场开始出现震荡,一些竞争力较差的企业将市场份额拱手让与市场龙头企业。对于企业来说,要么继续赢得更多的利润,要么被市场淘汰。

4)成熟

在这个阶段,销售量达到顶峰,然后开始下降,价格战开始。消费者表现出对于某些品牌的忠诚。产品设计稳定,厂家也足够多,供货不再是问题。在这个阶段,对于那些将产品用于系统设计的设计人员而言,产品尚未表现出风险的存在。

5)饱和

有人认为这是一个独立的阶段,也有人将此作为成熟阶段的一部分。市场达到饱和,供求平衡。产品的销售受限于已经损坏或失效产品的更换。当各个竞争商家都致力于吸引消费者的时候,市场进入了瓶颈期。

6)衰退

当一个产品进入这个阶段时,就很难吸引新的消费者。许多消费者转向新产品,只留下逐渐缩小的消费基础群体。厂家和商家开始抛弃此前一直盈利的产品线,而去追求新的市场,最后只留下一些特定商家继续为利基市场[①](Niche Market)提供服务。随着衰退的继续,越来越难找到曾经极有潜力的产品的供应商。这被 DoD 称之为"逐渐缩小的制造源时期"。在此期间,相关备件由于过时而变得极为稀有,DoD 就通过在制造技术(ManTech)项目中尝试缓解老旧武器系统的备件问题。

7)淘汰消失

有时,这个阶段可作为一个独立的阶段,而非衰退阶段的一部分。产品正接近使用的终点。该阶段的标志是停产,这一点也被定义为消亡。

对于技术成熟度来说,并非考量全部技术/产品生命周期曲线,而是只分析曲线的前半段,即到"成熟"阶段为止,曲线后半段的饱和、衰退和消亡过程不在本书研究范围之内。

---

① 注:利基市场,MBA 术语,指那些被市场中的统治者/占有绝对优势的企业忽略的某些细分市场,指企业选定一个很小的产品或服务领域,集中力量进入并成为领先者,从本地市场到全国再到全球,同时建立各种壁垒,逐渐形成持久的竞争优势。

### 3. 技术研发与产品开发

技术研发与产品研发往往是密不可分的一个过程,技术的进步离不开其载体产品的研发成功,产品开发也依赖于技术的进步。理论上来说,任何一项技术都必然有一个发展成熟的过程,技术和产品遵循相似的发展演变轨迹。在技术的整个生命周期内,往往存在多个产品应用(图 2-7),其中不乏应用失败的案例,但大多数都会成功,故而,无论是何种技术,无一例外首次达到最高级别都发生在其技术生命周期的早期阶段。技术应用于一个产品,需考虑成熟性、功能性、环境适应性等因素;且由于存在目标导向性问题,针对不同的产品应用,某项技术在特定时间点的成熟度也可能是不同的。

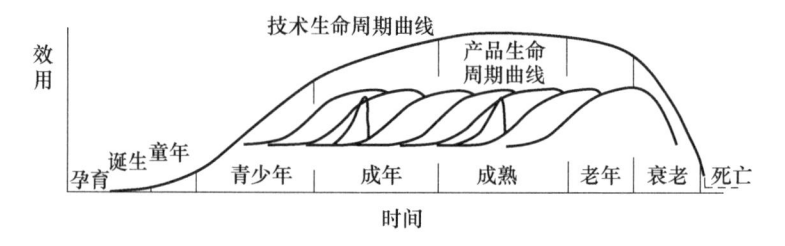

图 2-7 单项技术发展与多个产品应用之间的关系

### 2.2.2 技术成熟度模型的基本原理

在装备系统工程流程中,唯一的核心就是技术,而技术研发具有目标导向性的特点,技术的终极目标是在产品上成功应用。在技术完全满足目标产品的需求前,需要经过一个包括原理探索、应用设想、概念提出与验证、设计、集成、试制、试验、生产、使用、保障等环节的漫长过程,同时,这也是一个知识形成、学习、积累的过程,如图 2-8 所示。在系统规划和市场营销阶段,需要预知系统研发所需的知识;在研发、试验与评价阶段,需要掌握这些知识;在产品采购或生产阶段,需要对这些知识进行实践。在系统工程之初,学习的工作量是最大的,随着产品的交付,工作量逐渐减小。

那么在这个知识形成和学习的过程中,如何准确界定技术在某一特定时间点的发展状态,如何以定性或定量方式标定技术对于目标系统的满足程度,这是摆在项目经理/产品研发人员面前的一个重大难题。

NASA 的 Sadin 等率先以技术成熟度等级(Technology Readiness Level,TRL)

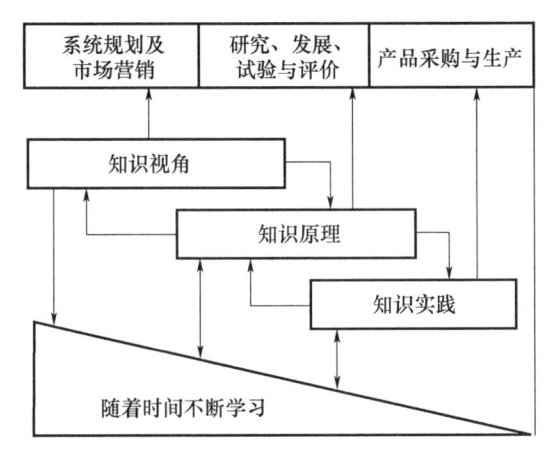

图 2-8 系统工程流程中知识学习的过程

模型为例提供了一个量化定性评价技术状态的模型。将技术从其萌芽状态一直到满足某项特定产品需求的整个过程划分为9个过程点,在每个过程点,以定性语言描述技术的当前状态,形成技术成熟度等级模型(图2-9)。

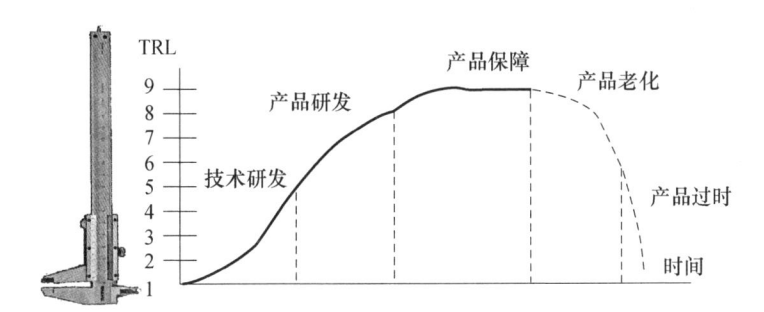

图 2-9 单项产品生命周期中 TRL 概念模型原理示意图

具体等级定义如下:

第一级:发现和报告技术基本原理;

第二级:阐明技术概念和用途;

第三级:验证技术概念的关键功能和特性;

第四级:在实验室环境下完成基础部件/原理样机验证;

第五级:在相关环境下完成部件/原理样机验证;

第六级:在相关环境下完成系统/子系统模型或样机验证;

第七级:在使用环境下完成系统样机验证;

第八级:完成实际系统试验验证;

第九级:完成实际系统使用验证。

技术成熟度等级模型的核心是"信息显性化、知识结构化、过程流程化、评价定量化",因此是对技术/产品开发所需知识的掌握程度的量化定性评价。

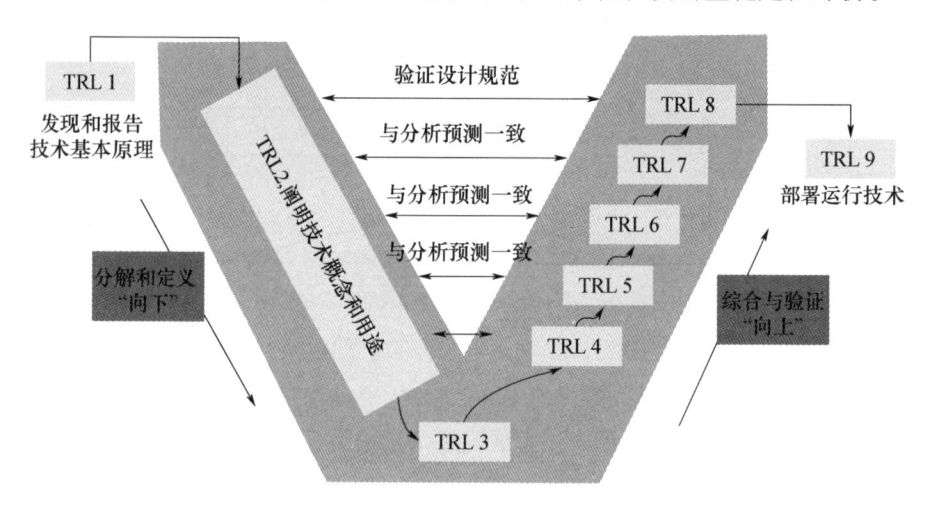

图 2-10 综合特征与 TRL——"V"模型

技术成熟度等级模型的另一大特点是与系统工程密不可分,技术的发展(TRL 1~TRL 9)过程实质上蕴含着一个系统工程流程,包含一个对用户需求进行分解和定义的"向下"过程,以及一个对形成概念方案的综合与验证的"向上"过程。这两个过程呈现一个"V"字形,故称为"V"模型,这整个过程与技术成熟度也有相应的对应关系,如图 2-10 所示。

## 2.3 以技术成熟度等级为核心的成熟度模型体系

### 2.3.1 体系框架

装备系统工程中的技术活动涵盖科学研究、技术研发、设计集成、试制生产、试验与评价、生产部署、使用保障等多个方面,每个方面的实际特点和管理需求都不尽相同。对于大型复杂系统的研制,对上述各类活动的状态进行准确评价,确保装备研制的顺利成功,需要一系列可实现量化评价的成熟度模型。

参照技术成熟度等级模型的普适性原理,目前各国学者通过大量研究与实践,提出了不同的成熟度模型,形成了以技术成熟度等级为核心的成熟度模型体系(图2-11)。国防装备系统工程中的成熟度等级定义见表2-1。

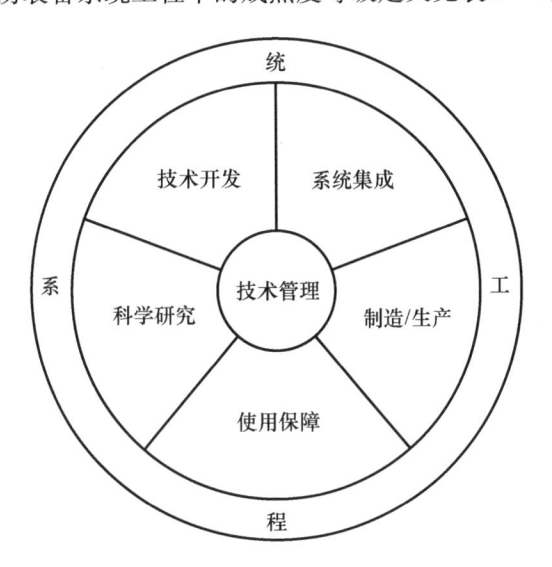

图 2-11 系统工程中的技术管理活动(成熟度模型)

表 2-1 国防装备系统工程中的成熟度模型

| 序号 | 名称 | 提 出 背 景 | 着重点 |
|---|---|---|---|
| 1 | 科学成熟度等级 | NASA 于 2005 年的"突破性物理学推进计划项目管理"一文中提出的概念,主要用于衡量应用研究中科学原理对技术应用方案的满足程度。该等级分 3 个阶段,每个阶段又分为 5 个步骤,共 15 个等级 | 科学研究类问题 |
| 2 | 技术成熟度等级 | NASA 于 20 世纪 70 年代前后提出的一个衡量技术对目标系统满足程度的量化评估概念,最初为 5 级;80 年代航天飞机失事之后,促使 Sadin 等人正式提出一个 7 级的技术成熟度等级概念;1995 年 NASA 以白皮书形式发布 9 级技术成熟度等级定义,后经 GAO 推荐,DoD 引入到国防采办管理中,沿用至今 | 技术开发类问题 |
| 3 | 制造成熟度等级 | 制造成熟度等级(Manufacturing Readiness Level,MRL)是 DoD 为应对日益增长的制造风险而提出的概念,美国联合国防制造技术委员会(Joint Defense Manufacturing Technology Panel,JDMTP)2009 年发布的《制造成熟度评价手册》草案,对 MRL 定义、国防采办环境下的制造成熟度评价和实施流程等进行了规范,用于指导美军国防采办项目制造风险评估 | 制造/生产类问题 |

(续)

| 序号 | 名称 | 提出背景 | 着重点 |
|---|---|---|---|
| 4 | 保障成熟度等级 | 2000年之后,DoD、美国海军、洛·马公司等分别提出了保障成熟度等级的概念,提出的等级划分也各不相同,分别为12、5和9个等级 | 使用保障类问题 |
| 5 | 系统成熟度等级 | 系统成熟度等级的提出源于技术成熟度等级难以解决装备研制过程中的部件/系统集成问题。世界上开展相关研究的主要有英国国防部和美国斯蒂文森大学,其中,美国斯蒂文森大学的Brian J. Sauser等人提出了一套基于复杂矩阵计算的系统成熟度等级模型 | 系统集成类问题 |

### 2.3.2 重点模型

由于技术成熟度等级、制造成熟度等级、保障成熟度等级和系统成熟度等级等相关概念在后续章节中会重点介绍,因此本章节中仅对科学成熟度等级进行具体说明。

1. 科学成熟度等级的提出背景

科学成熟度等级(applied Science Readiness Level, aSRL)概念的提出源于 NASA 在 1996—2002 年间实施的"突破性物理学推进计划"(Breakthrough Propulsion Physics Project, BPP)项目。该项目通过研究 8 种不同的超光速推进方式,最终认定曲速引擎以及虫洞理论是最有可能达到超光速航行的方法。

2. BPP 计划中 aSRL 概念

NASA 在该计划项目管理中提出 aSRL 概念,旨在用于衡量科学原理向技术转化的程度。aSRL 包括 3 个可应用性等级(反映一项研究如何从通用性物理演变到特殊的应用),在每个等级,又包括 5 个重复的步骤(表 2-2)。这样,aSRL 就包括 15 个等级,其中最高的等级等同于 TRL1 级(发现和报告技术基本原理)。

表 2-2 科学成熟度等级定义

| 序号 | 等级 | 阶段 | 解释 |
|---|---|---|---|
| 1 | aSRL-1.0 | 普通物理 | 预知(未经证实的效果或新的信息联接) |
| 2 | aSRL-1.1 | 普通物理 | 确切地阐述问题 |
| 3 | aSRL-1.2 | 普通物理 | 收集数据 |
| 4 | aSRL-1.3 | 普通物理 | 提议假设条件 |

(续)

| 序号 | 等级 | 阶段 | 解释 |
|---|---|---|---|
| 5 | aSRL-1.4 | 普通物理 | 测试假设条件,并报告结果 |
| 6 | aSRL-2.0 | 关键议题 | 预知(未经证实的效果或新的信息联结) |
| 7 | aSRL-2.1 | 关键议题 | 确切地阐述问题 |
| 8 | aSRL-2.2 | 关键议题 | 收集数据 |
| 9 | aSRL-2.3 | 关键议题 | 提议假设条件 |
| 10 | aSRL-2.4 | 关键议题 | 测试假设条件,并报告结果 |
| 11 | aSRL-3.0 | 预期效果 | 预知(未经证实的效果或新的信息联接) |
| 12 | aSRL-3.1 | 预期效果 | 确切地阐述问题 |
| 13 | aSRL-3.2 | 预期效果 | 收集数据 |
| 14 | aSRL-3.3 | 预期效果 | 提议假设条件 |
| 15 | aSRL-3.4 | 预期效果 | 测试假设条件,并报告结果(等同于TRL 1:发现和报告基本技术原理) |

科学研究的范围可从自始至终都非常通用、异常宽泛的事项到给定应用的具体细节问题。可应用性等级水平越高,研究的重点也越接近预期应用。

aSRL1:普通物理。研究主题主要是预期应用所涉及的通用性物理学。

aSRL2:关键议题。研究主题主要是预期应用所涉及的未知因素、关键的决定性(要么成功要么失败)论点,或奇妙的效果。

aSRL3:预期效果。研究主题主要是用于回答应用目标的特定效果或设备。

在每一个关注范围内,都可以利用科学的方法对其进展进行量化评价。下述的定义就给出了反映应用研究进展的科学方法。由于应用研究意味着一个实在的产品,这些步骤将经验性方法与理论方法区别开来。其中最重要的区别是在最后一个等级,对假设进行了验证。对于应用研究,除了再次强调切实的产品外,最后一级只能用经验性验证来满足。另一个值得关注的区别是引入了"零步骤",这表明给了那些尚未被关注却有潜力的机遇一次机会。在各个等级中,还分为5个具体的步骤。

步骤0:预知。

经验主义:将观察到的一项未经认可的不规则效果报道出来(包括对自然现象的观察结果或未经核实的设备要求)。

理论方法:对于预期目标(或未解决问题)与现有知识基础的相关性已经表达清楚。

步骤1:阐明问题。

经验主义:定义了可收集用于隔离和定性描述不规则效果所需数据的试验。

理论方法:定义了足以准确界定现有知识与预期目标之间的差距的目标。

步骤2:收集数据。

经验主义:收集并分析数据,隔离和定性描述不规则效果。

理论方法:在前一步骤已经被识别出来用于填补关键知识差距的相关数据,已经通过试验、观察和数学计算等方式收集完毕(这一等级包括数学分析理论的评估)。

步骤3:提议假设。

经验主义:提供描述不规则效果所隐含的物理原理的数学表述,以解释效果和预测附加(可测试)效果。

理论方法:提供可描述物理现象之间关系的数学表述,以关注此前阐明的目标。

步骤4:假设验证和报告结果。

通过与观察现象的对比分析或充分的试验,对假设进行验证,以确定其是否可行,并将结果报道出来。

注意:在应用研究中,假设的验证必须基于经验主义,这意味着其必须与观察到的现象进行对比分析,或通过试验进行验证,这样要比仅仅通过数学计算要好一些。尽管数学计算可用于测试理论与已知科学的一致性,但这些数学测试自身并不足以保证达到步骤4。换言之,理论的数学测试往往意味着达到步骤2。

3. aSRL 在 BPP 中的应用

aSRL 的主要应用对象为具有重大突破性效应的前沿技术,探索超光速航行研究的 BPP 计划就是典型的例子。在该计划中,NASA 的项目管理者们创新性地提出了一种基于 aSRL 的技术发展路线图管理框架(图 2-12),框架中建立了新兴物理学与未来突破性推进技术之间的联系。图 2-12 中最左边一列,列举的是物理学的不同学科,并相应地衍生出感兴趣的推进物理学的专业点。

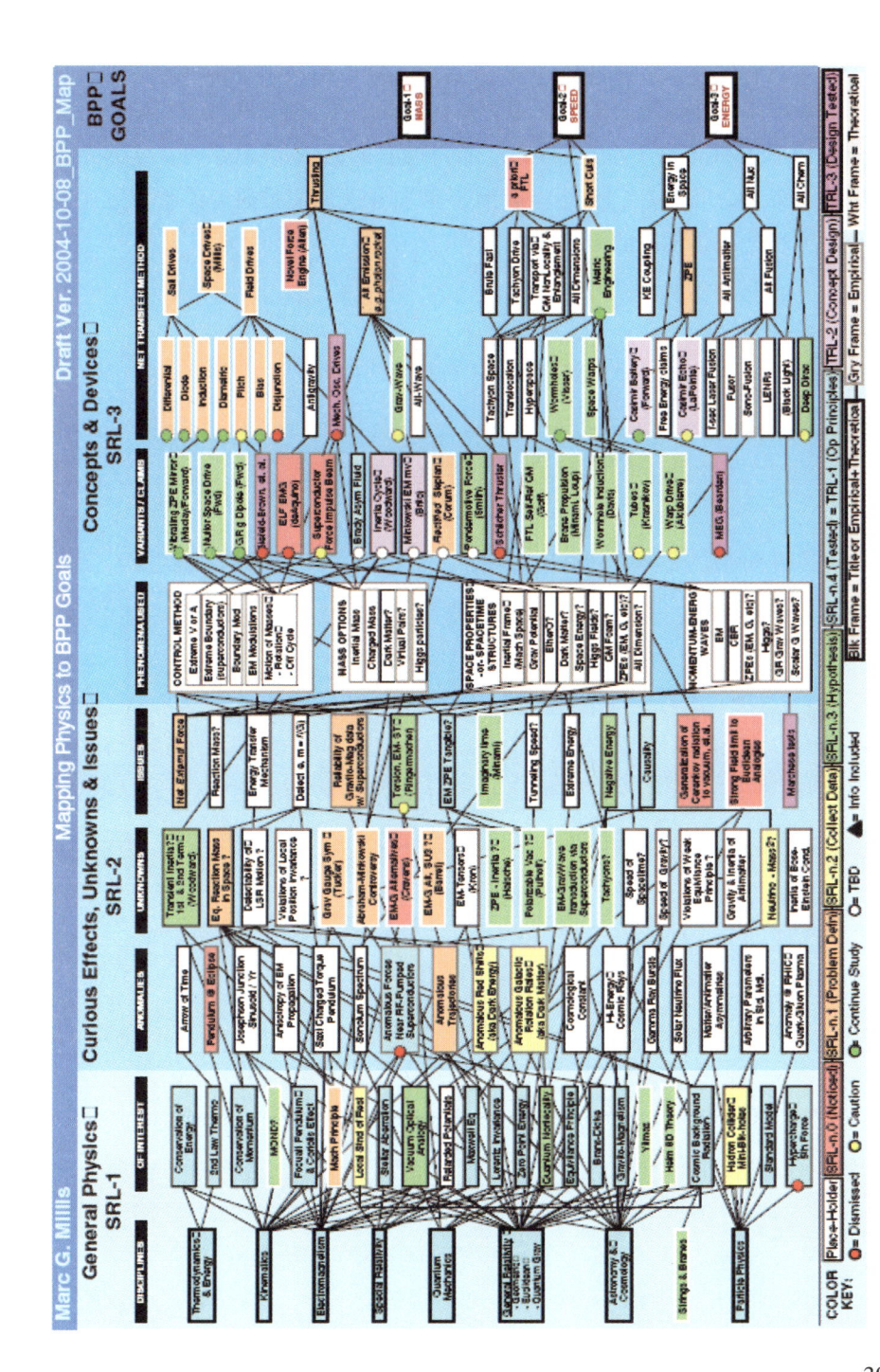

图2-12 BPP计划中基于aSRL的技术发展路线图管理框架

最右边一列,列举的是该项目的预期目标,由此,推演出几个不同的可实现预期目标的假设方案。在这两个端点之间的是相关的效果、未知和观点。它们分别与所属的物理学和推进方案建立联系。做得彻底的话,这些联系可决定将重点放在哪些效果、未知和观点上,才能有助于更加合理地安排研究工作。图中不同颜色的方块代表了不同的 aSRL。

# 第3章 技术成熟度概述

技术成熟度概念是国防装备系统工程成熟度模型的典型代表,也是其他模型提出的参照物,下面几章将从基本概念、组织流程、评价标准、评价实践、管理工具等几个方面对其进行重点介绍,使读者能够对技术成熟度的各个环节有更加深刻的认识。

本章主要介绍技术成熟度的基本知识,包括技术成熟度的基本概念、发展历程和评价原理等内容,方便读者了解与掌握技术成熟度的真正内涵与意义。

## 3.1 起源发展

### 3.1.1 概念发展

技术成熟度等级(TRL)的概念最早由 NASA 于 20 世纪 70 年代前后提出,20 世纪 70 年代到 90 年代中期是技术成熟度评价的探索应用阶段。在这一阶段,一些技术成熟度评价模型开始出现,如美国通用动力公司提出了较为实用的 7 级评估模型,NASA 在此基础上正式提出了 7 级 TRL 定义,技术成熟度评价的实践应用也逐渐显现。但总的来看,这一阶段的技术成熟度标准尚不够完善,主要局限在航空、航天领域进行应用,以 NASA 及其主要承包商为主。

1995 年,NASA 通过发布《技术成熟度等级白皮书》的方式,对早前提出的 7 级 TRL 进行了补充完善,将技术成熟度划分为 9 级,从基本技术原理的发现开始,到装备成功执行任务为止,包含了技术开发与转化的全部过程。该技术成熟度模型与目前普遍应用的技术成熟度等级已相差无几,是技术成熟度评价发展的一个重要里程碑。GAO 在 1996 年—1999 年的多份研究报告中指出,鉴于 DoD 在应用新技术时的技术成熟度较低,有关研制项目所承受的风险较大,建议 DoD 在国防采办中采用 TRL 标准实施技术成熟度评价与管理。

2001 年 6 月,DoD 负责科技的副部长帮办签署备忘录,决定在新的国防重大采办项目中引入技术成熟度评价方法。2003 年 5 月,在 DoD 新发布的采办政策和指令文件中,要求在国防采办的关键里程碑节点,必须进行技术成熟度评价,为国防采办进入下一个阶段提供决策支撑。同年,DoD 发布《技术成熟度评价手册》,并于 2005 年、2009 年、2011 年进行三次补充修订,其中 2011 年更名为《技术成熟度评价指南》。自 2003 年以来,GAO 每年都对美军正在从事的重大武器系统项目进行技术成熟度评价,为国会决定下一财年相关项目的预算拨款提供参考依据。除美国外,英国、澳大利亚等国军方和国防工业部门也开始引入美国的 9 级 TRL 标准,并借鉴美国的做法开展和推广技术成熟度评价。此外,由美、英、法、德等 10 余个国家约 30 名技术成熟度专家组成的工作组,已经编制完成《技术成熟度等级定义及评价准则》标准(草案),并已提交国际标准化组织(ISO),预计不久就会正式发布,这是技术成熟度方法在世界范围内推广应用的又一重大里程碑事件。

### 3.1.2 实际应用

除 NASA 外,DoD 是美国研究和应用技术成熟度评价的主力。DoD 致力于为作战前沿提供先进技术,随着系统的定义、设计、开发和部署使用,技术成熟度对于按进度、预算和要求成功地开发系统显得至关重要。2000 年后,DoD 选择了 NASA 的 TRL 作为衡量技术成熟度的手段,并建立了与 DoD 在项目采办里程碑的投资水平相一致的技术开发和评价指南。相较于 NASA 的 TRL 最初主要是对于硬件而定义,DoD 则基于这些硬件 TRL 迅速将这个指南扩展到了包括软件、制造以及生物医学在内的 TRL,形成了系统的技术成熟度评价(Technology Readiness Assessment,TRA)的指南。在指南中,DoD 要求所有项目都按政策要求在里程碑 B 节点就达到 TRL 6 级(在相关环境下完成系统/子系统模型或样机验证)。项目一旦通过里程碑 B 评审,则意味着进入系统开发与演示验证

(System Development and Demonstration,SDD)阶段(根据 DoD 最新的采办指南,该阶段更名为 EMD,对相关内容也做出相应调整),并获得 DoD 对系统或能力的开发、生产和现场部署的资源进行保证的承诺。然而,这个政策并非强制性政策。一旦出现技术不成熟的情况,DoD 通常要求制定一份带有可以证明技术如何才能成熟的技术成熟计划。

2006 年,美国国会通过一项法案(美国众议院 2006)要求对重大国防采办计划项目(Major Defense Acquisition Programs,MDAPS)和重大自动信息系统(Major Automated Information System,MAIS)在进入里程碑 B 之前要认证所有的技术达到 TRL 6。如果这个认证发生偏离,美国国会则要求 MDAPS 基于相关法案要求提供额外的报告,并将采办计划项目原始基线与新建基线对比,以确认经费是 +15% 的小缺口、+30% 的大缺口或 +50% 的严重缺口。这些法案要求迫使项目计划仔细全面地评估和选择适合于期望的相关运行环境的成熟技术,以期减轻由于采用不成熟技术而造成的进度延迟和费用的超支。如果能够按里程碑 B 和采办项目基线指标而合适地管理技术风险并建立一个上限,那就会使所有的采办计划项目受益。

## 3.2 评价模型

从科技评价普适性原理的角度看,技术成熟度评价模型中包括评价组织机构、评价对象、评价方法和评价结果等 4 个要素。图 3-1 给出了技术成熟度评价原理示意图。其中涉及到技术成熟度、技术成熟度评价、技术成熟度等级等 3 个基本概念。

技术成熟度是指技术相对于某个具体系统或项目来说所处的发展状态,它反映了技术对于项目预期目标的满足程度。

技术成熟度等级(TRL)是指对技术成熟程度进行度量和评测的一种标准,可用于评估特定技术的成熟度,以及判断不同技术对同一项目目标的满足程度。它是基于事物发展客观规律,将技术从萌芽状态到成功应用于系统的整个过程划分为几个阶段,为管理层和科研单位提供一种统一的标准化通用语言。

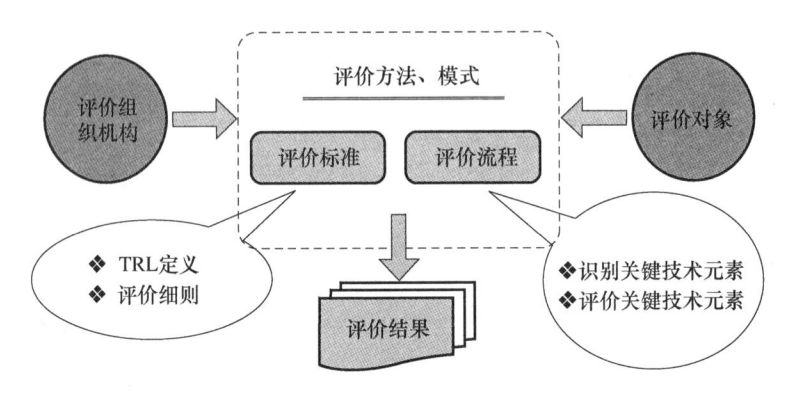

图 3-1  技术成熟度评价模型原理图

技术成熟度评价(TRA)是指采用 TRL 对技术的成熟度进行评价的一套方法、流程和程序。它是通过一个正式的、系统化的、基于度量标准的过程来评价系统中采用的关键硬件和软件技术的成熟程度,并完成一份评价报告。TRA 除了采用统一的 TRL 外,还涉及到一个科学、严谨的评价流程,以保证整个评价过程的客观性和公正性。

技术成熟度、技术成熟度等级和技术成熟度评价这三个概念之间具有递进关系,但概念上又分属不同的范畴,描述的是不同的事物。技术成熟度描述的是技术发展的客观规律,是一种必然性;技术成熟度等级以技术成熟度为理论依据,建立了一种量测技术成熟度的标尺和标准,是技术发展规律的归纳和表述;技术成熟度评价进入了方法论的范畴,涉及到评价标准、评价流程等内容。几个概念作为一个有机整体,构成了技术成熟度评价方法的理论基础。

## 3.3 评价对象

技术成熟度的评价对象通常是具有明确目标的预研或型号项目,以 NASA 为例,其主要评价对象是航天飞机、木星探测器、太阳帆、战神 I 号载人航天器和太空梯等重大项目。以 DoD 为例,联合攻击战斗机(Joint Strike Fighter,JSF)、F-22"猛禽"战斗机、DDG1000 驱逐舰、未来战斗系统等重大采办项目是主要的评价对象,而 DoE 则将该方法用于评价其投资额最大的项目"hanford 核废料处理设施建设项目"(投资额达 122 亿美元,2007 年)。

这些项目的共同特点是有明确的目标,且资金投入都非常高,因此,进行技术成熟度评价要求成本是在可接受范围内的,即对重大项目实施技术成熟度评价的收益较高。对于其他类项目,也可视情根据项目自身特点制定评价方案完成评价工作。

## 3.4 组织机构

技术成熟度评价的组织管理体系分为决策层、管理层和实施层3个层次。决策层是技术成熟度评价工作的发起人,是评价工作成果的最终受益方。管理层主要负责组织技术成熟度评价工作,并对评价过程进行监督,对评价结果进行审查。实施层是技术成熟度评价组织机构的核心层,具体承担技术成熟度评价相关的准备及实施工作。其中,决策层的主体是评价决策机构;管理层包括评价执行机构、归口业务管理部门;实施层包括项目承研单位/项目负责人、评价工作负责人和专家组。各部门和责任人的工作关系如图3-2所示。

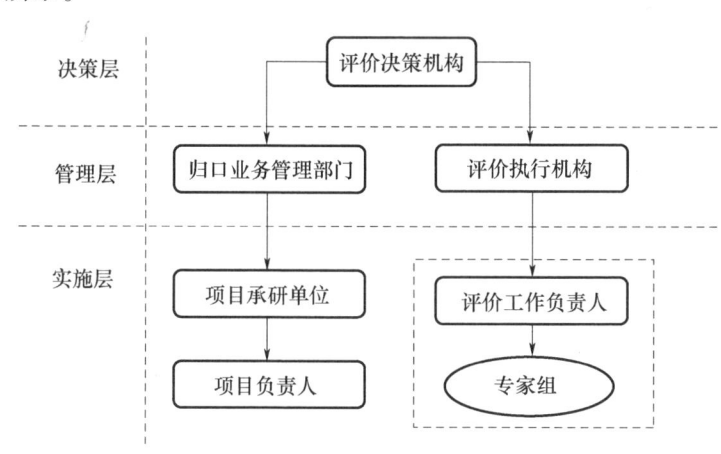

图3-2 评价工作组织机构

各部门或责任人的定位与职责如下:
1. 评价决策机构
该机构是技术成熟度评价的决策部门,负责明确和批准总体思路、技术方案、研制进度、主要成果。

2. 归口业务管理部门

负责本业务领域相关项目评价的组织工作,主要职责包括:动员项目承研单位及项目负责人完成具体项目的评价工作;对评价结果进行审定。

3. 评价执行机构

受评价决策机构委托开展技术成熟度评价工作。主要职责包括:负责任命评价工作负责人;负责组建专家组;审核相关责任人的资格;组织专家组对项目评价的过程和结果进行评价;审核评价报告。

4. 项目承研单位

指定项目负责人,动员、组织评价工作,并为评价工作提供支持信息。其主要职责包括:协助评价工作负责人组建专家组,为完成评价工作提供人力、物力和信息资源保障。

5. 项目负责人

由项目承研单位任命,可以是项目的直接负责人,也可由项目单位另外指派。主要职责是:按照评价方法和流程要求,配合评价工作负责人完成项目技术成熟度评价相关工作。

6. 评价工作负责人

由评价执行机构或项目承研单位指定的专家,是技术成熟度评价工作的主要实施者和负责人。对评价工作负责人的要求是既要非常熟悉技术成熟度评价方法及流程,又要对待评项目比较熟悉,最好是项目相关专业的技术专家。

7. 专家组

由评价工作负责人在归口业务管理部门和评价执行机构或项目承研单位的协助下组建,由项目相关领域的技术、管理等不同专业方向的专家组成。组建专家组应遵循回避性、专业性和互补性原则。专家组在评价工作负责人的领导下完成相关评价工作。

# 第4章 技术成熟度评价的标准

技术成熟度评价采用的评价标准包括 TRL 定义描述与 TRL 评价细则。其中,TRL 定义描述可以用于衡量技术相对于项目或系统的成熟程度,已被美国、英国等多个国家广泛采用;TRL 评价细则是对技术成熟度各等级所包含的研制工作更为细致的划分(与研制流程紧密联系),是对 TRL 定义中的各种内涵因素深入细致的分析,可通过逐条对照的方式判定某项技术是否达到某一级的 TRL。本章主要介绍通用的 TRL 定义描述和评价细则,并给出必要的解释。

## 4.1 技术成熟度等级

### 4.1.1 定义解析

1. 等级定义

技术成熟度等级(TRL)是对特定技术成熟程度进行度量和评测的一种标准和尺度,是对"技术相对于项目预期目标的满足程度"的一种度量标准,可用于评估特定技术的成熟度以及不同类型技术的成熟度之间的比较。换句话说,TRL 是描述技术对于特定使用的成熟程度的度量标准,是整个技术成熟度评价中统一的方法和工具。TRL 的主要功用是评判特定技术的当前状态,可作为一种辅助的风险管理工具,同时也是管理人员与技术人员之间的交流工具。

TRL 划分始于科学理论,结束于工程制造,展现了科学技术在其发展成熟过程中的变化本质。目前,得到广泛使用的是 DoD 等多个部门采用的通用 TRL

定义,共分9个级别,其中1级最低,9级最高,以技术从萌芽到最终使用的研究和验证活动为主线,逐级递进。其中,前三级是早期的科学知识,后三级大部分是具体工程,中间三级是在科学研究和工程研发之间的模糊分界。当一项技术经历过这9个等级,就从一个纯粹的不受限制的科学思想变成了发展成熟、能在实际运行环境中证实其用处的具体应用。具体的等级划分见表4-1,其中,每条技术等级定义解释如下:

表4-1 技术成熟度等级定义

| TRL | 定 义 |
| --- | --- |
| 1 | 发现和报告技术基本原理 |
| 2 | 阐明技术概念和用途 |
| 3 | 验证技术概念的关键功能和特性 |
| 4 | 在实验室环境下完成基础部件/原理样机验证 |
| 5 | 在相关环境下完成部件/原理样机验证 |
| 6 | 在相关环境下完成系统/子系统模型或样机验证 |
| 7 | 在使用环境下完成系统样机验证 |
| 8 | 完成实际系统试验验证 |
| 9 | 完成实际系统使用验证 |

1级:技术成熟过程中的最低等级,在这一等级,科学理论开始转向应用研究,如技术基本特性的纸面研究。

2级:技术基本原理开始用于发明活动。在这一等级,技术用途还是推测性的,没有经过详细分析或试验证明,只限于分析研究。

3级:开始技术研发。在这一等级,开展实验室研究,验证各独立技术元素的分析预测,如还未集成的或有代表性的元件。

4级:基础部件或原理样机在实验室进行试验,与最终系统相比,试验逼真度相当低。

5级:部件或部件级原理样机在相关环境下进行试验,试验逼真度明显提高。

6级:系统/子系统在相关环境下进行试验,系统/子系统技术成熟度显著提高。例如,在高逼真度实验室环境或模拟使用环境中进行样机试验。

7级:系统样机验证。在这一等级,系统样机在使用环境下进行验证。

8级:系统试验验证。在这一等级,系统在真实使用环境下完成试验验证。

9级:系统使用验证。在这一等级,技术以其最终形式在任务环境中得到应用。

上述等级的定义更适用于硬件和系统,对于软件却并不适用,因此,DoD 对软件 TRL 给出了不同的定义和描述,见表 4-2。

表 4-2 软件技术成熟度定义

| TRL | 定 义 |
| --- | --- |
| 1 | 发现和报告技术基本原理 |
| 2 | 阐明技术概念和用途 |
| 3 | 验证技术概念的关键功能和特性 |
| 4 | 在实验室环境下完成基本模块/子系统验证 |
| 5 | 在相关环境下完成模块/子系统验证 |
| 6 | 在相关点对点环境下完成模块/子系统验证 |
| 7 | 在高逼真度仿真环境中进行软件验证 |
| 8 | 在真实环境中完成软件的试验与验证 |
| 9 | 软件系统通过执行任务得以验证 |

对表中的技术等级定义解释如下:

1级:软件技术成熟过程中的最低等级。在这一等级,一个新的软件领域由基础研究团体进行开发,该领域包括软件的基本应用、软件结构、数学公式以及算法。

2级:技术基本原理用于软件实际应用。在这一等级,软件应用没有经过详细分析或试验证明。

3级:开始软件技术研发。在这一等级,在实验室开展软件可行性研究,研究内容包括软件功能环境开发。

4级:软件基本模块开始集成。在这一等级,软件的鲁棒性相对较差,研究内容包括软件的互操作性、可靠性、维护性、可扩展性、可测试性及安全性等方面。

5级:软件集成。在这一等级,建立符合目标环境/界面的原型系统,建立系统软件架构,算法在预期任务环境中得到验证。

6级:软件工程化实现的可行性验证。在这一等级,软件被集成到现有硬件/软件系统进行验证。

7级：软件项目可行性验证。在这一等级，在系统样机试验中，软件关键技术得到验证。

8级：在这一等级，在真实环境中进行所有功能测试，完成软件文档。

9级：软件系统使用验证。在这一等级，软件被集成到实际的硬件/软件系统中并能被复制和重用，所有软件文档通过验收。

无论是软件TRL还是硬件TRL，都是描述技术逐步验证的过程，因而可以从3个方面进行分析说明：技术成果载体形式、试验环境、逼真度。其中："技术成果载体形式"指的是技术以何种形式（如纸面研究、原理样机（breadboard）、样机（prototype）、模型、实际系统等）存在；"试验环境"是指对技术成果载体形式进行验证时所处的环境（如实验室环境、相关环境、使用环境等）；而"逼真度"指的是技术载体和试验环境与最终使用系统和最终使用环境之间的相似程度。TRL定义中9个等级的各要素变化情况如表4-3所列。

表4-3 技术成熟度9级要素变化

| 等级 | 技术载体 硬件 | 技术载体 软件 | 验证环境 | 逼真度 |
|---|---|---|---|---|
| 1 | 无（纸面研究） | 无（纸面研究） | 无 | 无 |
| 2 | 无（纸面研究） | 无（部分编码） | 无 | 无 |
| 3 | 实验室样件 | 代理处理器上的一些算法 | 实验室 | 极低逼真度 |
| 4 | 基础部件 | 软件算法变为伪代码，达到单机模块 | 实验室 | 低逼真度 |
| 5 | 部件 | 软件完成单个功能/模块的编码，并完成"软/硬件bug"试验 | 仿真环境 | 高逼真度 |
| 6 | 系统/子系统的模型或样机 | 在实验室环境中演示验证典型软件系统或样机。发布α版软件 | 高逼真度的仿真演示或有限的/受限制的运行演示，如飞行试验台 | 高逼真度 |
| 7 | 系统样机 | 在使用环境下的处理器上进行样机试验。发布β版软件 | 有代表性的真实环境中的运行演示，如演示验证飞机 | 近似真实环境 |
| 8 | 实际系统 | 软件集成。在使用环境中进行软件所有功能测试 | 在实际系统应用中进行研制试验与评价 | 真实环境 |
| 9 | 实际系统 | 软件系统使用验证 | 在任务环境中进行试验与评价 | 任务环境 |

## 2. 定义详解

本节将针对 TRL 1~TRL 9 分别进行详细说明。

### 1) TRL 1:发现和报告技术基本原理

TRL 1 是技术成熟度的最低等级。在这一等级,发现并报告了基本科学原理,开始转向应用研究与开发活动。一般包括诸如对材料基本特性的研究(如一种拉伸强度随温度变化的新型光纤材料),通常由类似于美国国家科学基金或大学等研究机构来完成。

达到 TRL 1 所需要的费用往往难以预计,可能仅占最终实际系统研发总费用很小的一部分,也可能比采购该系统所需的费用还要高。另外,这些费用往往又比较特殊,随着研究学科的不同而变化显著。例如,利用风洞、实验室或超级计算机等大型设备开展一项空气动力学或生化方面的基础性探索研究的费用将远远高于几个研究人员利用手写板和台式计算机进行的一项新计算方法研究所需的费用。

### 2) TRL 2:阐明技术概念和用途

一旦研究了基本的物理原理,就进入技术成熟度下一级,识别或"发明"一种关于基本物理特性的实际应用。例如,当 20 世纪 80 年代后期科学家发现某种新型材料具有高临界温度超导性后,该材料的潜在应用背景随即就被确定下来,可用于薄膜装置(如 SIS 混合器)以及设备系统(如望远镜传感器)。类似地,巴氏球碳簇和碳纳米管(CNT)在 20 世纪 90 年代一经发现,即被考虑用于改进传感器和太空梯等众多领域。在这一等级,技术的应用更多还只限于推测性的,这种推测没有经过特定的试验验证或详细的分析论证。

达到 TRL 2 所需的费用很"低",换言之,它通常只占应用该基本原理的最终系统研发费用中很少的一部分。与 TRL 1 相同,这些费用也是"独特的",即当研究学科发生变化时费用也会发生显著变化。该等级中的工作可能由各种机构或组织承担,但大多数情况下由大学和小型企业来完成。

### 3) TRL 3:验证技术概念的关键功能和特性

在这一阶段开始进行新技术的各种研发活动,包括:考虑技术应用背景的理论研究;从物理上验证技术用途预测正确性的实验室研究。例如,使用浆氢或过冷氢作为燃料的高能密度物质推进器技术,TRL 3 将在实验室中实现这种液体相/温度/压力的"正确"混合配方。

TRL 3 中包括通过"分析"和"试验"两种途径对特定概念进行验证。具体哪种途径更合适,在某种程度上,取决于相关的物理现象。例如,相对简单的物理或化学系统概念有可能在"黑板阶段"就能得到验证。同样地,新计算方法或计算机技术可能通过分析就能得到验证。但对于那些高度复杂的概念或依赖于环境的现象以及新型材料等方面的发现则往往需要通过物理试验才能得到验证。

达到 TRL 3 所需的费用通常只占应用这些被证实的关键特征或功能的最终系统总费用中的少部分至"中等"水平。这些费用很大程度上是"技术独特的",即费用随着研究领域的不同变化很大。该等级中的工作可由任意组织实施,但更多情况下(由于费用的逐渐增加)由一些正式的资助者(如政府或工业投资)完成。由于风险相对较高和研制周期相对较长,TRL 3 及其以下等级不太可能得到各种风险投资机构的关注。

4) TRL 4:在实验室环境下完成基础部件/原理样机验证

在成功完成关键功能或特征的概念验证之后,在该发明活动中涉及到的基本技术元素必须集成为"单元",若干"单元"将一起实现部件和原理样机(Breadboard)的概念功能。TRL 4 中的验证必须支持之前提出的概念,同时也必须同潜在的系统应用需求一致。与最终系统相比,这种验证的仿真程度相对低一些。

TRL 4 的验证可能是利用"插接线"将各种特殊零散电子元件集成并在实验室环境下进行测试。例如,一种新的航空电子设备"模糊逻辑"方法的验证工作可能包括:部分在计算机上进行算法试验和部分在控制实验室内利用模拟飞行器输入控制试验台部件(如光纤陀螺仪)进行验证。

达到 TRL 4 所需的费用通常只占应用这些被测试的概念和部件的最终系统总费用的"中等"水平。这些费用很大程度上体现出"技术特殊性",但基本上要比同一主题的 TRL 3 多(也有可能是好几倍)。该等级中的工作可由各种正式的研发(Research & Development,R&D)机构来完成,但更多情况下(由于费用的逐渐增加)包括一些正式的资助者(如政府或工业投资)。由于风险的降低和周期的缩短,各种风险投资机构开始考虑为 TRL 4 或更高等级提供资金支持。

5）TRL 5：在相关环境下完成部件/原理样机验证

在这一等级中,进行试验的部件和原理样机的仿真程度明显提高。为能够在"模拟的"或相对真实的环境中测试所有的应用(部件级、子系统级或者系统级),基本的技术元素必须集成到合理的实际支撑元素。在验证中可能涉及到一项或多项新技术,例如,利用一种新型高效能的太阳能光伏材料所制造的太阳能阵列"板",要与电源、支撑结构进行集成,并在模拟太阳能的热真空实验设施中进行测试。

达到 TRL 5 所需的费用属于"中到高等"水平,并且将很大程度上体现出"技术特殊性",这些费用极有可能与同一主题的 TRL 4 类似,也有可能要多出两倍到数倍不等。该等级中的工作往往需由正式的 R&D 机构(如联合实验室)完成,但更多情况下(由于费用的逐渐增加)包括一些正式的资助者(如政府或工业投资,或一些适当的风险投资机构)。

6）TRL 6：在相关环境下完成系统/子系统模型或样机验证

在这一步骤中最主要的是技术验证的逼真度。在 TRL 6 中,典型模型、样机(Prototype)或者系统(将远远超出特殊、"插接线"或离散部件级的原理样机)将在相关环境下进行测试。该步骤的验证可能是针对实际应用系统的验证,也可能是仅仅采用了相同技术的相似应用系统的验证。这一等级中,如果"相关环境"只能是空间环境,那么模型/样机必须在空间环境下进行验证。

在这一等级,几项或者多项新技术可能被集成到验证载体中。例如,集成了新型高温/轻质散热器、液滴和复合材料的缩比模型安装于航天飞机或国际空间站上进行实际飞行验证以检验其达到 TRL 6。在这个例子中,微重力、真空和热环境效应组成的"相关环境"将决定系统的成功或者失败——验证这项技术的唯一途径只能是在空间环境下进行。

达到 TRL 6 所需的研发费用属于"高等"水平,并且将在很大程度上体现出"技术或验证的特殊性",这些费用要比同一主题达到 TRL 7 状态少两倍或几倍,也有可能与达到 TRL 7 的费用相同。这类活动只能由一个合适的、正式的组织(与项目团队类似)完成,并且(由于费用的显著增加)将一直包括一些正式的资助方(如政府或工业投资,或一些适当的风险投资)。

7) TRL 7:在使用环境下完成系统样机验证

TRL 7 是 TRL 6 之后的一个重要成熟步骤,它要求在预期使用环境下(如 NASA 项目中的空间环境)对真实系统样机进行验证。由于过去该阶段内容往往并非强制性要求,而导致经常缺少该部分工作。在这个阶段,系统样机应该接近或者与实际运行系统在一个量级,同时必须在预期的实际运行环境下进行验证。当然,并非系统中所有的技术都必须进行这一等级的验证。通常只有那些关键任务和风险相对较高的技术或子系统应用需要完成 TRL 7。例如:火星探险者飞行器就是基于其自身设计的未来火星微型飞行器系统的"TRL 7"技术验证。

达到 TRL 7 所需的研发费用属于"非常高"的水平,这取决于正在执行的系统样机的规模和逼真度,占最终系统研发费用的很重要一部分(在 NASA 最初的命名中,该费用可能占"阶段 C/D 到理论初始单元(Theoretical First Unit, TFU)"过程费用的主要部分——"TFU 系统设计和研发"的费用)。这类活动只能由某个正式"项目"组织完成,并且(由于费用的急剧增加)将一直包括一些正式的资助者(如政府或工业投资,或一些适当的风险投资)。

8) TRL 8:完成实际系统试验验证

根据定义,所有在实际系统中应用的技术都要经过 TRL 8。通常在这一等级对于大多数技术要素而言意味着真正的"系统开发"已经结束。以 NASA 的某新型有人运载火箭为例,TRL 8 包括 TFU 的设计/研发/试验与评价(Design Development Test & Evaluation,DDT&E),也可包括在已有系统集成新技术(现役系统的改进改型),例如,将一套新开发的控制算法植入到在轨运行的"哈勃"太空望远镜的机载计算机内,并成功完成测试。

这些费用主要是针对新系统关注的任务和功能需求,却属于"非常高"的水平。实际上在大多数情况下,TRL 8 所需费用是前 7 个等级费用总和的 5 倍~10 倍。几乎所有情况下的系统发展工作都是由一家合适且非常正式的"项目"组织完成,并且(由于费用的急剧增加)将一直包括一些正式的资助者(如政府或工业投资,或一些适当的风险投资)。

9) TRL 9:完成实际系统使用验证

根据定义,所有在实际系统中应用的技术最终都要达到 TRL 9。通常情况下,真实"系统开发"的程序调试都是在实际系统首次使用后才结束的,也就是达到了 TRL 9。例如,在一个空间系统中,需要针对发射后发现的位置问题进行小幅度调整/改变(如在发射后"30 天"时期内)。类似改变可能包括向现有系统集成新技术(如将一种新型人工智能工具嵌入到 NASA 约翰森空间站中某个任务控制计算机中)。

TRL 8 和 TRL 9 的根本区别在于"运行"。制造一架航天飞机属于 TRL 8,发射这架航天飞机,并通过实际任务来验证它则属于 TRL 9。该级技术成熟度不包含对正在运行或重新使用的系统进行预先计划的产品改进。例如:为现有的可重复使用运载火箭换装新的发动机不应该从 TRL 9 开始,而应从更低 TRL 级别阶段开始。

该等级明确了完成的任务,费用属于"高"水平,通常情况下比 TRL 8(全尺寸系统研发)的费用要少。显然该等级中的工作只能由一家正式的"任务"或"运行"组织完成。

此外根据 DoD 对 TRL 的解释,TRL 定义和描述体系包括 4 个元素——TRL 标号、定义、描述、支撑信息,见表 4-4。此外,在每个 TRL 定义末尾的"注释"部分,给出了有助于读者理解 TRL 的辅助信息。

表 4-4 DoD 技术成熟度等级定义

| TRL | 定 义 | 描 述 | 支 撑 信 息 |
| --- | --- | --- | --- |
| 1 | 发现和报告技术基本原理 | 科学研究开始转变成应用研究和开发(R&D)。例子可能包括技术基本性质的论文研究 | 公开发表的研究,能够识别该技术的原理,涉及到谁、何地、何时 |
| 2 | 阐明技术概念和用途 | 发明开始。一旦基本原理被观测,实际的应用就能够被发明。这些应用是推测性的,也许还没有证明或没有详细的分析以支持假设。例子仅限于分析研究 | 出版物或其他参考文献勾勒出所考虑的应用轮廓,并为支持该概念提供分析 |
| 3 | 验证技术概念的关键功能和特性 | 主动的 R&D 启动。这包括分析研究和实验室研究,对该技术元素分别进行了预估分析和物理确认。例子包括那些还未被综合或未具代表性的部件 | 将感兴趣的参数的试验结果与关键子系统的分析预估进行比较,涉及到谁、何地,以及何时做的试验和进行的比较 |

（续）

| TRL | 定 义 | 描 述 | 支撑信息 |
|---|---|---|---|
| 4 | 在实验室环境下完成基础部件/原理样机验证 | 基本的技术部件被综合以使它们能够一起共同工作。与最终系统相比是相对"低逼真度"的"系统"。例子包括硬件在实验室里的"试错"性综合 | 已经考虑系统概念，而且结果是来自实验室规模的原理样机试验。涉及到谁做的该项工作以及何时做的。为原理样机硬件和试验结果与期望的系统目标如何不同而提供预测 |
| 5 | 在相关环境下完成部件/原理样机验证 | 原理样机技术的逼真度显著提高。基本技术部件与合理现实的支撑元素相综合，所以它们可以在仿真环境下被试验。例子包括"部件"的"高逼真度"实验室综合 | 来自原理样机在实验室试验的结果与在仿真的运行环境下的其他支撑元素进行综合。"相关环境"与期望的运行环境有何不同？试验结果与期望如何进行比较？遇到过什么问题？细化了的原理样机系统是否更接近预期的系统目标 |
| 6 | 在相关环境下完成系统/子系统模型或样机验证 | 完全超过了 TRL 5 的具有代表性的模型或样机系统在相关环境下完成试验。表明技术验证的成熟度由 TRL 5 又上了一个主要的台阶。例子包括样机在高逼真度实验室环境或在仿真的运行环境进行试验 | 来自样机系统实验室试验的结果，在性能重量和体积上接近期望的构型。试验环境与运行环境如何不同？谁实施的试验？试验与期望比较如何？遇到过什么问题？在向下一级进行之前，解决问题的计划、选择或行动是什么 |
| 7 | 在使用环境下完成系统样机验证 | 样机接近或达到计划的运行系统。通过要求实际系统的样机在运行环境中（在飞机上或在空间运载器上）的验证，表明由 TRL 6 迈上又一个主要台阶 | 结果来自样机在运行环境下的试验。谁实施的试验？试验与期望比较如何？曾经遇到过什么问题？在向下一级进行之前，解决问题的计划，选择或行动是什么 |
| 8 | 完成实际系统试验验证 | 技术已被证明最终形式和在期望的条件下工作。几乎在所有情况下，TRL 8 都代表着真正的系统开发的结束。例子包括系统在其意向的武器的研制试验与评价（DT&E）以确定其是否满足设计规范 | 系统以其最终构型在期望的环境条件范围（也是将来期望的运行环境）的试验结果。评价系统是否能满足其运行要求？曾经遇到过什么问题？在冻结设计之前，解决问题的计划，选择或行动是什么 |
| 9 | 完成实际系统使用验证 | 技术的实际应用在以其最终形式在诸如那些在作战试验与评价（OT&E）中所遇到的任务条件下完成。例子包括在实际运行任务条件下对系统进行使用 | 作战试验与评价（OT&E）报告 |

## 4.1.2 局限分析

TRL 定义可用于标定技术的成熟程度，用作衡量开发工作完成量的指标，还能用于技术人员与管理人员、开发方与需求方之间进行交流的工具。此外，TRL还可用作衡量项目风险的一项指标，技术越成熟，未来在经费、进度和性能方面出现风险的概率就越低。

然而，从本质上讲，TRL定义仅仅是利用简单的语言，从技术载体、验证环境和逼真度等三个方面，将技术/系统全生命周期的状态划分为几个阶段，相对于技术/系统研发整个过程或全生命周期的科研活动而言，这种对于技术状态描述的颗粒度是非常大的，它无法提供描述各级TRL更为详细的信息说明。因此，现有的TRL定义作为技术风险标定和技术状态交流的工具时显得游刃有余，但用于科研人员/管理人员去衡量技术达到各级TRL所需工作量时却稍显粗糙，需要在TRL定义基础上，形成一套更为细致的评价细则体系来对每级定义进行细化说明。

另一方面，TRL定义衡量的是单项技术相对于系统目标的满足程度，然而，在系统研发过程中，影响系统研发风险的因素却不止这些，除了技术成熟度外，还要考虑设计稳定性、生产成熟度、集成成熟度和项目管理等诸多因素。而且，随着现代国防装备的复杂度和先进性越来越高，对于上述问题的要求也日益严苛。要解决这些问题，仅仅依靠TRL是远远不够的，因此，在现有TRL标准的基础上，当前已经陆续出现了系统成熟度、制造成熟度等概念，如何将这些新概念联合构成项目技术风险识别和控制的体系标准，是技术成熟度发展的主要方向。同时，在TRL标准的推广应用方面，世界各国由于科研管理实践和工程术语方面的差异，针对TRL标准各级定义的解读以及与各国科研阶段的对应方面，在全面引入并推广之前需要进行大量的分析和研究。

## 4.2 技术成熟度评价细则

### 4.2.1 提出背景

尽管TRL定义已经得到了普遍认同和广泛使用，但仅利用TRL定义，往往只能粗略地判定CTE的技术成熟度。由于项目和技术都存在差异，即使在DoD的《技术成熟度评价手册》（2005年版、2009年版）中，也只是阐述等级定义和术语说明，并未针对TRL每级定义给出详细的评价分析说明。为了更全面、准确地审视各项CTE

的技术成熟度的详细情况,美国空军研究实验室(Air Force Research Laboratory,AFRL)在2003年就从技术研发的详细过程入手,针对每个等级的技术成熟度进行了细化,形成了TRL评价细则,并以TRL计算器的形式对外发布,TRL计算在后面章节重点介绍,这里主要针对评价细则进行说明。这样通过审视各项评价细则的工作内容完成情况即可判断每个选定CTE是否达到某一TRL,从而更便于开展具体项目的技术成熟度评价工作。此后,NASA、国土安全部(Department of Homeland Security,DHS)也借鉴AFRL的评价细则分别制定了各自的TRL评价细则。

### 4.2.2 主要构成

本节介绍的评价细则是基于AFRL评价细则、结合国内实践作了部分修改而形成的,其中涉及到的内容包括技术成果载体、试验内容、试验环境、设计进展、工艺与制造等多个方面(表4-5)。

表4-5 TRL 5 评价细则(部分)

| H/S/B | 分类 | TRL 5:在相关环境下完成部件/原理样机验证 |
|---|---|---|
| B | T | 分析并确定本技术与其他技术的交叉效应(如果有) |
| H | M | 预生产硬件设备可用 |
| B | T | 了解系统的内外部接口要求 |
| B | P | 通过工作分解结构,分解系统需求(系统工程开始) |
| S | T | 建立了系统软件架构 |
| H | M | 确定提升生产能力的目标 |
| S | T | 完成了外部接口的分析和说明 |
| S | T | 完成内部接口需求分析 |
| H | M | 通过折衷分析和实验室试验定义关键制造工艺 |
| B | T | 部件/子系统之间的接口是真实情况下的(具有实际接口的低逼真度原理样机) |
| H | M | 已完成重大的工程和设计更改 |
| S | T | 完成软件单个功能/模块的编码 |
| H | M | 初步制造出系统的原型 |
| H | M | 实验室中演示了工装及加工工具及设备 |
| … | … | … |

根据技术成果载体形式,可以将评价细则分为 H、S 和 B 类,其中:H——指硬件技术对应的选项;S——指软件技术对应的选项;B——指硬件、软件技术都需对应的选项。同时,评价细则又可根据具体内容分为 T、M 和 P 类,其中:T——指与技术有关的选项;M——指与制造、工艺有关的选项;P—指与项目管理有关的选项。

需要指出的是,评价细则是研发过程的体现,暗含着技术逐步成熟、最终走向应用的客观发展过程,因此有着严格的先后顺序。除了技术载体、试验环境、逼真度等方面逐步向最终系统和应用环境靠拢外,项目管理等其他方面因素在评价细则中也体现了这样的逐步变化的过程。

如对软件 CTE 的验证时,需要利用不同的输入数据,这些数据也是逐步逼近最终应用的:TRL 2,使用合成数据进行试验;TRL 3,以少量典型数据进行试验;TRL 4,用全面的问题和典型数据进行试验;TRL 6,典型全尺寸实际问题。

与之类似,在接口分析方面:TRL 4,对部件和部件间的接口进行建模与仿真;TRL 5,部件/子系统之间的接口是真实情况下的,描述外部接口,完成内部接口需求分析;TRL 6,完成外部接口详细目录,完成数据库结构和接口分析;TRL 8,完成接口控制。

尽管评价细则会因研发体制和研发项目属性的不同而有所差异,但 AFRL 的评价细则仍非常值得参考和借鉴。技术成熟度等级和评价细则的使用将在后续章节中详细介绍。

### 4.2.3 理论依据

技术成熟度评价细则中引入了 TRL、MRL、项目管理成熟度等级(Programmatic Readiness Level,PRL)三个概念,其中,TRL 在前面已介绍过,MRL 在后续章节中重点介绍,本节主要针对 PRL 概念进行重点介绍。

PRL 的概念最早出现在 William L Nolte 于 2002 年设计的 TRL 计算器的编制说明中,在该计算器中,利用电子表格形式涵盖了一系列的有关技术开发项目的问题,以便根据这些问题的答案来计算项目当前的 TRL。在设计 TRL 计算器之初,其中很多问题对技术项目管理人员而言非常重要,却看似与 TRL 无关,因此,William L Nolte 设计了一种新的成熟度等级类型来解决和项目相关的问题,最初被称为"用于转阶段的项目成熟度",在后来的计算器版本中更名为"项目管理成熟度等级",以便更好地与 TRL 协调一致。PRL 从项目维度度量一项技术的成熟度等级,该项目维度分为三个部分:文件资料、客户关注焦点、经费预算。

1. 文件资料

在科学、规范的项目管理当中,文档工作是必不可少,而且十分重要的。项目结束的标志往往是完成各项文档工作。随着项目的逐步推进,项目所需文件资料的种类也会随之变化。如果技术处于早期开发阶段(TRL 1 ~ TRL 3),所需的文件资料只需由期刊论文或者会议论文组成。主要工作也是依据合同开展,可交付成果通常包括阶段性进展报告和最终的技术报告。

随着技术及其潜在应用相关知识的增多,文档工作需求量也在增多。技术水平在达到 TRL 4 或 TRL 5 之前需要提供大量的项目文件资料,特别是项目的正式需求、工作分解结构(Work Breakdown Structure,WBS)、系统工程计划(Systems Engineering Plan,SEP)和技术状态管理计划方面的文件资料。依据项目的类型可能还需提供初步设计图纸或试验评价计划。如果项目中有软件则可能需要在功能点数量或源代码行数的估算方面做一些软件测量。标志一个科学技术项目正式结束时的标准清单以及项目结束时被告知所需注意的所有重要因素,都有助于完成项目的文件资料。将这些文件资料的需求进行综合可形成一个技术转移计划,该计划会告诉你技术如何以及什么时候走出实验室。在 DoD 当中,技术转移通常意味着项目进一步开发(产品化)的责任从科学技术实验室过渡到采办方。

当技术达到 TRL 6 或 TRL 7 的水平时,将要求提供更多的文件资料,其中可能包括一个试验与评价主计划(Test and Evaluation Master Plan,TEMP)和一个 SEP。此时,大部分的硬件设计图纸(至少是草图)应该都已经完成。在这个阶段,需证明技术是如何能够很好地满足客户的技术性能需求,并解决后勤保障方面的问题。如果项目中包括软件,还需要开始发布正式程序。在 TRL 6 水平,首个官方发布版本将是一个限定发布范围的"Alpha"测试版本。当达到 TRL 7 水平时,需面向代表性用户发布一个"Beta"测试版本,而且在该等级阶段需针对硬件和软件系统完成一个正式的配置控制程序并做好文件记录。

TRL 8 和 TRL 9 阶段的文件资料主要是试验测试方面。TRL 8 要求技术已经完成了首次 DT&E，并验证所研制的系统满足所有设计规范。DT&E 回答了"我是在正确做事吗"这个问题。DT&E 试验报告的形成标志着此次试验的完成，也证明技术已经达到 TRL 8 的水平。对于软件系统或者有大量软件的系统来说，TRL 8 同样要求必须完成任何需要的验证、确认和鉴定试验内容。

TRL 9 阶段的测试是 OT&E。该测试确认了技术可以在预期的作战条件下履行计划的任务功能。OT&E 回答了"我做的事正确吗"这个问题。有时候，技术可以绕过这级别的测试，通过执行一项实际作战任务来验证其已经达到 TRL 9 水平。这种方式尤其适用于空间系统，因为空间测试和空间运行是难以区分的。此外，由于测试费用非常昂贵，近期也呈现出将 DT&E 和 OT&E 进行联合测试的趋势。

2. 客户关注焦点

明确并牢记客户的需求是优秀项目管理人员的必备要求之一。然而，通常一个技术开发项目很难对自己的目标客户进行定位，因为客户会随着知识的增长而不断变化。当一项新的技术开始研究时，通常不知道该怎样运用这项技术去解决实际问题。此时客户是技术研发的主要资助者，并非新技术的最终用户，这一阶段，客户希望通过科学探索与研究去确定对于这项新技术来说什么是可能的，什么是不可能的。这类客户所需的仅仅是期刊论文和一份总结报告，来记录在履行合同过程中通过研究所学到的科学技术知识。

随着知识的增长，要开始思考如何去应用这项技术。所提出来的技术应用领域将会改变"哪些人会在意呢"这个问题的答案。要大致判断出哪些客户可能对将技术投入实际应用感兴趣，并努力让这些潜在的客户加入到技术使用者的行列中。至少应该和这些用户一起去挖掘需要由该项技术来满足的作战需求列表。同时还需要与采办办公室进行沟通，因为他们将决策是否将技术最终综合到一个新的或现役的产品、系统或者平台。

获得客户认同的最终举措之一是让客户为开发项目注入资金。客户一旦参与到这个程度，就表明该领域最困难的问题已经解决。客户为项目投入资金也就意味着他们已经得到未来获得利益的承诺，接下来要做的事情就集中在如何按照预期交付技术。

### 3. 经费预算

与其他项目维度相比,经费预算有一个明显优势,那就是经费出现问题将可能影响项目的进程甚至成败。目前关于预算管理的资料很多,本节就不做过多讨论,值得一提的是,目前的趋势是出现了诸如挣值管理(Earned Value Management, EVM)等经费管理方法,需要科研人员和管理人员去关注。不管选择什么样的管理技术,都必须高度关注项目预算,否则项目将会面临厄运。

## 4.3 术语说明

在 TRL 定义和评价细则中,出现了诸如实验室环境、相关环境、模拟使用环境、使用环境、逼真度、模型、样机等专用术语,为了便于读者理解,本节对这些术语进行解释说明。

(1) 实验室环境:演示验证技术性能或功能的根本原理时的试验环境,该环境不能代表系统/子系统/部件(软件或硬件)在实际使用中遇到的环境。

(2) 相关环境:对使用环境某些关键因素进行模拟的试验环境,能够对技术的验证提供一定的环境压力。相关环境是使用环境的一个子集,要求能够演示验证最终产品在使用环境中的关键特征。不是所有的系统、子系统、部件都需要在使用环境中演示验证其是否能够满足性能的边界要求。

(3) 模拟使用环境:一个模拟最终系统所需的所有作战要求和规范的真实环境或一个可测试虚拟样机的模拟环境,可以用来确定研发型系统是否满足最终系统的使用要求和规范。

(4) 使用环境:满足最终系统(包括平台)所有使用要求和规范的环境。就空间飞行器的硬件和软件而言,就是空间环境;就地基或者空基等系统而言,它将由使用条件确定;对软件而言,环境将由使用平台来确定。

(5) 逼真度:这里的逼真度包括两个方面内容,一方面是试验模型的功能、形式等与最终使用功能和形式等的相似程度,另一方面是试验环境与最终使用环境的相似程度。

(6) 低逼真度:部件或系统的粗略表征,仅具备有限的能力来提供有关最终产品的部分信息。低逼真度评价用于提供趋势分析。

（7）高逼真度：关注外形、安装和功能。高逼真度的实验室环境包含用可在实验室设置中模拟和证实所有系统规范的设备来进行试验。

（8）模型：系统的一种功能形式，一般为缩比尺寸，功能上接近或达到使用要求，以验证最终系统需要的技术和应用能力。

（9）样机(Prototype)：一个实物或虚拟模型，用来鉴定特定技术或过程、概念、终端项目或系统的技术/制造可行性、实用性。样机通常是能够从功能、形式等方面代表在使用环境中运行的最终产品，是一个全尺寸的测试产品，它能够为分析模型的验证和预测使用环境中全尺寸系统性能提供充分的逼真度。

（10）低逼真度原理样机：只能演示技术功能，硬件情况下不考虑硬件的形式、安装等。在软件情况下不考虑软件平台。它经常是用些商业部件或者是特殊部件，它不需要为使用性能提供确切的信息。

（11）中等逼真度原理样机：尽可能利用运行硬件和软件，开始能够代表实际系统的规模尺寸。尚未体现工程特征，但它能够在模拟使用环境中运行，目的是评估关键功能的性能。

# 第5章 技术成熟度评价的一般流程

科学、规范的评价流程是确保技术成熟度评价工作的高效性和技术成熟度评价结果的客观性和准确性的前提条件。本章从方法论的角度,重点介绍技术成熟度评价的一般流程以及各个步骤的具体做法和核心要求。

## ▶ 5.1 技术成熟度评价流程

典型的 TRA 过程包括制定评价工作计划、识别关键技术元素(CTE)、评价关键技术元素(CTE)、编写技术成熟度评价报告、审核技术成熟度评价报告等5个阶段,从流程上讲,又可分为13个步骤(图5-1):

第0步:由评价决策机构下达评价任务,明确工作要求、任命相关责任人、启动评价工作。

第1步:评价工作负责人(项目负责人协助)制定评价工作计划,就评价要求、进度安排、评价专家组人员及项目实际进展情况等与归口业务管理部门进行协调,确定最终的评价工作计划。评价执行机构负责将最终评价工作计划抄送评价决策机构。

第2步:项目负责人完成项目的工作分解结构(WBS)或系统的技术分解结构(Technology Breakdown Structure,TBS)。

第3步:项目负责人根据项目的 WBS 或系统的 TBS、功能需求分析等识别尚未"成熟"的关键技术元素(Critical Techonlogy Element,CTE),形成关键技术元素(CTE)初始候选清单。同时收集识别和评价 CTE 所必需的各种数据信息。

# 第5章 技术成熟度评价的一般流程

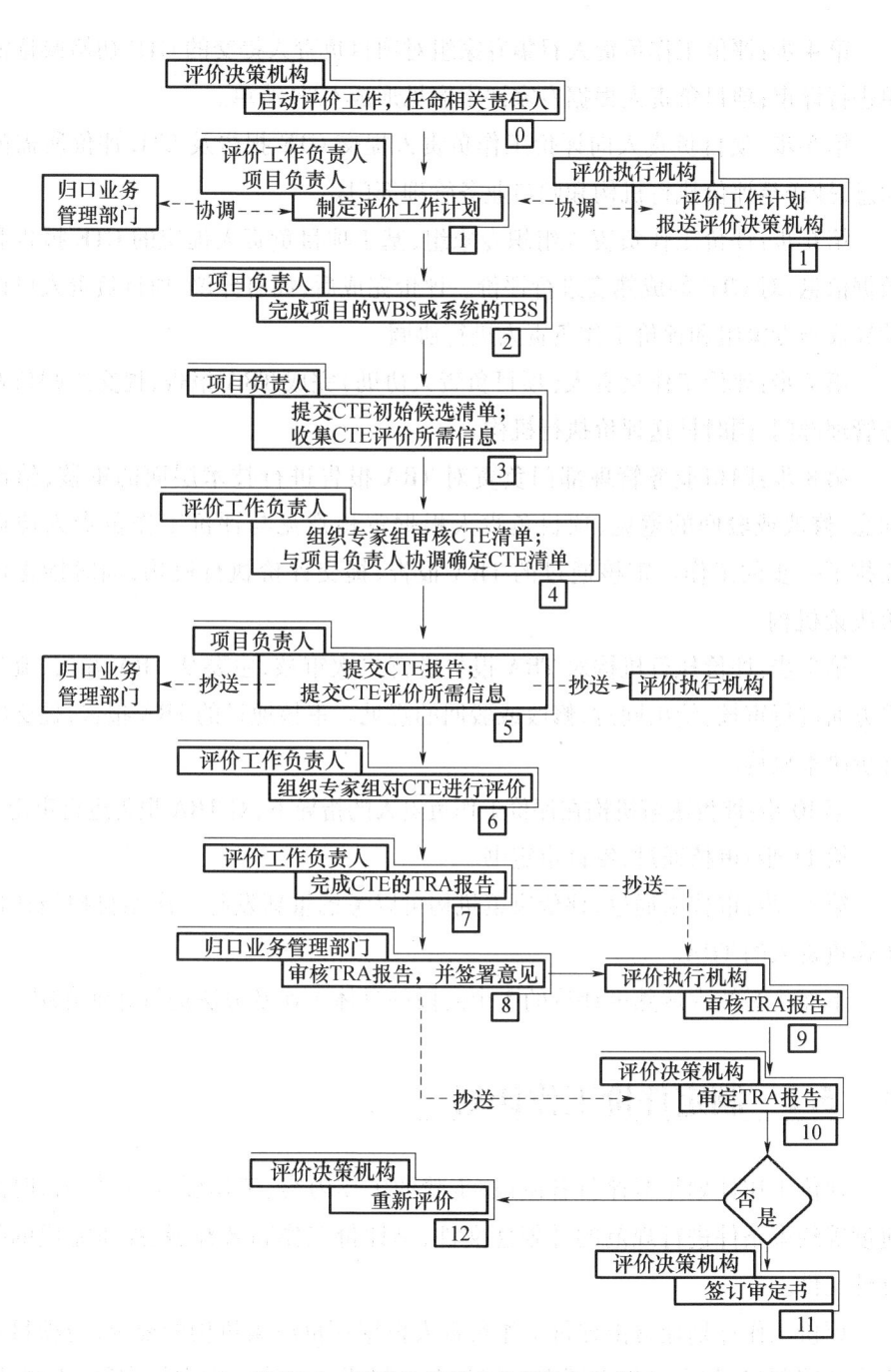

```
评价决策机构
启动评价工作,任命相关责任人  0
         ↓
评价工作负责人
项目负责人                              评价执行机构
归口业务管理部门 ←--协调--→ 制定评价工作计划 ←--协调--→ 评价工作计划报送评价决策机构  1
         ↓                                                                 1
项目负责人
完成项目的WBS或系统的TBS  2
         ↓
项目负责人
提交CTE初始候选清单;
收集CTE评价所需信息  3
         ↓
评价工作负责人
组织专家组审核CTE清单;
与项目负责人协调确定CTE清单  4
         ↓
项目负责人
归口业务管理部门 ←--抄送-- 提交CTE报告; --抄送--→ 评价执行机构
                提交CTE评价所需信息  5
         ↓
评价工作负责人
组织专家组对CTE进行评价  6
         ↓
评价工作负责人
完成CTE的TRA报告 --------抄送--------
         ↓  7                        ↓
归口业务管理部门                   评价执行机构
审核TRA报告,并签署意见  8          审核TRA报告  9
         ↓                            ↓
         --------抄送--------→ 评价决策机构
                              审定TRA报告  10
                                     ↓
评价决策机构                          ◇ 否/是
重新评价  12  ←─────────────────
                              评价决策机构
                              签订审定书  11
```

图 5-1 典型的技术成熟度评价流程

第 4 步：评价工作负责人召集专家组对项目负责人提交的 CTE 初始候选清单进行评审；项目负责人根据专家评审意见形成 CTE 清单。

第 5 步：项目负责人向评价工作负责人提交 CTE 报告及 CTE 评价所需的信息，抄送至评价执行机构和归口业务管理部门。

第 6 步：评价工作负责人组织专家组，基于项目负责人提交的 CTE 报告和数据信息，对 CTE 的成熟度进行评价。评价完成后，如有异议，项目负责人可以就异议与专家组和评价工作负责人进行协调。

第 7 步：评价工作负责人（项目负责人协助）完成 TRA 报告，提交给归口业务管理部门，同时抄送评价执行机构。

第 8 步：归口业务管理部门负责对 TRA 报告进行技术层面的审核，给出同意、修改或驳回的意见，项目负责人根据审核意见与评价工作负责人协调安排下一步的工作。审核通过的 TRA 报告，提交评价执行机构，同时抄送评价决策机构。

第 9 步：评价执行机构对 TRA 报告进行二次审核，主要从 TRA 方法、流程等方面进行审核，给出同意、修改或驳回的意见。审核通过的 TRA 报告，提交给评价决策机构。

第 10 步：评价决策机构在评价工作负责人的指导下，对 TRA 报告进行审定。

第 11 步：审核通过，签订审定书。

第 12 步：审核未通过，评价决策机构可以考虑重新发起一次亲自担当评价工作负责人的 TRA。

下面将对技术成熟度评价的 5 个阶段的具体工作及方法进行详细介绍。

## 5.2 制定评价工作计划

评价工作计划是对评价各阶段/步骤的工作内容、工作要求、责任人、时间进度等约束条件进行规范的计划性文件，是评价工作高效开展、高质完成的指导性文件。

评价工作计划通常由评价工作负责人根据评价决策机构的要求，与项目负责人共同制定，制定过程中还需就相关内容与评价决策机构进行沟通、协调，以便尽快确定最终的计划。评价工作计划通常依据项目性质、关注程度、进度安排等内容而制定,具体制定过程可分为确定评价对象、评价步骤、评价进度和评价主体及任务分工等。

评价工作计划的主要内容包括:项目概述、项目评价工作组、评价工作进度安排等内容。其中:项目概述部分需要描述项目目标、项目研究内容、国内外发展现状与差距、应用背景与范围、系统简介(如果需要);项目评价工作组包含各相关参与人员的信息;评价工作计划表中包含技术成熟度评价流程中各步骤的工作内容、大致起始时间、完成形式及成果形式。

## 5.3 识别关键技术元素

### 5.3.1 基本概念

关键技术元素(CTE)是指在规定的时间、规定的费用范围内为完成项目设定的性能要求和任务所必需依赖的新颖技术,或在其应用的领域内在详细设计或演示验证期间存在重大技术风险的技术。顾名思义,某项技术能否成为CTE取决于两个方面:

(1) 该项技术能否在可接受的研发进度,以及研发、生产和运行成本范围内满足系统性能需求。

(2) 该项技术或其应用方式是否新颖,或在详细设计或演示验证期间是否存在重大技术风险。

CTE在不同的项目中可能有不同的表现形式,它可以是子系统级,或部件级与软件、硬件、制造技术,或全生命周期内其他要素相关的技术。

识别CTE既是TRA的基础,也是TRA的核心。首先,识别CTE是TRA中确定具体评价对象的过程,其次,CTE识别的好坏直接影响TRA的效果。在该阶段,如果未能识别出所有的CTE,在后续工作当中,那些漏选的CTE一旦未能达到预期的成熟度要求,势必会对系统性能、计划进度和费用带来不利的影响;反之,如果在该阶段过于保守,识别出过多CTE,有些需重点关注的CTE由于受到资源和精力所限而未能得到足够的重视,也会导致技术发展过于缓慢,给系统性能、计划进度和费用造成不利影响。

### 5.3.2 基本流程

识别 CTE 的基本流程如下：

1. 建立项目的 WBS 或系统的 TBS

根据项目或系统的特点，建立能够反映项目或系统全貌的多层级分解结构树，如 WBS、功能分解结构(Function Breakdown Structure,FBS)、产品分解结构(Product Breakdown Structure,PBS)和 TBS 等。这几种分解结构虽然形式不同，但具有以下共同特点：

（1）利用系统工程思想，经过科学严谨的分析得到的重要成果，反映系统的整体体系结构。

（2）显示系统的工作(功能、部组件、技术)全景以及系统中各项工作(功能、部组件、技术)之间的相互关系。

（3）相互之间存在关联，功能依靠技术来实现，技术载体是产品，而实现这些功能需要通过各项工作来完成。

建立项目的 WBS 或系统的 TBS，是梳理实现系统开发所需技术集合必不可少的步骤。通常而言，WBS 是从项目管理角度出发，把产品或过程分解层次的子部件直至可操作的工作单元，是一个以产品或过程为中心的层次体系结构。它由硬件、软件、服务、资料等组成，它完全确定了一个项目的工作范围和产品。而 TBS 是以 WBS 为基础，以技术单元为终端端点的分解结构。

2. 筛选初始的 CTE 候选清单

由项目负责人采用系统工程的思想，对项目的 WBS 或系统的 TBS 进行广泛审视。根据 CTE 的定义，从系统性能、制造工艺、材料、测量或工具/基础设施等方面，将任何可能成为 CTE 的技术筛选出来，形成 CTE 候选清单。

通常，一项技术要成为关键技术，下面两套判定问题中各自至少满足一条。

第一套：

（1）该技术对系统的性能要求是否有直接的影响？

（2）该技术对系统的研发进度是否有重大影响？

（3）该技术对系统的全生命周期经济可承受性是否有重大影响？

(4) 该技术对系统的作战使用是否有重大影响？

第二套：

(1) 该技术是否是全新的技术？

(2) 该技术是否由以往的实际成功应用中改进而来？

(3) 该技术是否在新的使用环境下应用(是否新的应用方式)？

(4) 该技术在研发或演示验证过程中是否存在重大风险？

(5) 采用该技术，能否使系统性能超出初始设计目标或演示验证过的能力？

3. 细化环境因素，协调、确定最终 CTE 清单

技术(系统)的验证环境或使用环境对于技术(系统)的研发成功与否异常关键，同样对于判定技术是否入选 CTE 清单也至关重要。

武器装备研制中涉及的环境分为外部环境和内部环境两种。其中：外部环境是指系统工作环境，包括自然环境和人为环境；内部环境是指人为实现的环境，是由项目(产品、分系统、部件、WBS 元素等)的性能要求而界定的环境，包括物理环境(机械部件、处理器、服务器和电子设备、运动学和动力学、热与热传递、电气与电磁、气候与气象、温度、网络基础设施等)、逻辑环境(软件界面、安全界面、互联网等)、数据环境(数据格式、数据库、数据率、数据延迟率和数据处理量等)、安全环境(连接防火墙、安全设备、攻击速率和方法等)、用户和使用环境(可扩展性、可升级性等)。

根据识别出的 CTE 候选清单，从系统视角和作战视角出发，对系统和各个候选 CTE 的相关环境分别进行细化、界定，充分辨识其与已有环境的区别，对 CTE 候选清单进行环境方面的分析，经过协调后确定最终的 CTE 清单。

### 5.3.3 数据及信息准备

项目负责人负责数据及信息准备工作，收集的主要对象是评价各个 CTE 的 TRL 所需的相关数据和信息，数据内容包括能够反映该技术目前的成果形式、试验环境、试验内容、设计方案、工艺与制造，以及其他方面因素的数据(不同的项目根据自身特点收集数据，不一定要面面俱到)，数据形式包括学术论文、研究报告、专利、试验报告、设备号、产品号等。另外，还包括项目负责人根据系统功能需要而编写的部件或子系统的试验描述、试验环境和试验结果等技术性文

档,以及其他任何有助于评价 CTE 和制定技术成熟计划(Technology Maturity Plan,TMP)的数据和信息。

数据及信息准备的过程几乎贯穿整个评价工作过程,与 CTE 识别阶段同时启动,并行进行,通常在 CTE 清单最终确定(CTE 识别阶段结束)后数日才结束。只有完成该过程,才能进入实质性的专家评价阶段。数据及信息准备应有针对性和完整性,以能够证明 TRL 评价准则为首要目标,任何能够证明技术的成熟度相关的信息都不应遗漏。

### 5.3.4 编写具体化 TRL 定义

对于不同行业、不同背景的项目来说,技术载体、试验环境、试验内容都有各自的特殊性,通用的 TRL 定义往往由于缺乏针对性,而导致对于项目的技术成熟度描述不够准确。因此,需要项目负责人结合项目实际特点,编写能够体现项目技术特点、针对性和适用性更强的具体化 TRL 定义。

为了完成 TRL 定义的具体化,项目负责人需要充分理解通用 TRL 的概念,然后针对具体项目的情况,在充分考虑项目目标和技术特点后,给出适合本项目的 9 级 TRL 定义,并对涉及的相关术语给出说明。

一般而言,确定具体化的 TRL 定义,需遵从如下原则:

(1) 具体化的 TRL 仍分为 9 级,在技术载体、验证环境、逼真度等方面需与通用 TRL 定义一致。

(2) 各级具体化 TRL 定义能够体现项目的具体特点,且便于评价人员理解和评判。

## 5.4 评价关键技术元素(CTE)

各个 CTE 的 TRL 是项目主要技术状态和技术风险的体现,因而按照科学的流程和方法对 CTE 的 TRL 进行评价是 TRA 过程中极为重要的一个环节,直接影响着评价结果。其流程和主要内容如下:

1. CTE 评价步骤

由评价工作负责人负责组织实施此项工作,通过召集独立的专家组,根据具体化 TRL 定义、TRL 评价细则以及各 CTE 的基本数据,对 CTE 清单中的各 CTE 逐项进行评价。对于每个 CTE,评价的具体流程主要包括初判、详判(评价细则说明、满足情况等)、迭代判断、评价结果。具体流程如图 5-2 所示。

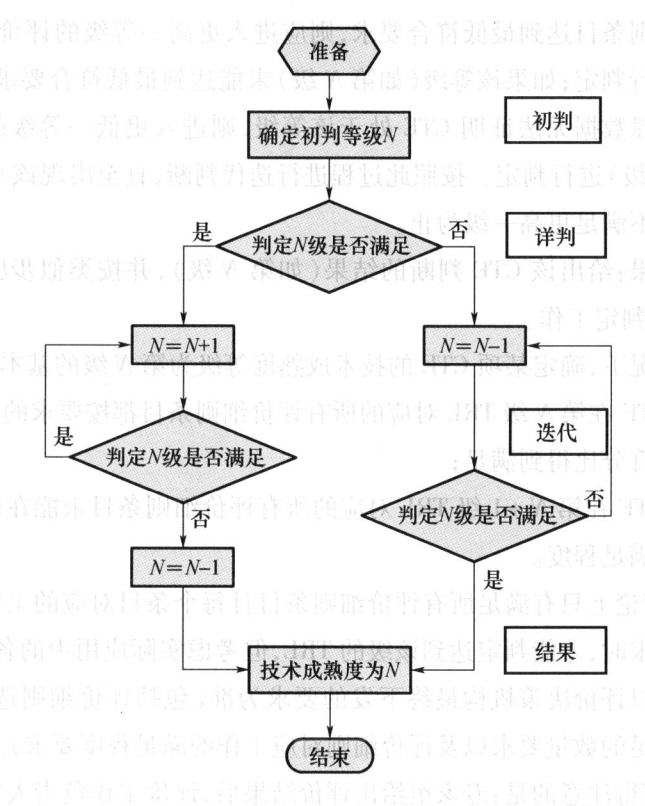

图 5-2 单项 CTE 的 TRL 判定流程

(1)初判:首先由专家组对该 CTE 现状和已收集的资料进行全面了解(例如,理论进展如何、技术载体是什么、试验环境如何、做了哪些试验等),依据项目具体化 TRL 定义,对各项 CTE 的 TRL 进行初步判定。通常,可用来初步判定的代表性成果包括技术载体(软硬件模型)、试验环境、试验内容等。

(2)详判:进一步收集数据,针对初判等级对应的 TRL 评价细则逐条进行判定,对项目负责人提供的判断依据(包括各项技术报告、试验报告、文章、照片等数据、信息)进行核查,给出各条评价细则是否满足要求的结论。需要指出的是,为了更清晰地建立起支撑数据信息与通用评价细则之间的逻辑联系,通常需要项目负责人主导完成评价细则说明和工作说明,从而便于判断该 CTE 是否满足对应的评价细则内容要求。

(3) 迭代:如果 CTE 初判等级(如第 $N$ 级)对应的 TRL 评价细则中满足要求的评价细则条目达到最低符合要求,则应进入更高一等级的评价细则(如第 $N+1$ 级)进行判定;如果该等级(如第 $N$ 级)未能达到最低符合要求,即已完成的工作和支撑数据无法证明 CTE 处于该等级,则进入更低一等级的评价细则(如第 $N-1$ 级)进行判定。按照此过程进行迭代判断,直至出现该 CTE 能够满足某等级而不满足更高一级为止。

(4) 结果:给出该 CTE 判断的结果(如第 $N$ 级),并按类似步骤进行其他 CTE 的 TRL 判定工作。

通常情况下,确定某项 CTE 的技术成熟度等级为第 $N$ 级的基本原则如下:

① 该 CTE 在第 $N$ 级 TRL 对应的所有评价细则条目都按要求的数量百分比和完成程度百分比得到满足;

② 该 CTE 在第 $N+1$ 级 TRL 对应的所有评价细则条目未能在数量百分比达到要求的满足程度。

注意:理论上只有满足所有评价细则条目且每个条目对应的工作完成程度达到一定要求时,才能判定达到该级的 TRL,但考虑实际应用中的各种情况,具体判定原则以评价决策机构最终下发的要求为准(包括评价细则选择的要求、评价细则满足的数量要求以及评价细则对应工作的满足程度要求)。

此外,值得注意的是:专家组给出评价结果后,评价工作负责人需要就评价结果与项目负责人进行沟通。如果项目负责人有异议,评价工作负责人有必要重新召集专家组,由项目负责人就评价结果中出现异议的地方与专家组进行沟通、协调,最终就各项 CTE 的 TRL 达成一致意见。

**2. CTE 等级评价细则具体化说明**

通用评价细则给出的是一般性装备技术发展过程中的技术研究、发展、验证、制造工艺等多方面内容,由于项目自身的特殊性、差异性等,在制定 CTE 的 TRL 评价细则说明(专用评价细则)时,应遵循以下原则:

(1) 对应原则:将通用评价细则条目按照一一对应的原则逐条进行具体化说明,将其转换为符合 CTE 相应工作内容的评价细则说明。对于不适用于该项

CTE 的评价细则条目必须给出不适用的理由(必要时给出专家意见)。

（2）一致性原则:评价细则说明是根据通用评价细则制定的 CTE 应完成的工作内容,二者在内容上须保持一致性,专用评价细则的工作内容必须包含但不限于通用评价细则的规定内容。

（3）术语转换原则:在评价细则说明中,须将通用评价细则中有关技术载体、试验环境和试验内容等通用名词术语转换为符合 CTE 特点的对应术语。

## 5.5 编写技术成熟度评价报告

在项目负责人协助下,评价工作负责人汇总所有与 CTE 技术成熟度评价相关的评价依据、方法、过程、清单和结果,形成技术成熟度评价报告。技术成熟度评价报告是整个评价工作过程和结果的体现,系统、全面、详实地展示整个项目评价过程中的各个阶段的实施情况和评价结果。评价工作负责人将完成的技术成熟度评价报告提交归口业务管理部门,并抄送评价执行机构。

技术成熟度评价报告一般涵盖以下几个方面的内容:评价对象(项目)的情况、评价工作组的构成、识别出的 CTE 清单、每个 CTE 的技术成熟度等级、后续工作建议等。

## 5.6 审核技术成熟度评价报告

项目承研单位隶属的归口业务管理部门负责技术成熟度评价报告的初步审核,并签署审核意见,以及同意、修改或驳回的处理意见;初步审核通过的技术成熟度评价报告连同审核意见一起提交评价执行机构,由评价执行机构进行再次审核。审核通过,签署审核意见后,提交评价决策机构进行审定,若评价决策机构审定未能通过,由评价决策机构重新发起一次 TRA。

审核内容包括评价的程序、方法、结果以及相关责任人的工作等,对技术成熟度评价报告重点审核如下几个部分:项目目标、专家组的构成、CTE 的识别、具体化 TRL 定义、CTE 的 TRL、报告的完整性、相关机构或专家组的审核或评审意见等。

# 第6章 技术成熟度评价相关实践

实践是检验理论的最佳标准，技术成熟度理论的快速发展离不开国内外诸多装备研制项目的评价实践，其中尤以 NASA 和 DoD 为典型代表，国内政府和军方各级部门也在装备建设中开展了大量的评价实践工作。为帮助广大读者深入理解和掌握技术成熟度评价方法，更好地开展技术成熟度评价工作，本章选取美国联合攻击战斗机（JSF）项目、UH-60"黑鹰"直升机和某型民用飞机等案例进行剖析，希望以此使读者掌握技术成熟度评价的基本流程和各个步骤的具体情况。

JSF 项目评价案例侧重于美军基于技术成熟度评价的风险管理；UH-60"黑鹰"直升机评价启动于 DoD 引入技术成熟度工具的初期，无论是评价流程还是评价结果方面都带有探索性的特征。通过这次评价，不仅为该型号采办转阶段提供了客观的决策参考，也为 DoD 随后颁布相关的技术成熟度评价指导文件提供了极大的帮助。某型民用飞机的评价案例是在国内引入技术成熟度理论与方法后自主开展的评价工作。其中的评价流程、评价标准等都参照了国内诸多学者专家的研究成果。

## 6.1 联合攻击战斗机项目最佳实践

JSF 项目的目标是为美国空军、海军陆战队、海军和盟国开发一种超声速多用途战斗机（图6-1），并通过最大限度地提高通用性，大幅降低成本。F-35A（陆军常规起降型）以对地攻击为主，取代空军的 F-16"战隼"战斗机和 A-10"雷电"Ⅱ攻击机,并作为 F-22"猛禽"战斗机的补充;F-35B(短距起飞/垂直着陆型)将取代海军陆战队的 F/A-18"大黄蜂"战斗机和 AV-8B"鹞"Ⅱ战斗机;F-35C(弹射起飞/拦阻着舰型)作为海军 F/A-18E/F"超级大黄蜂"战斗机的补充。

图 6-1　JSF

### 6.1.1 评价与管理实践

早在 1996 年 JSF 项目启动之初,美军就开始用技术成熟度的思想和方法进行管理,当时确定了 8 项关键技术:短距起飞垂直着陆/综合飞行推进管理技术、

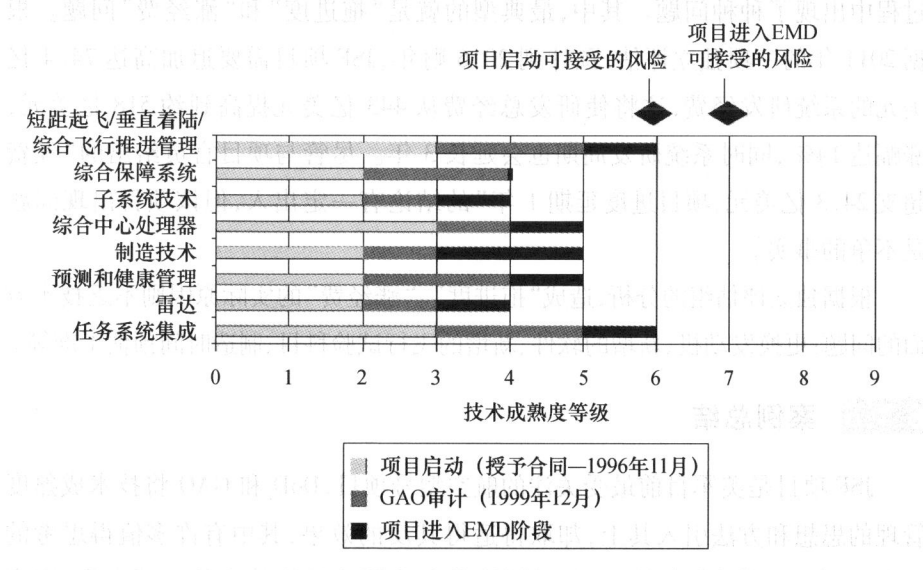

图 6-2　JSF 关键技术元素的技术成熟度等级

综合保障系统、子系统技术、综合中心处理器、制造技术、预测和健康管理、雷达和任务系统集成。而各项关键技术的成熟度也参差不齐,基本介于 TRL 2 ~ TRL 3 之间,技术风险较高。为此,该项目成为 GAO 的重点关注对象,根据 GAO 于 1999 年的评价结果,各项关键技术的成熟度介于 TRL 2 ~ TRL 5 之间,也远低于 GAO 可接受的 EMD 决策点 TRL 7 的要求。后来由于种种原因,JSF 项目仍坚持在 2001 年转入 EMD 阶段,其暗藏的技术风险也随之带入了采办当中,为后续 JSF 项目出现种种问题埋下伏笔。

到 2009 年,根据 GAO 对重大武器项目的评估报告,JSF 项目的 8 项关键技术中仍有 3 项(任务系统集成,预测和健康管理以及雷达)正接近成熟。到 2010 年,任务系统集成、预测和健康管理系统这 2 项关键技术尽管已经成熟,但仍存在重大风险。其中,任务系统预计于 2012 年后才能集成到 F-35 试验机上进行验证,预测和健康管理系统的问题使得维护人员很难在有限的时间内正确地判断和修理飞机故障,造成使用率下降、保障费用增加。

### 6.1.2 项目问题分析

正是由于将许多不成熟的技术带入采办过程当中,JSF 项目在后续的研制过程中出现了种种问题。其中,最典型的就是"拖进度"和"涨经费"问题。根据 2011 年的一项独立评估,预计到 2016 财年,JSF 项目需要追加高达 74.4 亿美元的系统研发经费,这将使研发总经费从 443 亿美元提高到约 518 亿美元,涨幅达 14%,同时系统研发周期也会延长 3 年。尽管与项目官员给出的"经费超支 24.3 亿美元,项目进度延期 1 年"的结论有一定出入,但该项目出现问题是不争的事实。

根据独立评估组的分析,造成"拖进度"、"涨经费"的实际原因则不乏技术方面的问题:更换发动机、新增的软件、新增的飞行试验科目、制造时间预估不准等。

### 6.1.3 案例总结

JSF 项目是美军目前最受关注的航空型号项目,DoD 和 GAO 将技术成熟度管理的思想和方法引入其上,却取得适得其反的效果,其中有许多值得思考的地方。而 JSF 项目仅仅是 GAO 对国防重大武器项目评估中的一项内容,事实上,GAO 每年都要评估几十项重大国防采办项目,对 DoD 计划和执行其重大武器采办项目成绩进行快速评估。通过多年持续性评价,GAO 对 DoD 重大武器采办项目的技术风险有了清晰的认识,根据项目执行情况,对项目费用增加和关键点决策提出了建议。GAO 开展的评估报告表明,通过在重要里程碑节点实施技术成熟度评价,能够从项目 WBS 中识别出项目中潜在的风险源,在为转阶段评审提供参考的同时,还有助于牵引制定出未来应对项目风险的主要措施,为项目顺利实施打下基础。这是 DoD 在未来国防采办中利用技术成熟度工具时值得注意的地方。

## 6.2 UH-60"黑鹰"直升机案例

21 世纪之初,DoD 刚刚引入技术成熟度评价工具,恰逢 UH-60M 项目开始论证,故 DoD 以该项目为试点,探索武器装备项目在采办重大里程碑节点的技术成熟度评价模式,本节对该项目的评价过程和评价结果进行阐述。

### 6.2.1 项目简介

UH-60 是美国陆军于 1968 年发起用于替代 UH-1"休伊"直升机的新型通用运输直升机项目。研制目标是提高起飞重量、降低易损性、提升任务效率。即能运送 11 人编制的全副武装步兵班,陆军绝大部分武器装备的起飞条件为大气温度 35℃、海拔 1220m。1971 年 12 月,陆军选择通用电气公司的 GE12 发动机提供动力。1972 年 8 月,当时的波音·伏托尔公司和西科斯基飞机公司从 9 家竞标直升机公司中脱颖而出,被美陆军选为通用战术运输飞行器的合同商。1975 年初,西科斯基飞机公司的 YUH-60A 与波音·伏托尔公司的 YUH-61A 两架原型机于 1975 年先后首飞,随后进行了历时 7 个月的对比试飞,YUH-60A 最终胜出,开始生产并装备部队。

UH-60 直升机共经历过两次大的升级改型,首次是在 20 世纪 80 年代末,陆军要求西科斯基飞机公司研发 UH-60A 的改型 UH-60L,以提高平台性能,解决由于多年来不断加装设备导致的有效载荷下降问题。1988 年 3 月,UH-60L 首飞,1989 年 10 月,UH-60A 生产线开始转产 UH-60L,11 月 7 日首次交付。第二次是2001年5月,美陆军授予西科斯基飞机公司价值2.197亿美元的研发合同,将UH-60L升级改进成UH-60M。首架原型机由UH-60A升级而来,2003年9月首飞。2006年7月,西科斯基飞机公司交付了第一架生产型UH-60M。2007年6月,五角大楼批准UH-60M全速生产。随后,西科斯基飞机公司对UH-60M进一步升级,换装了新的发动机、航电系统架构和电传飞控系统,称为UH-60M升级型(UH-60Mu),并于2008年完成首飞。截至2011年2月,美军共装备"黑鹰"直升机2179架,其中陆军1825架,海军289架,详见表6-1。

表6-1 截至2011年2月,美军装备UH-60直升机情况

| 使用方 | 机型 | 用途 | 数量 |
| --- | --- | --- | --- |
| 陆军 | MH-60K | 特种任务 | 23 |
|  | MH-60L | 特种任务 | 35 |
|  | MH-60M | 特种任务 | 7 |
|  | UH-60A | 运输 | 915 |
|  | UH-60L | 运输 | 635 |
|  | UH-60M | 通用 | 210 |
|  | 合计 |  | 1825 |
| 海岸警卫队 | HH-60J | 搜索救援 | 38 |
|  | MH-60T | 搜索救援 | 1 |
|  | 合计 |  | 39 |
| 海关及边境保护局 | UH-60A | 通用 | 14 |
|  | UH-60L | 通用 | 2 |
|  | UH-60M | 通用 | 1 |
|  | 合计 |  | 17 |
| 政府 | UH-60M | 通用 | 1 |
| 海军陆战队 | VH-60N | 要员运输 | 8 |
| 海军 | MH-60R | 运输 | 75 |
|  | MH-60S | 运输 | 154 |
|  | SH-60F | 反潜 | 60 |
|  | 合计 |  | 289 |
| 合计 |  |  | 2179 |

## 6.2.2 评价背景

截至 2000 年,美军装备的 UH-60A 中有 22% 数量的机型服役超过 20 年,66% 数量的机型由于使用寿命过半带来各种问题,诸如:使用维护成本上涨、可靠性和维护性降低;缺乏协同作战必需的数字化通信设备;通信和导航设备达不到国际民间航空组织和美国联邦航空管理局(Federal Aviation Administration,FAA)于 2003 年开始执行的交通运输管理要求;导航系统难以提供未来战斗中(尤其是在夜间和恶劣天气下)执行运送士兵和装备任务时所需的精确度。为此陆军启动了 UH-60 现代化改型计划,即 UH-60M 项目。

美陆军经过反复论证,制定出分批次升级的方案,具体计划包括:

(1) 改进 255 架 UH-60A/L,使其达到 UH-60 作为"军队提议 1"中空降突击单位的现代化要求,如驾驶舱数字化,提高升力,降低使用维护成本等。

(2) 将 860 架 UH-60A/L 改进为 UH-60M 结构,使其满足 UH-60 现代化要求。

(3) 将 357 架 UH-60A/Q 和 HH-60L 升级成 UH-60M 救护型"黑鹰"直升机(装有医疗用任务设备包的 UH-60M 平台、HH-60M)。

UH-60M 项目的主要改进包括:桨叶弦长更宽的复合材料大梁旋翼;重新设计的尾锥、座舱、上层板、传动装置及尾翼梁;重新设计的座舱窗口;可载重 4082kg 货物的改进型吊挂系统;防撞外挂油箱;以 MIL-STD-1553 数据总线为基础的数字化驾驶舱和新的航空电子系统;先进的飞行控制计算机;多功能显示装置、控制显示装置及数字地图显示;采用先进导航技术及高频无线电通信的导航系统;新型的完好性监视系统;更强的机身、更大的燃油容量和先进的红外图像功能。采用通用电气公司 T700-GE-701D 或 T700-GE-701E 发动机,使用寿命更长的改进型主减速器。与 UH-60A 相比,UH-60M 速度提高了 28km/h,有效载荷增加了 907kg(2000 磅)。

2001 年,恰逢 DoD 正式接受 GAO 的建议,在其国防采办项目中引入 NASA 的 TRL 工具,规定在重大新研国防采办项目中采用 TRL 评定关键技术的成熟度,为里程碑决策提供参考依据,而 UH-60M 项目也成为美军首个全面应用技术成熟度评价的国防采办项目。该项目是美国近些年来的采办项目中少数在费用和进度上均按计划完成的项目之一,这其中技术成熟度评价的应用也是一个重要的原因。

### 6.2.3 评价过程

作为 UH-60M 项目采办中"里程碑 B"决策的一部分,项目办公室执行了基于项目计划的综合风险评估。评估过程结合了专家经验和 DoD 风险管理方法,包括确定关键技术定义、识别关键技术、具体化 TRL 定义、判定关键技术的成熟度等 4 个步骤。

1. 确定关键技术定义

根据 DoD 的做法,评价过程中将关键技术定义为技术、组件或子系统,其研发的成败直接决定着 UH-60M 是否能满足作战需求文档(Operational Requirements Document, ORD)和系统性能说明书 AVNS-PRF-10002 规定的 Block 1 关键性能参数。

2. 从 UH-60M 工作分解结构中识别关键技术

以 UH-60M 的 WBS 为输入,选择对机身、推进系统、座舱数字化和驾驶舱综合(包括软件和硬件)等改进项目作为主要筛选对象,根据关键技术定义,对 WBS 中各子项进行遍历,遴选出 16 项 CTE。其中,座舱数字化系统 5 项:闪电探测器、嵌入式全球定位系统/惯性导航系统、座舱话音记录器和飞行数据记录器、先进飞控计算机、改进型数据调制解调器。推进系统 5 项:防撞外部燃油系统、宽弦桨叶、T700-GE-701C 发动机、耐久性增强的主减速器/旋翼头/控制机构、改进型悬停红外抑制系统。机身结构 6 项:机身结构翻新、材料标准化、尾椎和平尾翻新、舱门变动、电磁干扰系统重新布线、外挂支撑系统。

3. 具体化 TRL 定义

根据 DoD 和 GAO 的相关要求,结合项目实际情况,主要针对 TRL 7~TRL 9 级定义进行了具体化,形成了 UH-60M 项目专用的具体化 TRL 定义,见表 6-2。

## 表6-2 UH-60M 直升机项目 TRL 定义

| 序号 | TRL 等级 | 定义描述 | 具体化定义 |
|---|---|---|---|
| 1 | 发现和报告技术基本原理 | 技术成熟过程中的最低等级,在这一等级,科学理论开始转向应用研究 | |
| 2 | 阐明技术概念和用途 | 技术特点被确定。在这一等级,技术用途还是推测性的,没有经过详细分析或试验证明 | |
| 3 | 验证技术概念的关键功能和特性 | 技术研究开始。在这一等级,开展实验室研究,对各独立技术元素进行分析预测 | |
| 4 | 在实验室环境下完成基础部件/原理样机验证 | 在实验室进行实验。在这一等级,基础部件在实验室进行实验,与最终系统相比,部件仿真度相当低 | |
| 5 | 在相关环境下完成部件/原理样机验证 | 在相关环境下进行实验。在这一等级,基础部件在仿真环境下进行试验,试验台仿真度明显提高 | |
| 6 | 在相关环境下完成系统/子系统模型或样机验证 | 模型或样机在相关环境下进行试验。在这一等级,系统/子系统技术成熟度显著提高 | |
| 7 | 在使用环境下完成系统样机验证 | 系统样机验证。在这一等级,系统样机在作用环境下进行验证 | 目前正在为军队的旋翼机进行资格测试,但尚未安装在 UH-60 平台上的组件 |
| 8 | 完成实际系统试验验证 | 系统技术验证。在这一等级,系统研制阶段结束 | 已在其他 UH-60 系统(如 UH-60Q)中验证过的有资格的组件 |
| 9 | 完成实际系统使用验证 | 系统使用验证。在这一等级,系统以其最终形式在作战试验得到验证 | 目前已安装在 UH-60L 平台上的组件 |

4. 判定 UH-60M 项目关键技术的成熟度等级

UH-60M 项目的关键技术等级判定结果如下：

1）座舱数字化

闪电探测器采用古德里奇的货架产品 WX-1000 BF，以提供出现放电现象时直升机的相对方向和距离，主要组成包括机身底部天线、信息接收计算机和仪表显示部分，运行模式包括 360°/120°气象图、时间/日期及导航显示。该型号产品已安装于 UH-60Q 和 UH-60L，可满足 UH-60M 的性能要求。综合判定该技术为 TRL 8。

嵌入式全球定位系统/惯性导航系统（Embedded Global Positioning System and Inertial Navigation System，EGI）是由美国空军（U. S. Airforce，USAF）主导、三军通用的导航系统，基于 MIL-STD-1553 数据总线，在环形激光陀螺惯导系统中嵌入一部 5 通道（Global Positioning System，GPS）接收器，实现系统减重和平均故障间隔时间延长。该系统已成功用于 CH-47 和 MH-60K，且 AH-64 项目也在论证/评估 EGI 系统的升级版本。综合判定该技术为 TRL 7。

座舱话音记录器（Cockpit Voice Recorder，CVR）和飞行数据记录器（Flight Data Recorder，FDR）记录机组人员话音通信数据和直升机飞行数据，用于飞行事故分析。CVR/FDR 是一种货架产品，根据实际环境需要，可选择不同版本。该技术已在 MH-60K 和多型民机上得到验证，非常成熟；UH-60M 性能指标与 FAA 对民机 CVR/FDR 部件的最低性能要求相当；MH-60K 和 MH-47E 也在进行 CVR/FDR 的技术验证。综合判定该技术为 TRL 7。

先进飞控计算机（Advanced Flight Control Computer，AFCC）是 DoD 节约支出和运行维护成本提案（Cost and Operation and Support Savings Initiative，COSSI）计划的产物，用于验证民用飞控计算机在军机上的应用资格。UH-60 上飞控计算机受制于备件停产，需要从结构、部件和功能上进行全面替换。UH-60M 中采用了基于成熟技术生产的塑制封装单元来替换过时元件，主要设计更改包括：采用散热片代替风扇，降低功率需求、减轻重量，插卡从 5 个减少到 3 个，使用字母数字显示器代替"故障球"式的故障指示器。根据计划，AFCC 的工程修改建议将于 2001 年验证试验完成后应用在生产型 UH-60M 上。综合判定该技术为 TRL 7。

改进型数据调制解调器(Improved Data Modem,IDM)提供战术无线电与飞行器的多功能显示器(Multi-Function Displays,MFD)或控制显示单元(Control Display Unit,CDU)间的接口。IDM可避免陆军各飞行器的任务信息处理器由于协议不同而带来的负担。IDM已安装在UH-60Q和HH-60L上,但并没有利用其协同功能;OH-58D和AH-64上也已安装该设备,正在对IDM 303进行资格验证。综合判定该技术为TRL 7。

2)动力系统

防撞外挂燃油系统是联合研究和发展协议的研究成果,旨在提高现有超远航程燃油系统的防撞性和防弹性。计划开展飞行器综合/飞行测试验证,已于2000年2月开始资格验证工作。综合判定该技术为TRL 7。

宽弦桨叶技术也是COSSI项目的研究成果,包括一个复合材料翼梁、大弦长桨叶(弦长增加16%)、改进的翼型/翼尖下反、与S-92相当的旋翼截面面积和抗打击保护,上述技术评估时正在进行资格验证。综合判定该技术为TRL 7。

T700-GE-701C发动机已安装于超过400架UH-60L上(每架2台)。UH-60M项目中,UH-60A的发动机将由700型升级到701C型。耐久性增强的主减速器、旋翼头和控制机构等技术也与其类似。综合判定这几项技术为TRL 9。

改进型悬停红外抑制系统采用先进材料和分离式设计以提升现有平台性能,已完成新产品试验和分析工作,确定了性能参数,验证了设计改进对功率的影响,降低了发动机背压。综合判定该技术为TRL 7。

3)机身结构

机舱翻新包括对机舱、上层板、传送轴和伺服轴导轨进行翻新,消除上层板和传送轴上裂纹。该部分工作是基于UH-60L平台完成的,采用现有已经批产的构型。Lot 21材料标准化工作正在现役的UH-60L上进行,这些标准已经应用于采用Lot 21构型的新机上。尾锥和平尾的翻新和被动振动控制装置已开始在UH-60A/L上应用。改变检修门位置可使维修人员更易操作,其改进方案已在UH-60Q上得到应用。电磁干扰系统重新布线不需要新技术,其解决方案在MH-60K中已得到应用。改进型外挂支撑系统提供新式防撞油箱,可抛离机体,测量和控制系统可进行改进。这里未采用新技术,并已安装于 UH-60L。综合判定这 6 项技术均为 TRL 9。

5. 评价结果汇总及应用

UH-60M 项目中,对从 WBS 中识别出的关键技术进行了评价,各项 CTE 的成熟度介于 TRL 7～TRL 9(表 6-3)。

表 6-3 UH-60M 直升机各项关键技术元素的技术成熟度

| 系统 | 序号 | 关键技术元素 | TRL |
| --- | --- | --- | --- |
| 座舱数字化 | 1 | 闪电探测器 | 8 |
| | 2 | 嵌入式全球定位系统/惯性导航系统(EGI) | 7 |
| | 3 | 座舱话音记录器和飞行数据记录器 | 7 |
| | 4 | 先进飞控计算机 | 7 |
| | 5 | 改进型数据调制解调器 | 7 |
| 推进系统 | 6 | 防撞外挂燃油系统 | 7 |
| | 7 | 宽弦桨叶 | 7 |
| | 8 | T700-GE-701C 发动机 | 9 |
| | 9 | 耐久性增强的主减速器、旋翼头和控制机构 | 9 |
| | 10 | 改进型红外抑制系统 | 7 |
| 机身结构 | 11 | 机身结构翻新 | 9 |
| | 12 | 材料标准化 | 9 |
| | 13 | 尾椎和平尾翻新 | 9 |
| | 14 | 舱门变动 | 9 |
| | 15 | 电磁干扰系统重新布线 | 9 |
| | 16 | 外挂支撑系统 | 9 |

UH-60M 项目的技术成熟度评价结果满足 GAO 对于里程碑 B 节点技术成熟度的要求(至少达到 TRL 7),由项目管理办公室、承包商和用户三方代表组成的团队已经完成项目定义、工作结构分解、大规模项目计划等工作,而且合同的性能要求和管理计划也能确保项目进程顺利开展,因此,GAO 建议该项目转入 SDD 阶段。

### 6.2.4 案例分析

UH-60M 项目的技术成熟度评价除对项目转阶段决策具有重要参考价值

外,对技术成熟度的引用和推广具有一定的促进作用。

1. 探索了 DoD 采办中的技术成熟度管理模式

GAO 通过多年研究得出"技术不成熟是造成项目拖进度、涨经费、降指标的重要原因",而 NASA 提供了一种量化技术状态的工具——TRL,DoD 则通过此次评价首次尝试将技术成熟度评价应用于国防采办管理。通过在重要里程碑节点实施技术成熟度评价,从项目的 WBS 中识别出项目中潜在的风险源,以 NASA 的 TRL 对这 16 项关键技术的成熟度进行量化表征,为转阶段评审提供决策参考的同时,还牵引制定出未来应对项目风险的主要措施,为项目的顺利实施打下基础。

2. 形成国防采办项目技术成熟度评价体系雏形

整个评价工作发生在 DoD 正式接受 GAO"将 TRL 引入到国防采办"的建议之际,该次评价作为 DoD 在采办管理中应用技术成熟度评价的首次尝试,在评价标准、评价流程、评价成果等方面进行了初步探索。尽管仍存在许多值得商榷和完善的地方,但 UH – 60M 项目评价工作的顺利还是验证了 TRA 方法的有效性,也基本形成了一套技术成熟度评价方法体系雏形,为国防部 2003 年首次颁布《技术成熟度评价手册》指导文件积累了重要的理论和实践经验。

## 6.3　某型民用飞机评价案例

本节以某型民用飞机在立项论证阶段的技术成熟度评价为案例进行介绍,主要侧重于评价流程和评价结果的介绍,其中所提供的飞机编号、数据等均为示意性内容,不具针对性和代表性。

### 6.3.1　项目概况

某型民用飞机(以下简称 C – 7101)是客货两用的多用途飞机研制项目,总体性能达到当前国际同类飞机的水平,旨在满足客货运输、抢险救灾等实际需求。其主要技术指标见表 6 – 4。

表6-4 C-7101飞机主要技术指标

| 项　　目 | 指　　标 |
| --- | --- |
| 最大起飞重量 | 45000kg |
| 使用空重 | 28900kg |
| 最大平飞速度 | 650km/h |
| 最小平飞速度 | 260km/h |
| 经济巡航速度(9500m) | 520km/h |
| 使用升限 | 10000m |
| 最大航程 | 50000km |
| 最大载荷量 | 14000kg |
| 机体结构寿命 | 20000飞行小时/30000起落/20日历年 |
| 出勤可靠度 | 96% |
| 翻修间隔时间 | 5000飞行小时 |

### 6.3.2 识别关键技术元素

**1. 构建技术分解结构**

C-7101的TBS共分为5层,其中第一层为C-7101飞机;第二层包括总体技术、结构系统、飞控系统、动力系统、航电系统、环控系统、任务系统等11项;第三层包括气动外形布局技术、防雷击与电磁防护技术、T型尾翼结构、起落架、飞行操纵系统、发动机等52项;第四层包括系统电磁兼容性技术、收放机构技术、钢索张力调节技术、搜索子系统等110项;第五层包括××控制技术等232项(图6-3)。

**2. 技术单元分析**

针对TBS中的每个技术单元,逐项进行分析,根据技术描述,结合CTE识别的重要性和新颖性原则,梳理出初始的CTE候选清单。下面以结构系统为例进行说明。结构系统技术要素共62个子项,根据识别CTE的原则与方法,逐一对其进行分析,分析结果见表6-5。其中,新型复合材料整体加筋壁板、复合材料变形控制技术等被列为CTE候选项,其他为非CTE项。

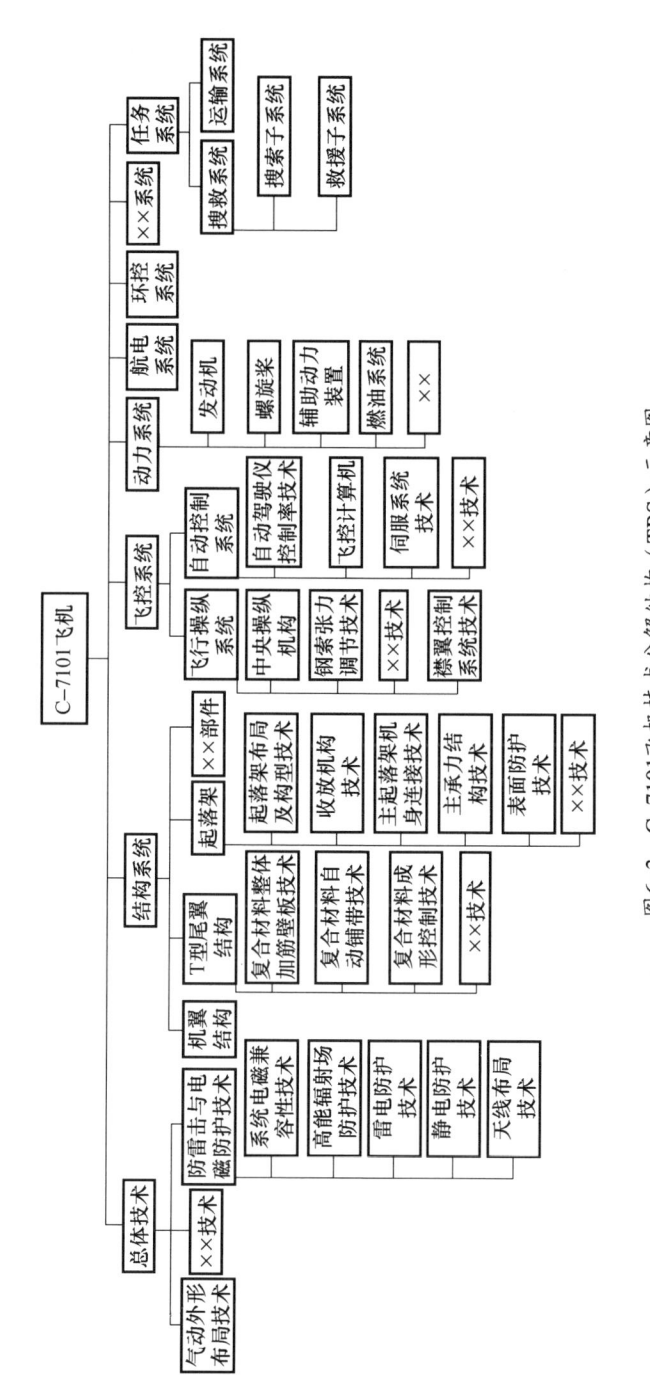

图6-3 C-7101飞机技术分解结构（TBS）示意图

表6-5 结构系统中的主要技术元素分析

| 序号 | 名称 | 技术简要描述 | 综合分析 |
| --- | --- | --- | --- |
| 2 | 结构系统 | | |
| 2.1 | 结构综合技术 | | |
| 2.1.1 | 抗鸟撞结构技术 | 通过飞机结构部件(主要包括驾驶舱前风挡、机翼前缘和尾翼前缘)强度设计和结构保护措施,保证飞机在经受飞鸟或其他离散源撞击后仍可安全飞行 | 非CTE选项<br>理由:该项技术已在国内多个型号得到应用,相关结构研制时将与具有研制经验(某大型民用飞机等)的单位合作 |
| 2.1.2 | 风挡密封结构技术 | 在保证基本结构布置的基础上,实现飞机的结构密封要求,以保证总体技术要求的密封指标 | 非CTE选项<br>理由:①属于常规飞机结构设计技术,国内有比较成熟的技术及经验。<br>②可借鉴某大型民用飞机设计经验 |
| 2.1.3 | (略) | | |
| 2.2 | 机身 | | |
| 2.2.1 | 舱门 | 设计满足适航及功能要求的诸多舱门;外侧有4个侧舱门、4个顶部应急出口 | 非CTE选项<br>理由:拟采用与具有相关经验(某大型民用飞机)的厂家联合设计的形式进行设计 |
| 2.2.2 | (略) | | |
| 2.3 | (略) | | |
| 2.5 | T型尾翼复合材料结构技术 | | |

(续)

| 序号 | 名称 | 技术简要描述 | 综合分析 |
|---|---|---|---|
| 2.5.1 | 新型复合材料整体加筋壁板 | 运用复合材料整体化设计概念和自动化铺设制造技术,采用U型、T型或Z型组合,将盒段和舵面的蒙皮与长桁设计制造为整体壁板 | CTE选项<br>理由:该技术运用于飞机的主承力结构,直接影响C-7101飞机的安全性能及研发进度。该技术首次运用于国内民用飞机 |
| 2.5.2 | 复合材料接头 | 垂尾与机身的连接以及平尾与垂尾的连接,主要传力接头都直接设计在蒙皮板件上,传力效率高;多接头破损安全设计 | CTE选项<br>理由:该技术运用于飞机的主承力接头,直接影响C-7101飞机的安全性能。该技术首次运用于国内民用飞机 |
| 2.5.3 | (略) | | |
| 2.6 | 大型两用起落架技术 | | |
| 2.6.1 | 飞机布局重心优化设计技术 | 飞机布局重心对起落架的要求是防倒立角、防侧翻角满足设计要求。防倒立是保证飞机在地面停放和运动时都是稳定的。防侧翻是保证飞机滑行时急剧转弯不致于翻倒危及飞机安全 | CTE选项<br>理由:<br>①飞机布局重心直接关系到飞机的侧翻安全性;<br>②总体技术指标中起落架的要求高于以往任何型号,技术风险较大 |
| 2.6.2 | (略) | | |

经过初步筛选,共筛选出T型尾翼复合材料技术、大型两用起落架技术等12项初选CTE,经过专家评审、协调、确定出T型尾翼复合材料技术等7项技术作为最终的CTE清单(表6-6)。

表6-6 C-7101飞机最终的CTE清单

| 编号 | CTE名称 | CTE简要描述 | 入选理由综述 |
|---|---|---|---|
| 1 | T型尾翼复合材料结构技术 | T型尾翼复合材料结构技术主要用于C-7101飞机尾翼结构(减重10%),改善全机重量重心分布和尾翼疲劳性能,提高T尾颤振性能。该技术主要包括复合材料加筋整体壁板、复合材料结构防雷击技术、复合材料自动铺设技术、复合材料成型变形控制技术等几个方面 | **重要性:**<br>T型尾翼复合材料结构技术能够使尾翼结构满足总体重量指标要求。该技术涵盖了复合材料在C-7101飞机应用的主要技术难点,其成熟度将对型号研制周期以及飞机性能带来很大影响。<br>**新颖性:**<br>复合材料T尾在世界范围内首次应用于民用飞机。该技术具有国际先进性,是C-7101飞机的重大技术难点 |
| 2 | 大型两用起落架技术 | 大型两用起落架是C-7101飞机能够实现陆地起飞、降落,以及在自身动力作用下实现多用途的关键系统。<br>满足一般陆上飞机所要求的起飞、着陆、地面滑跑、地面机动等要求;能在规定坡度的跑道上依靠自身动力安全滑行;保证飞机在地面运动时有良好的稳定性、操纵性和适应性;有良好的刹车性能以减小着陆滑跑距离,缩短所需跑道的长度;与飞机机体结构的连接应合理、可靠 | **重要性:**<br>起落架是C-7101飞机结构的重要组成之一,其成熟度直接影响飞机的使用模式及型号研发进度。<br>**新颖性:**<br>由于飞机采用特殊布局形式,使得起落架布置困难,具有外伸高支柱、承力双插销下位锁等特点,为静不定结构,收放形式及空间也受外形性能影响而不同于常规飞机。上述在国内都是首次应用 |
| 3 | 飞行操纵系统 | (略) | |

(续)

| 编号 | CTE 名称 | CTE 简要描述 | 入选理由综述 |
|---|---|---|---|
| 4 | 任务系统技术 | （略） | |
| 5 | 辅助动力装置技术 | （略） | |
| 6 | 机载保密通信技术 | （略） | |
| 7 | 气动外形技术 | （略） | |

## 6.3.3 技术成熟度评价标准

技术成熟度评价标准包含 TRL 定义和 TRL 评价细则,其中 TRL 定义主要用于初判,TRL 评价细则用于详判。为方便项目人员和评价人员更直观、准确地开展评价工作,根据通用 TRL 定义,结合 C-7101 飞机自身特点,从技术载体、验证环境和测试/试验的角度,制定 C-7101 飞机的 TRL 1-TRL 9 级具体化定义,见表 6-7。

表 6-7 C-7101 飞机具体化 TRL 定义

| TRL | 通用 TRL 定义 | 具体化 TRL 定义 | 具体化描述 |
|---|---|---|---|
| 1 | 发现和报告技术基本原理 | 深入研究并掌握技术原理和相关理论 | 载体:纸面研究<br>环境:无<br>测试/试验:无 |
| 2 | 阐明技术概念和用途 | 基于基本原理,经过初步理论分析和简单的试验研究,提出了技术概念和 C-7101 飞机应用设想 | 载体:研究报告、论证报告<br>环境:无<br>测试/试验:无 |

（续）

| TRL | 通用 TRL 定义 | 具体化 TRL 定义 | 具体化描述 |
|---|---|---|---|
| 3 | 验证技术概念的关键功能和特性 | 通过详细分析研究,模拟仿真和实验室试验,验证技术概念的关键功能和特性,验证具有转化为实际应用的可行性 | 载体:实验室模型或软件模块<br>环境:实验室环境或数字仿真测试环境<br>测试/试验:关键状态试验或关键功能演示验证 |
| 4 | 在实验室环境下完成基础部件/原理样机验证 | 明确技术转化方案和途径,实验室模型或软件功能模块通过实验室环境下的验证 | 载体:实验室模型或软件模块<br>环境:实验室环境或数字仿真测试环境<br>测试/试验:完成主要功能试验 |
| 5 | 在相关环境下完成部件/原理样机验证 | 通过模拟使用环境条件下的部件/原理样机集成试验验证(如实验室试验和地面联试等) | 载体:实现特定功能集成的实验室模型或软件模型<br>环境:实验室环境或半物理实验环境<br>测试/试验:完成规定的测试项目(性能) |
| 6 | 在相关环境下完成系统/子系统模型或样机验证 | 系统/子系统的工程可行性在模拟使用环境中得到充分验证 | 载体:演示样机或它机搭载的子系统<br>环境:模拟使用环境(如体现一定使用要求的飞行环境)<br>测试/试验:完成演示验证试飞科目考核 |
| 7 | 在使用环境下完成系统样机验证 | 完成全系统样机集成,并在使用环境中进行取证验证 | 载体:工程样机<br>环境:典型飞行环境<br>测试/试验:完成调整试飞和验证试飞科目考核 |
| 8 | 完成实际系统试验验证 | 完成 C-7101 飞机试验验证 | 载体:生产样机(小批生产)<br>环境:模拟任务环境<br>测试/试验:完成所有试飞和试用考核 |
| 9 | 完成实际系统使用验证 | 完成 C-7101 飞机使用验证 | 载体:批生产飞机<br>环境:任务环境<br>测试/试验:成功完成多次任务考核 |

### 6.3.4 判定 CTE 成熟度

评价过程中,针对各项 CTE 逐一通过具体化 TRL 定义和评价细则进行判定,得出其 TRL。本节从诸多 CTE 中选取 T 型尾翼复合材料结构技术为例,进行评价过程的说明。

1. 技术描述

T 型尾翼复合材料结构技术主要用于 C - 7101 飞机尾翼结构减重(约 10%),改善全机重量重心分布和尾翼疲劳性能,提高 T 尾颤振性能。该技术主要包括复合材料加筋整体壁板、复合材料结构防雷击技术、复合材料自动铺设技术、复合材料成型变形控制技术、复合材料大厚度板接头成型及钻孔技术等方面。

(1) 复合材料加筋整体壁板。运用复合材料整体化设计概念和自动化铺设制造技术,采用 U 型、T 型或 Z 型组合,将盒段和舵面蒙皮与长桁设计制造为整体壁板。

(2) 复合材料结构防雷击技术。采用金属铜网与蒙皮一起固化成型,将复合材料结构表面金属化,并与其他金属结构电联通。

(3) 复合材料自动铺设技术。根据复合材料自动铺带机的技术参数和能力,与复合材料零件的 CPD 模型相协调,在平板件和合适的曲率曲面件上利用自动铺设技术实现复合材料的自动铺设、成型。

(4) 复合材料成型变形控制技术。考虑复合材料和成型工装的热变形系数的差异和固化前后的温度差异,通过工装材料选择和设计来控制复合材料件的成型变形。

(5) 复合材料大厚度板接头成型及钻孔技术。复合材料大厚度接头区域的固化成型技术以及厚板的钻孔控制技术。

2. 环境描述

T 型尾翼复合材料结构技术当前的试验环境和最终的使用环境相比,主要有以下几种区别:

(1) 温度、湿度环境对比。在试片级、元件级试验中得出低温干态、室温干态以及高温湿态三种环境对材料以及结构性能的影响。在细节件、组合件以及部件的试验中,考虑试片、元件力学试验得出的环境因子,并转换为载荷放大系数。通过以上过程,能够保证试验的温度、湿度环境与最终温度、湿度环境相同或更为严酷。

(2) 载荷环境对比。实验室环境的载荷为极限载荷,比使用载荷高70%,实验室环境更为严酷。

(3) 外部损伤环境对比。实验室考虑了飞机可能遭受到的雷击、鸟撞、冰雹以及其他外来损伤后对飞机性能的影响。

与最终使用环境相比,T型尾翼复合材料结构技术的试验环境与最终使用环境相似,能覆盖飞机的最终使用环境。

3. 初步分析

该CTE当前发展状态主要表现在以下几个方面:

(1) 确定了结构形式,并完成初步建模工作。

(2) 确定了主要的材料体系,并按照适航要求完成23批次的试验,已经取得基本力学性能数据。

(3) 根据结构设计方案和材料的力学性能数据,建立了初步的有限元模型,分析计算结果表明主要结构设计方案和所选取的材料体系可行。

(4) 正在制定C-7101飞机结构试验规划,拟采用的复合材料结构试验均为适航当局认可的成熟的试验方法。

通过分析,确定T型尾翼复合材料结构技术的成熟度等级为4级。

4. 详细判定

T型尾翼复合材料结构技术的技术载体为T型尾翼复合材料结构,其中不涉及软件部分,因此,评价细则中S项(软件类)无需考虑,定为不适用项。下面对第4级、第3级、第5级评价细则进行详细分析。

1) 第4级满足情况说明

在这一等级,评价细则共29项,适用20项,满足19项,满足率95%。

## 表 6-8　第 4 级评价细则判定表(样例)

| CTE 名称 | | T型尾翼复合材料结构技术 | | | | TRL 4 | |
|---|---|---|---|---|---|---|---|
| 序号 | 是否满足？ | H/S/B | T/M | TRL 评价细则 | 评价细则解释 | 满足情况说明 | 支撑信息 |
| 1 | 是 | B | T | 充分识别与其他技术的交叉效应(如有) | 充分识别复合材料 T 型尾翼对气动和操纵性能的影响以及在适航方面的变化 | 已经考虑到采用复合材料对尾翼刚度的影响,确定了按刚度设计的原则 | (40) |
| 2 | 是 | H | M | 用特定、可用的实验室部件代替系统部件 | 是否有可用的实验室试验件替代真实的飞机结构零部件 | 元件级和细节件级试验采用标准试件进行试验,已经有大量的标准试件可用 | (41) |
| 3 | 是 | H | T | 对部件和部件间的接口进行建模与仿真 | 对 T 尾连接进行建模与分析 | 已经利用 CATIA 软件对 T 尾与外部机身连接、T 尾内部垂尾和平尾连接等进行建模与分析 | (43) |
| 4 | 不适用 | S | T | 开始研发正式的系统架构 | | | |
| 5 | 不适用 | S | M | 通过正式检验过程验证设计 | | | |
| 6 | 否 | H | M | 制造缩比技术样机 | 全尺寸复合材料 T 尾部件样件的制作 | 尚未制造全尺寸复合材料 T 型尾翼 | |
| 7 | 是 | B | M | 开始关注部件集成问题 | 考虑复合材料 T 尾的部件集成问题 | 已经利用 CATIA 软件对复合材料 T 尾集成仿真 | (48) |
| … | (略) | | | | | | |
| … | (略) | | | | | | |
| … | (略) | | | | | | |
| 28 | 是 | H | M | 确定弥补生产能力/制造能力不足的策略 | 针对生产能力的不足,提出弥补方案 | 已经补足了相应的生产、制造能力 | (49) |
| 29 | 是 | B | T | 完成功能工作分解结构 | 制定项目功能分解结构 | 完成项目功能分解结构制定,共分 3 层,26 个子项 | (50) |

## 2) 第3级满足情况说明

在这一等级,评价细则共23项,适用16项,满足16项,满足率100%。

表6-9 第3级评价细则判定表(样例)

| CTE名称 | | | | T型尾翼复合材料结构技术 | | TRL 3 | |
|---|---|---|---|---|---|---|---|
| 序号 | 是否满足? | H/S/B | T/M | TRL评价细则 | 评价细则解释 | 满足情况说明 | 支撑信息 |
| 1 | 是 | B | T | 已经具备支撑研究的学术环境 | 具备支撑研究的人才储备、工艺制造设备、相关试验硬件等 | ××公司在材料、设计、制造、外部供应商管理等方面积累了成熟的经验。已经组建了一支成熟的设计研发队伍,满足从事型号研究的软硬件条件 | (48) |
| 2 | 是 | H | T | 预测的技术能力要素已经通过分析性研究获得确认 | 复合材料T型尾翼结构设计是否通过分析获得确认 | 已经通过计算分析得到确认,相关过程和结果已记录在论证报告中 | (40) |
| 3 | 不适用 | S | T | 通过分析研究确认各种预测,生成算法 | | | |
| 4 | 是 | H | M | 通过基础的实验室设备,而不是真实的系统部件验证物理原理 | 通过工艺试验件对典型结构进行原理性验证 | 已经通过加筋板、梁、肋等典型零件的制造试验验证 | (42) |
| … | (略) | | | | | | |
| … | (略) | | | | | | |
| … | (略) | | | | | | |

(续)

| CTE名称 | T型尾翼复合材料结构技术 | | | | TRL 3 | |
|---|---|---|---|---|---|---|
| 序号 | 是否满足？ | H/S/B | T/M | TRL评价细则 | 评价细则解释 | 满足情况说明 | 支撑信息 |
| 22 | 是 | B | T | 科学可行性经过充分演示验证 | 复合材料T型尾翼的科学可行性验证 | 复合材料T型尾翼已经得到成功运用 | |
| 23 | 是 | B | T | 分析表明现有技术能满足一定需求 | 复合材料结构设计、强度分析、制造技术和试验能力能满足C-7101飞机的研制需要 | 通过分析表明复合材料尾翼结构设计能够满足该型号飞机的研制需要 | (40) |

3）第5级满足情况说明

在这一等级，评价细则共29项，适用18项，满足12项，满足率67%。

表6-10　第5级评价细则判定表（样例）

| CTE名称 | T型尾翼复合材料结构技术 | | | | TRL 5 | |
|---|---|---|---|---|---|---|
| 序号 | 是否满足？ | H/S/B | T/M | TRL评价细则 | 评价细则解释 | 满足情况说明 | 支撑信息 |
| 1 | 是 | B | T | 分析确定与其他技术的交叉效应（如果有） | 是否认识到复合材料垂尾和金属机身连接的热环境影响 | 已经认识到复合材料结构与金属材料热膨胀系数的差异，正在准备相关的数据和分析方法 | (41) |
| 2 | 是 | H | M | 预生产硬件可用 | 现有复合材料主要工艺设备的生产能力能否满足复合材料T型尾翼的制造要求 | 现有主要设备有自动铺带机、热压罐、下料机以及激光定位系统等能够满足T型尾翼的制造要求 | (54) |

（续）

| CTE 名称 | | T 型尾翼复合材料结构技术 | | | | TRL 3 | |
|---|---|---|---|---|---|---|---|
| 序号 | 是否满足？ | H/S/B | T/M | TRL 评价细则 | 评价细则解释 | 满足情况说明 | 支撑信息 |
| 3 | 不适用 | S | T | 建立系统软件架构 | | | |
| 4 | 否 | H | M | 已完成重大的工程和设计更改 | 复合材料 T 型尾翼结构外形以及主要结构参数是否存在重大更改的可能性 | T 尾方案尚有重大更改的可能，目前总体外形以及相关技术要求尚未冻结 | |
| 5 | 否 | B | T | 完成高逼真度的子系统/系统集成，为在实际/仿真环境中试验做准备 | 完成复合材料 T 型尾翼各部件的生产制造以及装配工作是否完成，是否能够满足全机试验要求 | 尚未完成复合材料 T 型尾翼各部件的试制 | |
| 6 | 是 | B | M | 已考虑质量与可靠性，但还未提出具体的目标 | 是否考虑质量和可靠性问题 | 已考虑复合材料制造工艺的质量和可靠性问题 | (47) |
| ... | (略) | | | | | | |
| ... | (略) | | | | | | |
| ... | (略) | | | | | | |
| 28 | 是 | B | T | 确定带有门槛和目标的需求矩阵 | 明确总体设计对复合材料 T 型尾翼设计提出的要求 | 明确复合材料结构设计的总体要求 | (40) |
| 29 | 是 | B | T | 物理工作分解结构可用 | 制定 C-7101 飞机项目的工作分解结构 | 已制定 C-7101 飞机的 WBS，共 5 层，1223 子项 | (55) |

## 6.3.5 评价结果小结

根据国家民机研制相关法规要求,结合 C-7101 飞机前期已开展的可行性论证工作,中航工业组织完成了 C-7101 飞机技术成熟度评价工作。首先制定了 C-7101 飞机的 TBS,针对 TBS 中的各项技术元素进行了遍历分析,依据 CTE 筛选方法与原则,结合前期型号研制积累的技术基础和经验,以及当前立项阶段项目的进展情况,从 405 项技术元素中遴选出 T 型尾翼复合材料结构技术等 7 项技术作为参评对象。其次,在充分考虑我国民机研制流程的基础上,参照 NASA、DoD 的 TRL 定义,制定了适用于 C-7101 飞机的 TRL 具体化定义和评价细则。最后,参照形成的评价标准,对每个 CTE 开展了技术成熟度评价工作,通过与评价细则的逐项比较,最终确定了 T 型尾翼复合材料结构技术等 7 项 CTE 的技术成熟度,见表 6-11。

表 6-11　C-7101 飞机技术成熟度评价结果小结

| 编号 | CTE 名称 | TRL | 细则满足情况 | 简要说明 |
|---|---|---|---|---|
| 1 | T 型尾翼复合材料结构技术 | 4 级 | 3 级 6/16 = 100%<br>4 级 19/20 = 95%<br>5 级 12/18 = 67% | T 型尾翼复合材料结构技术主要用于 C-7101 飞机尾翼结构减重(10%),改善全机重量重心分布和尾翼疲劳性能,提高 T 尾颤振性能。该技术主要包括复合材料加筋整体壁板、复合材料接头等技术。<br>目前,确定了复合材料 T 型尾翼的主要结构形式和主要传力路线,完成初步建模,确定了主要的材料体系;按照适航要求完成了材料性能试验,已经取得材料性能数据;建立了有限元模型,分析计算结果表明设计可行;正在制定 C-7101 飞机结构试验规划。根据 T 型尾翼复合材料结构技术的研究进度,结合初判和详判的情况,综合判定技术成熟度等级为 4 级 |
| 2 | 大型两用起落架技术 | 5 级 | (略) | — |

(续)

| 编号 | CTE 名称 | TRL | 细则满足情况 | 简要说明 |
|---|---|---|---|---|
| 3 | 飞行操纵系统 | 5级 | (略) | — |
| 4 | 任务系统技术 | 4级 | (略) | — |
| 5 | 辅助动力装置技术 | 6级 | (略) | — |
| 6 | 机载保密通信技术 | 5级 | (略) | — |
| 7 | 气动外形技术 | 4级 | (略) | — |

### 6.3.6 评价建议

本次评价出的 7 项 CTE 的 TRL 介于 TRL 4～TRL 6 之间,基本符合立项要求,为保证项目立项后研制工作顺利开展,建议针对技术成熟度较低的 3 项 CTE(T 型尾翼复合材料结构技术、任务系统技术、气动外形技术)进行重点关注,结合实际工作进展,制定出下一步的重点攻关计划。

具体内容略。

### 6.3.7 支撑材料

材料 1:C-7101 飞机立项论证报告。

材料 2:C-7101 飞机尾翼三维模型(CATIA)。

材料 3:C-7101 飞机强度计算分析报告。

材料 4:大型两用起落架落震试验报告。

……

# 第7章 技术成熟度评价管理工具

随着技术成熟度评价与管理方法的不断推广,相关的手段工具也在同步发展。其中典型的代表是美国空军研究实验室(AFRL)的 TRL 计算器和国内的中航工业技术成熟度评价与管理系统。其中,AFRL 研发的 TRL 计算器是一套基于 Microsoft Excel 开发的软件,可用于计算 CTE 的 TRL,包含 274 条由技术、制造、项目管理类细则组成的评价体系。DoE 与 NASA 在此基础上开发了各自的版本,另外 NASA 还在 TRL 计算器基础上开发了技术成熟困难度(Advancement Degree of Difficulty,AD2)计算器。国内技术成熟度评价相关软件主要是由中国航空工业发展研究中心开发的技术成熟度评价与管理系统。该系统是面向管理层和实施层的网络化软件平台,采用 Microsoft.Net Framework 技术框架、分层和模块化开发方法、Spring.Net 企业框架和 NHibernate 数据持久化工具,并利用 B/S(Browser/Server)结构进行集中部署,具有良好的可维护性和可扩展性。本章将对这两套软件分别进行介绍,以使读者对技术成熟度评价相关的软件工具有更加感性的认识和更加深入的了解。

## 7.1 美国空军研究实验室 TRL 计算器

### 7.1.1 产生背景

为了规范空军项目的技术成熟度评价工作,实现技术成熟度评价活动的可操作性和可重复性,提高评价工作的效率,美国空军研究实验室(AFRL)于 2001

年研究开发了 TRL 计算器软件(TRL Calculator)，用于计算和记录技术研发项目中的技术成熟度等级。TRL 计算器最早公布于 2002 年，形式为 Microsoft. Excel 工作表，通过向用户提出一系列问题来评价技术成熟度，而这些问题随后也成了国内推行技术成熟度评价细则的基础。由于无法提供项目的风险全景图，也不能显示发展项目所面临的困难，USAF、NASA、DHS 等部门对 TRL 计算器软件进行了一系列改进完善。2002 年 1 月至 2009 年 2 月之间，TRL 计算器软件经历过多达 16 个版本(表 7-1)，NASA 甚至在其中嵌入了 AD2 评价方法。其中，最典型的版本是 2004 年发布的 2.2 版本，引入了项目管理成熟度等级(PRL)等内容。

表 7-1 TRL 计算器软件版本发展情况

| 序号 | 版本 | 发布日期 |
| --- | --- | --- |
| 1 | 1.0 | 2002.03.11 |
| 2 | 1.01(过渡版本) | — |
| 3 | 1.1 | 2002.08.15 |
| 4 | 1.11 | 2002.11.14 |
| 5 | 1.12 | 2003.01.15 |
| 6 | 2.01 | 2004.01.26 |
| 7 | 2.1 | 2004.04.01 |
| 8 | 2.2 | 2004.05.17 |
| 9 | 2.2(NASA 改版) | 2007.03.02 |
| 10 | AD2 3beta | 2007.06.06 |
| 11 | AFRL_NASA 3beta | 2007.06.06 |
| 12 | AD2 3beta(NASA 开源发布) | 2008.10.07 |
| 13 | AD2 BI.1beta | 2008.12.15 |
| 14 | AFRL_NASA 3beta(NASA 开源发布) | 2009.01.21 |
| 15 | I.1beta | 2009.01.28 |
| 16 | I.2beta | 2009.02.04 |

国内引用的评价细则主要参考了 TRL 计算器(2.2 版本),因此,本书以 TRL 计算器(2.2 版本)为背景,详细介绍该软件的结构功能和运算法则。

## 7.1.2 结构功能

TRL 计算器(2.2 版本)是一个文件包,包含两个 Excel 文件和若干 Word 文档。其中两个 Excel 工作表为总体显示工作表和数据采集工作表。

1. 总体显示工作表

当进入 TRL 计算器时,首先进入总体显示工作表。总体显示工作表主要包括 TRL 计算结果显示框、技术类型选择对话框、阈值点设置框、项目基本信息显示框等内容,如图 7-1 所示。

1) TRL 计算结果显示框

TRL 计算器除了在醒目位置用文字和数字显示计算结果外,还有一个特点是用颜色变化表示相应达到的 TRL 等级(图 7-2),上一行水平方向有 9 段并标有数字 1~9,每一段具有不同颜色,代表 9 级 TRL;下一行的显示段通过颜色变化表示达到的相应的 TRL,类似一个平躺着的温度计。在 TRL 计算器中,不同的颜色代表不同的含义,见表 7-2。

表 7-2 颜色代码含义

| 颜色 | 含 义 | 评价细则满足比例(示例) |
| --- | --- | --- |
| 无 | 本级或更高级没有输入数据 | 0% |
| 红色 | 本级或更高级输入了一些数据但是并不足以判定达到本级 | 0% ~75% |
| 黄色 | 在本级或更低级尽管仍有一些项目没有完成,但是根据未完成小项对整个项目的重要程度,用户可以认为本级已经达到 | 75% ~100% |
| 绿色 | 该级所有问题已经达到 | 100% |

需要注意的是,较高等级上的问题满足比例要低于较低等级的比例。例如,TRL 3 是黄色,TRL 4 是红色,即使 TRL 5 所有问题都满足,TRL 4 也会记为红色,因为它下面等级的问题没有完全满足(图 7-3)。

如果在 TRL 3 做了足够的工作,那么 TRL 3 和 TRL 4 的显示都会变成黄

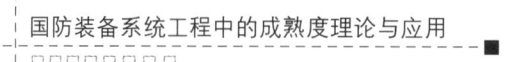

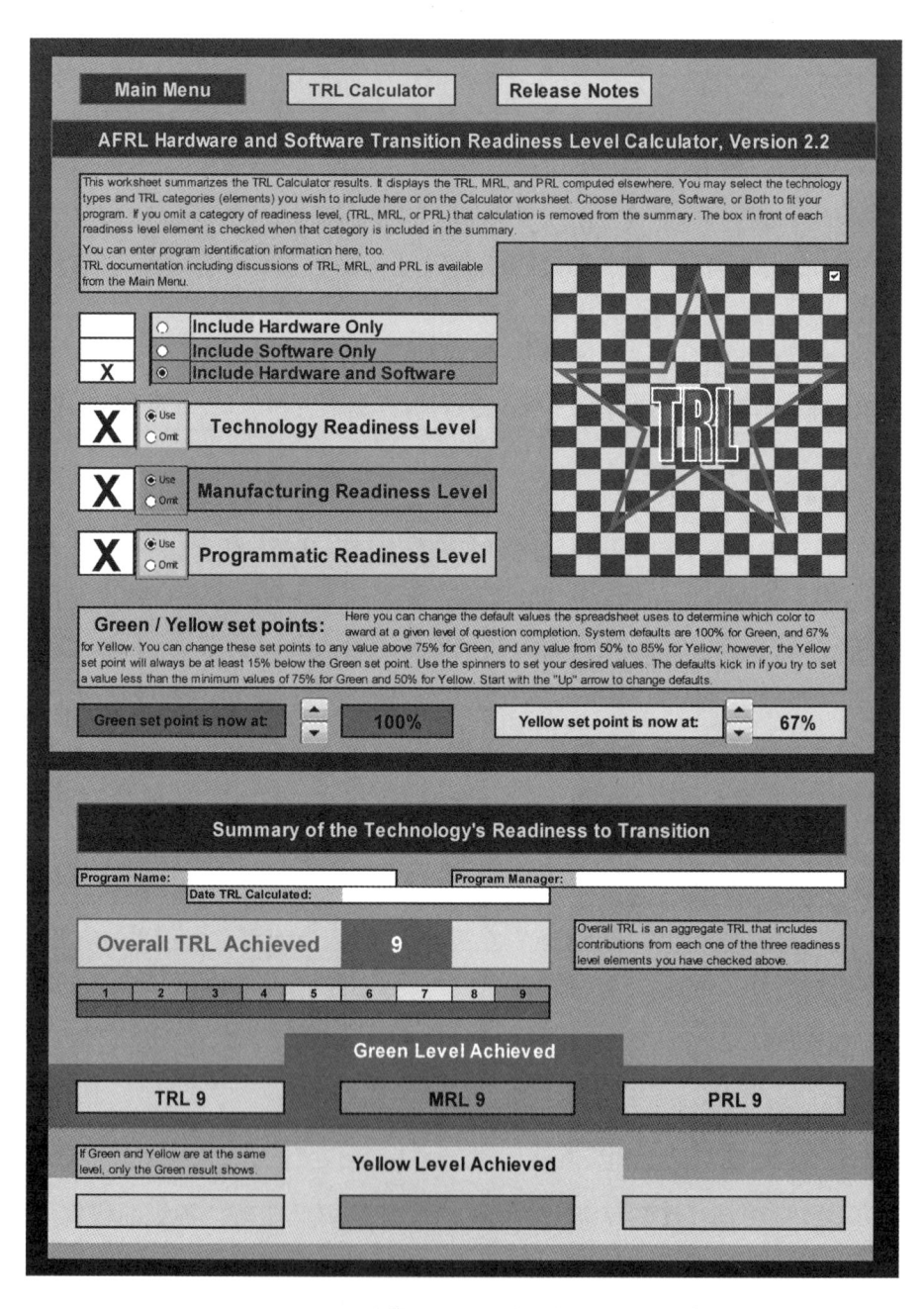

图 7-1　TRL 计算器(2.2 版本)总体显示工作表

第7章 技术成熟度评价管理工具

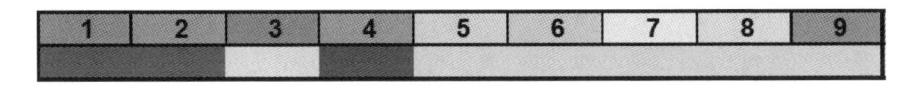

图 7-2 TRL 计算结果显示框

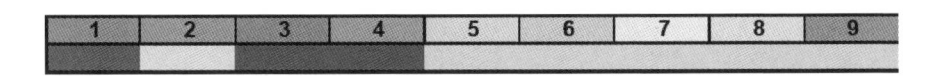

图 7-3 第 4 级的颜色不会高于第 3 级

色,但是直到 TRL 2 任务完成且变成绿色后,TRL 3 和 TRL 4 才有可能"变绿"。

2) 技术类型选择对话框

软件可以让用户选择评价对象是属于硬件、软件或者是二者都有,如图 7-4 所示。

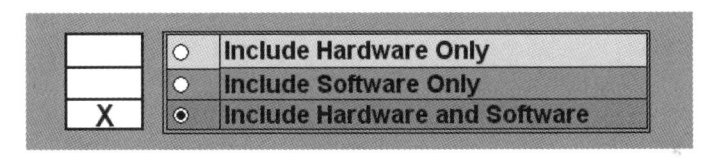

图 7-4 技术类型选择对话框

3) 评价内容选择对话框

TRL 计算器(2.2 版本)包括了 MRL 和 PRL 的评价。要注意的是 MRL 的最低级别是 3 级,因为技术成熟度只有到了 3 级才开始涉及制造问题。

在过去的版本中,TRL 与 PRL 是分别计算的,采用的是不同的标准。在 2.2 版本中,TRL、PRL、MRL 使用的是同一份标准,用户可任意从三者之中选择针对项目开展计算,如图 7-5 所示。

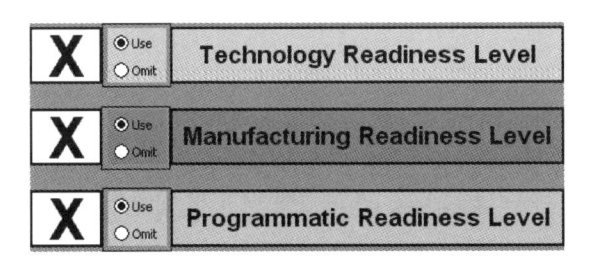

图 7-5 评价内容选择对话框

105

4) 绿色和黄色阈值点设置框

即某一级别内达到绿色或黄色,至少应完成的问题的比例。系统默认值是绿色100%,黄色67%。用户可以修改阈值,绿色值可以在75%~100%之间选择,黄色值可以在50%~85%之间选择,如图7-6所示。

图7-6 绿色和黄色阈值点设置框(左绿右黄)

5) 项目基本情况

该部分包括项目名称、负责人、评价日期,这些数据会自动传递到计算器的工作数据表。

6) 超链接

在总体显示工作表的最上方,有三个超链接按钮,如图7-7所示。

图7-7 总体显示工作表的超链接

(1)"主页面"链接到另一个Excel数据表,包含有多个读取TRL参考文件的超链接,让用户能够进入TRL的背景知识,包括NASA和软件工程协会(Software Engineering Institute,SEI)人员撰写的文章和报告,还包括硬件和软件TRL描述等内容。此处还有一个链接网站,包括GAO于1999年发布的那篇著名的报告,正式促使DoD开始使用TRL。

(2)"计算器"链接到数据采集工作表。

(3)"使用说明"链接到本计算器的使用说明文件。

2. 数据采集工作表

该部分主要功能是采集数据并进行计算,具体是通过用户回答各个TRL等级的一系列问题,根据这些问题的完成情况来确定技术的TRL。这些问题共274条,主要考虑TRL、MRL和PRL三个方面内容,按照技术类别(软件、硬件、二者均有)以及问题属性(技术、项目、制造)进行分类(图7-9)。此前的版本对有关联的问题进行分组归类来安排这些问题的顺序,未考虑按照TRL等级顺序来进行排列。经过多年试用,为了增强直观性和易操作性,TRL计算器(2.2版本)中将这些问题打乱,按照技术发展的客观实际进行排序,如图7-8所示。

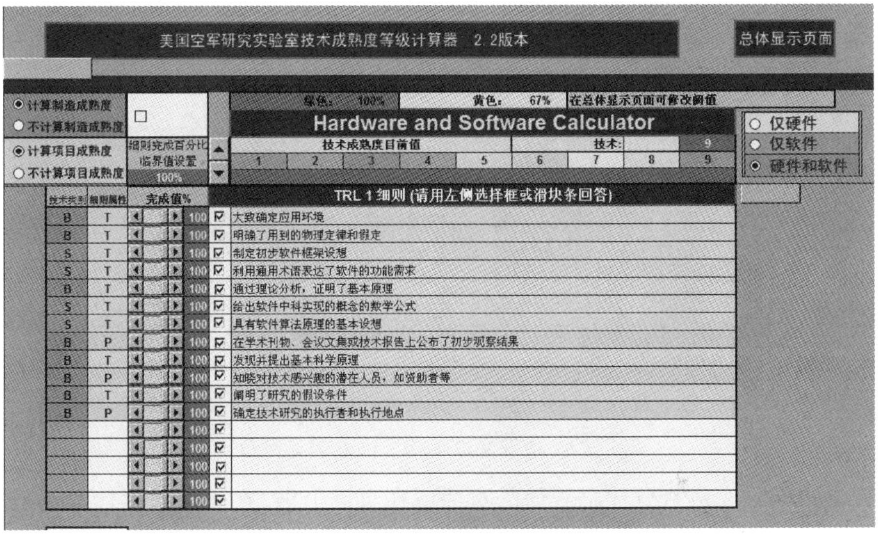

图7-8 数据采集工作表显示界面

在软件设计方面,"数据采集工作表"中嵌入了一系列用于评价的问题清单,为便于操作,软件界面设计为上半部固定显示,下半部滚动显示。

其中,固定显示区域包含TRL计算结果显示框、技术类型选择框、阈值点设置框、项目基本信息显示框等内容;滚动显示区域为TRL 1~TRL 9级的问题清单。固定显示区域的内容与总体显示工作表的内容是一致的。

在滚动显示区域,当下拉滚动条时,用户可任意选择显示TRL 1~TRL 9级的问题清单,通过单击或输入方式回答问题清单中的提问,固定显示区域的TRL计算结果数值以及下方的显示节段颜色会随之改变。右上角的方块"总体显示页面"是一个链接按钮,单击后进入总体显示工作表。

在问题清单显示区域,用户通过复选框的方式来回答相关等级的问题,每条问题前有一个"完成值%"的进度条和一个"□"形复选框。通常,在复选框打勾,意味着该条问题规定的要求或内容已经达到或完成(进度条为100%);

或者通过单击箭头按钮拖动进度条,设置“完成值%”,当百分比等于或者是超过设定的临界值时,该条问题的计算才算完成。需要注意的是,当进度条拖至100%时,复选框自动打勾,如图7-9所示。

☐ 是否满足等级1

| 技术类别 | 细则属性 | 完成值% | TRL 1 细则(请用左侧选择框或滑块条回答) |
|---|---|---|---|
| B | T | 100 | ☑ 大致确定应用环境 |
| B | T | 100 | ☑ 明确了用到的物理定律和假定 |
| S | T | 100 | ☑ 制定初步软件框架设想 |
| S | T | 100 | ☑ 利用通用术语表达了软件的功能需求 |
| B | T | 100 | ☑ 通过理论分析,证明了基本原理 |
| S | T | 100 | ☑ 给出软件中科实现的概念的数学公式 |
| S | T | 100 | ☑ 具有软件算法原理的基本设想 |
| B | P | 100 | ☑ 在学术刊物、会议文集或技术报告上公布了初步观察结果 |
| B | T | 100 | ☑ 发现并提出基本科学原理 |
| B | P | 100 | ☑ 知晓对技术感兴趣的潜在人员,如资助者等 |
| B | T | 100 | ☑ 阐明了研究的假设条件 |
| B | P | 100 | ☑ 确定技术研究的执行者和执行地点 |
| | | 100 | ☑ |
| | | 100 | ☑ |
| | | 100 | ☑ |
| | | 100 | ☑ |
| | | 100 | ☑ |

图7-9 通过复选框或滑块条回答问题

设置问题完成百分比临界值的对话框在页面上方,在类似温度计显示的左边有一个做了标记的方块(图7-8)。使用数据块旁边的两个箭头,可以在5%到100%的范围内将临界值设置成任何值。方块的背景颜色也能大体上显示临界值的设置值。50%及以下,方块为红色;55%到80%,方块变为黄色;到了85%或更高,颜色为绿色。如果试图将临界值设置成0%,那么计算器会自动跳到默认值80%。

注意:此临界值与图7-6所示的绿色/黄色阈值点是不同的。此临界值是单个问题完成的临界值,图7-6所示的绿色/黄色阈值针对的是所有问题。

每组问题表的下方有一些空白行,以便用户可以适当增加新的问题。通常,新增问题既要包括技术类别(软件、硬件、二者都有),也要涵盖问题种类(技术、制造、项目)。由于问题的增减会影响计算器的通用性、可信性、可重复性等,通常需非常慎重。

当用户对技术的进展非常了解,不想在低层次问题上浪费时间时,则可以使用忽略等级1~3这项功能。用户只要选择图7-9中左上方所示的红色对话框(是否满足等级1),则可以不用回答相关的问题。TRL 4 级以上级别没有此选项,因为当技术达到这个级别时要关注的内容一般情况下不能通过以往经验解决。

过去的版本中允许用户设定相关问题的权重,William L Nolte 等人在实际应用中发现这种做法没有必要而且容易引起混乱,故而 2.2 版本的计算器取消了加权的 TRL 计算方法。

### 7.1.3 运算法则

1. 总体 TRL 运算流程图

图 7-10 为总体 TRL 运算流程图,使用四种颜色表示:红色、黄色、绿色和无色。

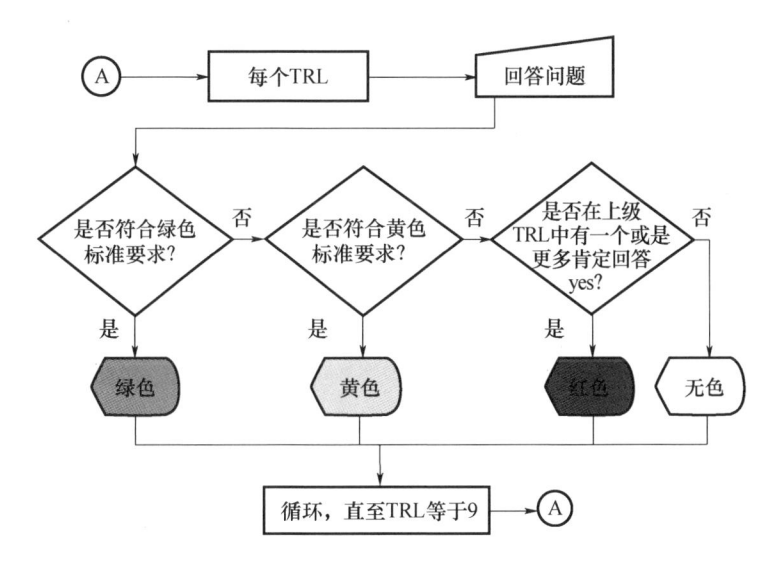

图 7-10 总体 TRL 运算流程

2. 基本思路

查看前面的 TRL 核对了多少问题及其颜色;TRL 1 例外,因为它在最前面,从而避免计算器在高级别显示绿色,而低级别还有红色或黄色;或者是高级别显示黄色,而低级别还有红色(高级别显示的颜色不能高于低级别显示的颜色)。

### 3. 运算法则

运算法则主要包括如下几个方面：

（1）如果低于本级的所有等级都是绿色，并且本级有足够多的问题得到了核实来验证绿色，则显示绿色；

（2）如果前面级别是黄色，并且在本级已经有足够的问题得到回答来证实绿色或黄色等级，则显示黄色；

（3）如果前面级别是绿色，并且在本级已经有足够的问题得到回答来证实黄色，但是数目远远不能达到绿色标准，则显示黄色；

（4）如果本级或更高级至少有一个问题得到回答，但是并不能达到绿色或黄色标准，则显示红色；

（5）如果在本级或更高级还没有已经核实的问题，那么显示空白。

### 4. TRL 1 的判断法则

由于 TRL 1 比较特殊，故采用如下判断法则：

> 如果：
> 
> TRL 1 完成的问题总数大于或等于 TRL 1 绿色阈值问题数目，则 TRL 1 显示颜色为绿色。
> 
> 否则，如果：
> 
> TRL 1 完成的问题总数大于或等于 TRL 1 黄色阈值问题数目，则 TRL 1 显示颜色为黄色。
> 
> 否则，如果：
> 
> 在该 TRL 1 或高级 TRL 至少完成了一个问题，则 TRL 1 显示颜色为红色。
> 
> 否则：
> 
> TRL 1 显示颜色为无色。
> 
> 结束。

当计算器根据上面的运算法则计算出显示的颜色之后，软件将横向的类似温度计中的每个小格都设成合适的背景颜色。通过查找表，找到合适的最高 TRL 为黄色或是绿色，而后将 TRL 数值放入标有"已达到技术成熟度等级"的黄色或是绿色小格中。

## 7.1.4 软件分析

AFRL、NASA、DHS 等在技术成熟度计算器方面的努力,促进了 TRL 概念在项目研发中的应用,简化了确定某一技术的 TRL 的程序。通过向用户提供一套标准的问题,使得确定程序更加规范和可重复化,不同技术间的对照变得可行,为技术成熟度评价方法在世界范围内推广提供了参考。

总体而言,这套软件的最大参考意义在于规范了单项技术成熟度评价的基本流程,提供了一套指导性和参照性强的技术成熟度评价标准体系,为国内外相关管理部门和科研机构技术研发管理提供了重要参考。

## 7.2 中航工业技术成熟度评价与管理系统

国内的技术成熟度评价与管理系统(图 7 - 11)是由中航工业发展研究中心在中航工业集团公司创新基金支持下开发的一套软件工具,目标是通过系统化的评价流程和基础数据来约束航空/国防武器装备研制重大节点(立项、转阶段、验收等)的技术成熟度评价和航空武器装备研制日常科研中的技术成熟管理活动,为科研评价与管理提供支撑,服务对象包括航空武器装备科研管理人员和技术研发人员。

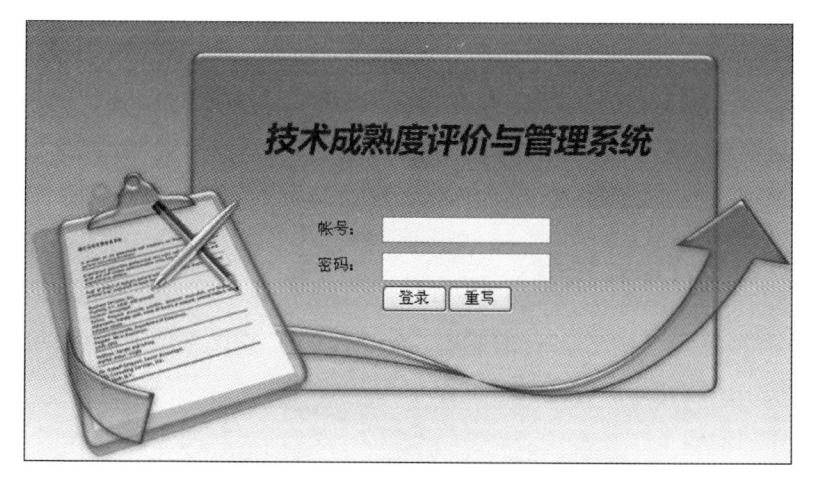

图 7 - 11 技术成熟度评价与管理系统首页

技术成熟度评价与管理系统是集评价细则、评价流程、工作规范、结果处理、数据库等相关研究成果为一体的网络化综合软件系统,可实现制定技术分解结构、关键技术元素识别、关键技术元素评价、风险分析、评价报告自动生成等功能,能够完成技术信息、评价结果等内容的统计分析,并建立评价细则、通用 TRL 定义、技术体系、专家信息、文献资料等多个数据库。包含的模块如图 7-12 所示。

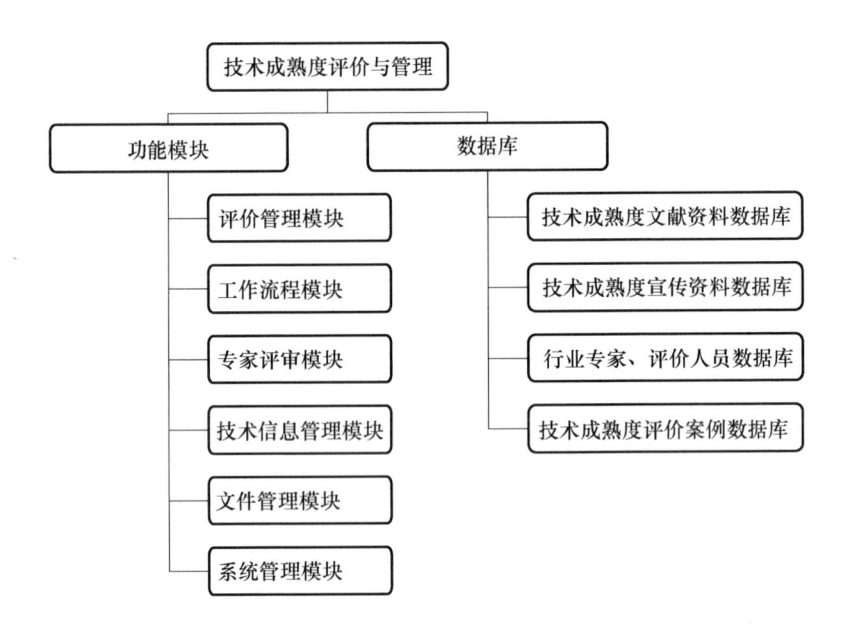

图 7-12 技术成熟度评价与管理系统模块设计

在所有这些模块中,评价管理、工作流程、专家审核和技术信息管理是核心。下面逐一进行介绍。

## 7.2.1 评价管理模块

评价管理模块(图 7-13)的使用对象是评价工作负责人,该模块的主要作用是对技术成熟度评价进行全过程管理。

具体功能如下:

(1) 评价初始化:输入评价项目信息、评价负责人、评价起止日期等;

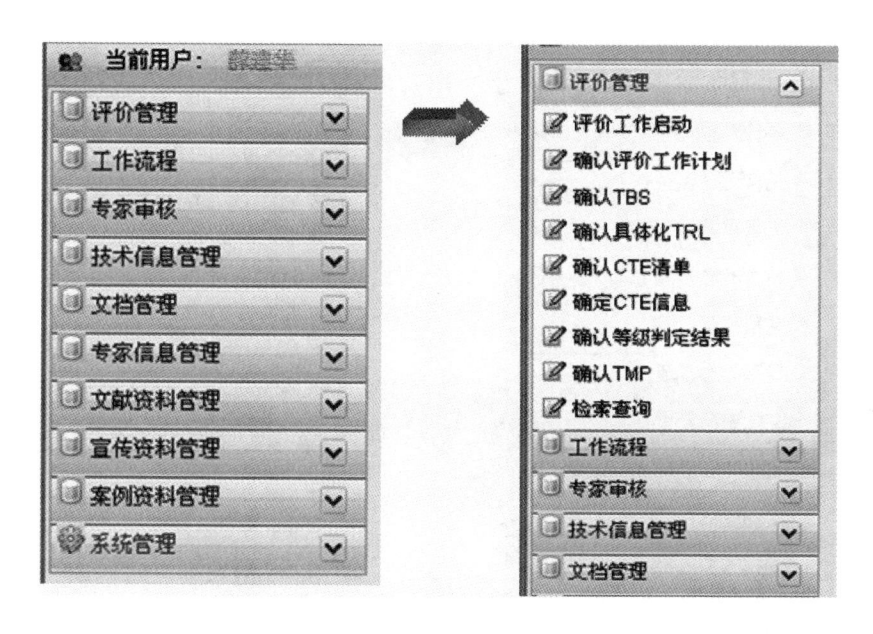

图 7-13 评价管理模块

（2）评价工作计划管理：确认及管理评价各个阶段的起止日期以及负责人；

（3）确认 TBS：确认项目/系统的 TBS 中各个技术元素；

（4）确认具体化 TRL：组织专家评审确认具体化 TRL 定义等；

（5）确认 CTE 清单：组织专家评审确认 CTE 清单等；

（6）确认 CTE 信息：对项目人员输入的 CTE 信息进行确认和管理，输出中间成果；

（7）确认等级判定结果：组织专家评审、确认 CTE 的 TRL 判定结果，输出评价报告和中间成果；

（8）确认 TMP：组织专家评审确认 TMP；

（9）检索查询：根据用户输入条件进行查询。

## 7.2.2 工作流程模块

工作流程模块（图 7-14）的使用对象为项目负责人及参与人，主要是提供评价过程中所需的各项项目信息。

图 7-14　工作流程模块

具体功能如下：

（1）项目信息：输入项目编号、名称、类别、目标等内容；

（2）制定评价工作计划：输入评价各个阶段的起止日期以及负责人；

（3）制定 TBS：制定项目 TBS，输入相关技术单元信息，并判断重要性及新颖性；

（4）具体化 TRL：根据通用 TRL 定义，针对本项目特点确定具体化的 TRL 定义；

（5）筛选 CTE 清单：确定 CTE 清单；

（6）CTE 详细信息：完善 CTE 信息，包括技术载体、当前环境、技术指标等；

（7）选择细则：根据评价要求选择不同行业，不同专业的评价细则；

（8）CTE 等级判定：选择评价细则种类，判定 CTE 的技术成熟度等级，并提交证明材料；

（9）CTE 风险分析：利用 TRA 结果和项目计划目标，结合不同风险分析方法，确定 CTE 的风险等级；

（10）制定 TMP：利用评价过程信息和 CTE 风险分析结果制定 TMP。

## 7.2.3 专家审核模块

专家审核模块(图7-15)的使用对象为技术成熟度评价所邀请的专家,主要是协助评价工作负责人把握评价结果的客观性和准确性。

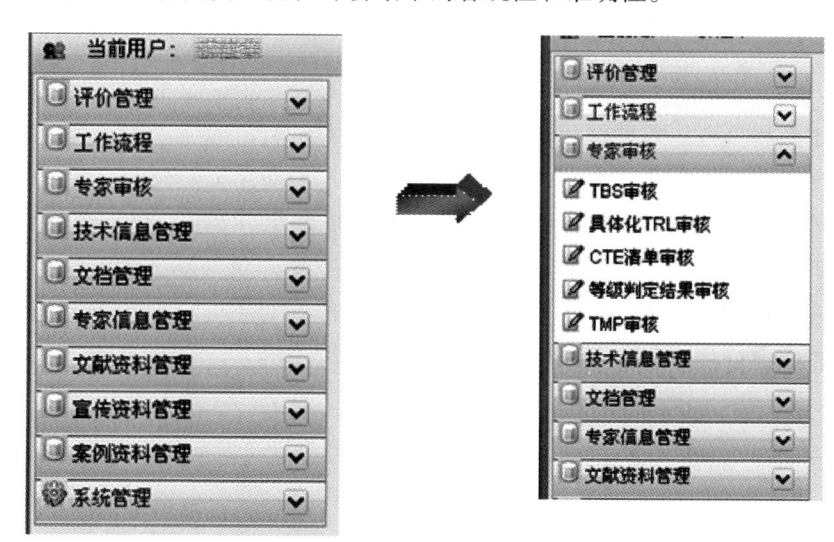

图7-15 专家审核模块

具体功能包括：

(1) TBS 审核:专家对项目 TBS 进行审核；

(2) 具体化 TRL 审核:专家对具体化 TRL 定义进行审核；

(3) CTE 清单审核:专家对 CTE 清单审核；

(4) 等级判定结果审核:专家对 TRL 判定结果审核；

(5) TMP 审核:专家对 TMP 进行审核。

需指出的是,CTE 清单审核和等级判定结果审核是获取客观、准确的 TRA 结果必不可少的过程,而 TBS 审核、具体化 TRL 审核以及 TMP 审核可根据实际情况选做。

## 7.2.4 技术信息管理模块

技术信息管理模块的使用对象是评价发起方以及项目的管理方,主要用于

单个/多个项目技术成熟度评价的统计和对比分析,方便管理人员阅览和查询,了解项目评价过程和技术进展情况。具体功能包括:

(1) 评价完成情况:显示所有项目评价的主要过程和评价结果;

(2) 评价信息统计:对项目评价的结果进行统计分析,包括单项技术的 TRL 变化、多个项目的 TRL 对比等;

(3) 评价信息统计图:实现评价结果统计的图形化显示;

(4) 技术信息查询:对收集的技术信息进行检索。

除以上介绍的主要模块外,系统还具有辅助的系统管理模块,以及文献资料、宣传资料、案例资料等数据库,本书不再详细介绍。

总体来说,技术成熟度评价与管理系统是一套开放式模块化的软件平台,除实现 TRA 的核心流程和统计分析功能外,还能针对不同客户需求定制模块,输出相应评价成果。

# 第8章 基于技术成熟度评价的风险管理方法

技术成熟度评价作为风险识别过程的基础,评价结果可作为国防装备系统工程中风险管理的输入,本章将介绍一种将技术成熟度评价、技术成熟困难度评价、基于集成与可达性的风险识别、技术成熟计划等多种方法进行综合使用的风险管理思路与方法。

## 8.1 基本原理

根据 DoD 和 USAF 的管理理论与最佳实践,风险管理包括风险识别、风险分析、风险应对计划的制定与实施、风险跟踪等过程,这些过程是一个有机的整体,共同形成一个闭环的风险管理流程(图 8-1)。本书中着重介绍的 TRA 方法是项目技术风险识别的一种最佳方法和工具。如何将其与技术风险管理结合,更大程度发挥 TRA 的效用是科研管理人员迫切需要解决的问题。尽管 TRA 可准确量化标定项目中各项关键技术元素的技术状态,可辅助识别装备研制中的技术风险,但 TRA 方法自身无法等同于风险评估和风险管理,还需借助于其他的方法和工具来实现技术风险的评估与管理。本章主要介绍其他 3 种相关方法,与 TRA 共同为国防装备系统工程中的技术风险管理提供解决方案。

(1)技术成熟困难度(AD2)评价方法致力于解决技术从特定 TRL 提升至目标 TRL 所需各项技术开发活动的难易程度的评价问题。

(2)基于集成与可达性的风险识别(Risk Identification:Integration & Ilities,

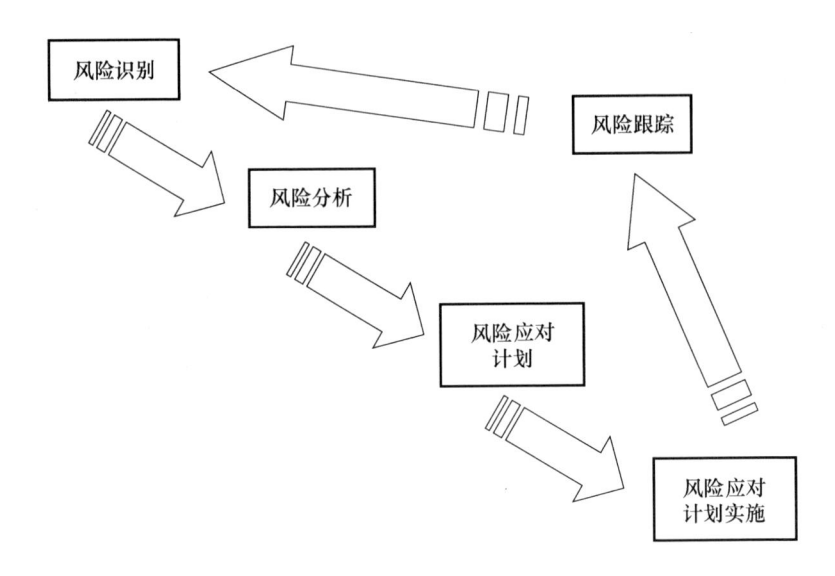

图 8−1　DoD 和 USAF 的风险管理过程示意图

RI3）方法致力于解决国防装备研制中的技术和系统集成风险的识别问题。

（3）技术成熟计划方法则是一种基于 TRA 的攻关计划的制定方法。

这 4 种方法和工具构成一个风险识别、风险分析、风险应对计划制定、风险应对计划实施、风险跟踪的闭环过程，提供了一套基于技术成熟度评价的风险管理方法。其中：TRA 方法主要用于识别项目中的技术风险、基于集成与可达性的风险识别方法主要用于识别项目中的集成和可达性风险、技术成熟困难度评价方法与技术成熟计划制定方法结合用于制定风险应对计划、而风险应对计划的执行与跟踪则是通过对技术成熟计划进行实施与监督来实现。

## 8.2　技术成熟困难度评价方法

TRL 作为技术成熟度测量手段，提供了一种评估当前状态相对最终目标定位的方法，但对于实现目标的难度却没有足够的体现。NASA 也注意到了这个问题，因此提出在 TRA 之后，对每个没有达到成熟度要求的 CTE，还要进行一次 AD2 评价。这种理念是技术成熟度评价方法的延伸，同时也是风险评估与控制过程。AD2 评价对于健全当前计划管理内容有十分重要的意义。

### 8.2.1 提出背景

AD2 理论是由 NASA 的 James W. Bilbro 提出的确定未来推进技术成熟的困难程度的最具有预见性的理论,它是现阶段最为全面,最具可操作性的理论。根据该理论,一次完整的技术成熟评价包含三部分工作:

第一,识别 CTE。CTE 应当包含对于整个系统的采办或使用至关重要的所有新研(或在研)技术,包括全新的技术或使用方式不同于现有技术/产品(如货架技术)的技术。WBS 是一种可借鉴的形式,能确保定义系统 CTE 时候,不会漏掉任何关键技术。

第二,开展 TRA 来确定每一个 CTE 的 TRL。可利用 AFRL 的 TRL 计算器完成这项工作。通常,应当确保对每一个 CTE 都开展 TRA,特别是在现有技术新应用时,更应注意这一点。根据 NASA 的实践经验,如果一项现有技术被用于一种新的方式,或者用在一种未试验过的环境中,应该将 TRL 9 的技术降级到 TRL 5 来对待。

第三,对整个系统中所有未达到成熟度要求的 CTE 开展 AD2 评价。AD2 用于确定哪些 CTE 可能存在技术成熟度不达标的风险,并对确定的 CTE 按照风险等级进行排序。不过,由于未能确定具体的风险内容,也未启动风险应对计划和风险跟踪程序,因此,即使完成了 AD2 评价,也不能算正式的风险分析。要将 TRA 转变成为一个完整的技术评估,需要完成以上整个闭环工作。

### 8.2.2 理论模型

AD2 评价工作的基础是确定 CTE 当前和目标 TRL,目的是明确实现这种技术发展从而保证项目研发成功而需要开展的工作。简单来说,AD2 评价是确定将一项技术从某一 TRL 推进到另一 TRL 所需做的工作。使用这种评价可以确定单项技术的 AD2,进而了解整个项目或技术的困难度。然而,由于①并非所有技术都是一样的;②评价需要进行预测,而获取合理的预测结果需要开展大量工作和积累丰富实践经验。James W. Bilbro 认为,这种 AD2 评价是技术研发过程中最具挑战性的内容之一。

AD2 评价引入了系统工程思想,可以系统性地评估提高 CTE 的 TRL 所需的工作。它将一系列标准如集成成熟度等级(Integration Readiness Level,IRL)、系统成熟度等级(System Readiness Level,SRL)、制造成熟度等级(MRL)、设计成熟度等级(Design Readiness Level,DRL)、材料成熟度等级(Material Readiness Level,MatRL)结合,形成了一套系统化评价方法,重点关注设计与分析、制造、试验与评价、运行等四个方面,下面分别进行介绍。

1. 设计与分析

在设计与分析评价过程中,需要考虑设计原理、模型、分析工具和数据基础对软硬件研发的影响,同时还应该考虑到能否实现实验结果的分析。

2. 制造

制造评价过程与两个方面的内容有关:①技术单元的制造对完成项目目标是否必需项;②能否制造出支持技术发展的最终产品。当然无论哪方面,都要考虑工具、材料、制造及质量过程是否可用。

3. 试验与评价

试验与评价是验证能否完成研发计划的常规方法,不包括在实验室研究中附带的实验和评价。在这方面评价中,要关注整个项目执行过程的试验和评价结果。通常情况下,试验与评价过程分为 DT&E 和 OT&E 两类:DT&E 侧重回答诸如"已经研发出的产品是否能满足研发计划规定的性能要求?"适用性的问题;OT&E 关注所生产的产品能否在各种条件下满足工作要求。在进行 AD2 评价时的试验与评价过程中,需要确认是否做好了所有实验准备工作,包括实验设备、实验器材(硬软件)、合格的实验人员以及特殊情况下的必需应急设备。

4. 运行

在设计研发、制造、试验与评价的一系列过程中,必须考虑到产品运行情况。运行不只是简单的如何操控产品,它同样包括其他所需的诸如可靠性、可维护性、保障性、可用性、可检验性、可测试性和可重复使用性等因素。同样,还需考虑全生命周期的费用。在生产过程中的易制造性也可包括在运行范畴内,尽管这个问题已属于制造范畴。

通过以上四方面内容可以看出,AD2 评价能提供许多与项目有关的技术研发信息,这些信息能够让人轻松地找出整个工作过程中最重要的部分,继而为制定技术发展路线图提供支撑,最终帮助形成一个全面的研发计划。一旦完成评价工作,就能很容易地识别出 CTE 在接下来的过程中,达到技术成熟所缺少的工具、方法、设备和熟练能力,在考虑进度、预算的合理性后可以迅速制定一份可行的工作计划。

### 8.2.3 等级定义

为更直观清楚表征技术成熟的困难程度,同时与 TRL 结构保持一致,AD2 等级也分为 9 级(表 8 - 1)。AD2 各级之间并没有严格的界限,仅仅是从风格上延续了 TRL 的特点,也可以用矩阵的形式将其与通常的风险评价矩阵(概率—影响矩阵)进行对应,如图 8 - 2 所示。

表 8 - 1  AD2 等级定义

| AD2 | 定 义 描 述 |
| --- | --- |
| 1 | 0% 的研发风险——不存在或者仅需要进行极少的修改。单一研发途径即可满足 |
| 2 | 10% 的发展风险——存在较大的修改。单一研发途径即可满足要求 |
| 3 | 20% 的发展风险——需要在经验基础上进行新的发展。单一研发途径即可满足要求 |
| 4 | 30% 的发展风险——需要新的研发,但是已有的经验和新的研发在大多数领域里类似。单一的研发途径也可以提供较高的成功保证 |
| 5 | 40% 的发展风险——需要新的研发,但是已有的经验和新的研发在全部关键领域里类似。需要两种方法才能提供较高的成功保证 |
| 6 | 50% 的发展风险——需要新的研发,但是已有的经验和新的研发在少数关键领域里类似。需要两种方法才能提供中等的成功保证(要求的性能可能通过后续批次升级才能达到较高的置信度) |
| 7 | 60% 的发展风险——需要新的研发,但是已有的经验和新的研发在少数关键领域里类似。需要准备多个研发路线(方案) |
| 8 | 80% 的发展风险——需要新的研发,但是已有的经验和新的研发在极有限的范围内类似。需要准备多个研发路线(方案) |
| 9 | 100% 的发展风险——需要新的研发,新的研发超出了已有经验。没有任何方法可以保证成功,在可行方法确定之前,需要在关键领域开展基础研究 |

| AD2等级 | 影响程度 | 风险概率 |
|---|---|---|
| 9 | 5 | 90% |
| 8 | 4 | 70% |
| 7 | 3 | 50% |
| 6 | | |
| 5 | | |
| 4 | | |
| 3 | 2 | 30% |
| 2 | 1 | 10% |
| 1 | | |

图 8-2　AD2 等级与风险影响/概率的对应关系示意图

### 8.2.4 评价细则

AD2 的评价细则是一系列判定问题形成的清单,是从设计与分析、制造、试验与评价、运行等四个方面对各级约束条件的具体描述。设置恰当、合理的判定问题清单,是 AD2 评价的关键环节,决定着能否准确地预估技术研发成功的概率。举例来说,采用一套粗略的问题清单,可能会认为只有一个技术元素的 AD2 等级较低,而利用一套更为细致的问题清单,则可能得出两个甚至更多的技术元素 AD2 等级较低的结论。AD2 等级低的技术元素越多,说明项目达到预期目标的整体技术困难度就越大,风险也就相应增加。因此,为及早发现并规避项目的技术风险,确保项目的最终成功,有必要设置详细的问题清单来评价 AD2 的等级。下面介绍 NASA 的 AD2 评价细则,具体如下:

1. 设计与分析

(1) 已有必需的数据基础吗?如果没有,获得这些数据需要达到什么研发水平?

(2) 已有必需的设计方法吗?如果没有,获得这些设计方法需要达到什么研发水平?

(3) 已有必需的设计工具吗？如果没有,获得这些设计工具需要达到什么研发水平？

(4) 已有必需的分析方法吗？如果没有,获得这些分析方法需要达到什么研发水平？

(5) 已有必需的分析工具吗？如果没有,获得这些分析工具需要达到什么研发水平？

(6) 已有满足准确性要求的合适模型吗？如果没有,获得这些模型需要达到什么研发水平？

(7) 可用人力资源有适当的技能吗？如果没有,获得满足要求的人力资源需要达到什么发展水平？

(8) 是否已经开展可制造性方面的设计优化？如果没有,设计优化需要什么研发水平？

(9) 是否已经开展可测试性方面的设计优化？如果没有,设计优化需要什么研发水平？

2. 制造

(1) 已有必需的材料吗？如果没有,获得(或生产)这些材料需要什么研发水平？

(2) 已有必需的制造设施吗？如果没有,获得这些设施需要什么研发水平？

(3) 已有必需的制造设备吗？如果没有,获得(或生产)这些机械设备需要什么研发水平？

(4) 已有必需的制造工具吗？如果没有,获得(或生产)这些工具需要什么研发水平？

(5) 已有必需的计量标准吗？如果没有,获得这些计量标准需要什么研发水平？

(6) 已有必需的制造软件吗？如果没有,获得这些软件需要什么研发水平？

(7) 可用人力资源有适当的技能吗？如果没有,获得满足要求的人力资源需要达到什么研发水平？

(8) 是否已经开始可制造性方面的设计优化？如果没有,设计优化需要什么研发水平?

（9）制造流程是否已经优化？如果没有,优化流程需要什么研发水平？

（10）制造过程中的不确定性已经优化到最低了吗？如果没有,优化需要什么研发水平？

（11）是否已经开始可重复生产性方面的设计优化？如果没有,优化需要什么研发水平？

（12）是否已经开始装配和校准方面的设计优化？如果没有,优化需要什么研发水平？

（13）是否已经开始为部件、子系统和系统层面的集成而进行的设计优化？如果没有,优化需要什么研发水平？

（14）需要原理样件(breadboard,又称"面包板")吗？如果需要,获得这些原理样件需要什么研发水平？

（15）需要工程样件(brassboard)吗？如果需要,获得这些工程样件需要什么研发水平？

（16）需要缩比模型吗？如果需要,制造这些模型需要什么研发水平？

（17）需要工程模型吗？如果需要,制造这些模型需要什么研发水平？

（18）需要原型样品吗？如果需要,制造这些样品需要什么研发水平？

（19）原理样件、工程样件、缩比模型、工程模型、原型样品的范围和精确度合适吗？如果不合理,那么修正他们需要什么研发水平？

（20）需要鉴定用模型吗？如果需要,制造这些模型需要什么研发水平？

3. 试验与评价

（1）已有必需的测试设施了吗？如果没有,获得这些设施需要什么研发水平？

（2）已有必需的测试设备了吗？如果没有,获得这些设备需要什么研发水平？

（3）已有必需的测试工具了吗？如果没有,获得这些工具需要什么研发水平？

（4）已有必需的测试计量系统了吗？如果没有,建立这些系统需要什么研发水平？

（5）已有必需的软件了吗？如果没有,获得这些软件需要什么研发水平？

(6) 可用人力资源有适当的技能吗？如果没有,获得满足要求的人力资源需要达到什么发展水平？

(7) 是否已经开始可测试性方面的设计优化？如果没有,优化需要什么研发水平？

(8) 原理样件需要进行测试吗？如果需要,测试需要什么研发条件？

(9) 工程样件需要进行测试吗？如果需要,测试需要什么研发条件？

(10) 缩比模型需要进行测试吗？如果需要,测试需要什么研发条件？

(11) 工程模型需要进行测试吗？如果需要,测试需要什么研发条件？

(12) 原型样品需要进行测试吗？如果需要,测试需要什么研发条件？

(13) 鉴定试验用模型需要进行测试吗？如果需要,测试需要什么研发条件？

当然,应当注意,具体问题应该根据项目进行调整,细致程度也应该符合项目对应的研制阶段。同时,对以上列出的这些问题也可以进行拓展,例如,在设计部分可增加以下问题:

(1) 设计寿命是否考虑了磨损和更换？

(2) 是否通过试验验证确认关键重要功能/故障和设计方案？

(3) 是否考虑人体的限制和安全？

(4) 是否考虑可重构性？

(5) 是否进行了简化装配的设计？

或者在制造方面可提出如下问题:

(1) 是否考虑一体化的设计/制造工具？

(2) 材料适合所选的制造技术吗？

(3) 是否进行无损评估？有无其他检查？

(4) 有可用的掌握适用技能的制造人员么？

(5) 是否可以按模块构建方法进行？

4. 运行

(1) 是否已经开始维护性和维修性方面的设计优化？如果没有,优化需要什么研发水平？

(2) 是否已经开始最小生命周期费用方面的设计优化？如果没有,优化需要什么研发水平？

(3) 是否已经开始最小年重复/运行成本方面的设计优化？如果没有,优化需要什么研发水平？

(4) 是否已经开始可靠性方面的设计优化？如果没有,优化需要什么研发水平？

(5) 是否已经开始可用性｜运行时间（可靠性）/故障时间（维修性/维修承载能力）的比例｜方面的设计优化了？如果没有,优化需要什么研发水平？

(6) 有必需的地面系统设施和基础设施吗？如果没有,获得这些设施需要什么研发水平？

(7) 有必需的地面系统设备吗？如果没有,获得这些设备需要什么研发水平？

(8) 有必需的地面系统软件吗？如果没有,获得这些设备需要什么研发水平？

(9) 可用人力资源有适当的技能吗？如果没有,获得满足要求的人力资源需要达到什么发展水平？

可以说,这些具体问题是判定项目技术风险的关键,无论划分得多么细致都不为过。

### 8.2.5 评价流程

与技术成熟度一样,AD2评价也需要得到具有丰富专业知识的专家和项目人员的支持。评价的基本流程如下：

(1) 组建专家组。专家组构成包括科学家、技术专家、所有涉及领域的工程师和项目经理,如果有特殊要求的话,还应聘请外部顾问。组建具备相应专业知识的队伍,这是成功进行AD2评价的基础。

(2) 由专家组和项目人员共同确定技术发展过程中设计、分析和制造方面所必需的工作步骤以及用以验证设计的试验项目。

(3) 项目组提供设计、分析、制造、试验等方面所有工作的相关资料,包括设计图纸、分析材料、图片、报告等证明材料。

(4) 专家组以此来对技术推进到预期目标的过程中遇到的困难程度作出评估。

(5) 在必要时可以邀请独立的评审单位复核评价结果。

如上面所提及的，AD2 评价以 TRA 为基础，需要最初参与 TRA 的人员提供技术支持。为保证 AD2 具有一定的有效性，必须由专家进行这项评价工作。可以说，AD2 评价是一项预测性工作，由于缺乏有效的预测方法和手段，求助有经验和背景、能够进行实际预测和推测的专家成为唯一合理的方式。任何单独成员（或两个人）都无法覆盖整个领域的必要知识，因此需要建立具有专业知识的专家团队。以激光器为例，研究激光的专家在太空工作方面没有任何经验，而有太空工作经验的人员又没有任何研究激光器的经验。唯一的解决方法就是将这两个小组组建类似于综合产品组（Integrated Product Team，IPT）的工作团队，以使他们能迅速对这个问题有一定的理解。建立合适的评估小组是计划/项目面临的最有挑战性的工作之一，并且是能否成功的关键。

为了直观显示每项 AD2 的判定结果，NASA 参考 TRL 计算器编制了相应的计算器并提出了判定规则。具体判定规则：对每个具体问题（评价细则）进行 AD2 等级判定；针对每个关注点判定 AD2 等级，如果有任何一个问题等级判定在第四级或者以下，那么等级取最小值；如果所有问题等级都在第四级水平以上，那么取平均值。

值得特别注意的是，AD2 评价结果为矩阵形式，每个关注方面有一个评价等级。也就是说，对于每项技术来说，可用设计、制造等几个 AD2 等级共同描述困难度。即便如此，也只是难度的大致描述，若了解具体风险，还要视具体问题的解释而定。

## 8.3 基于集成与可达性的风险识别

本节介绍的方法是"基于集成与可达性的风险识别"（RI3），其主要作用是帮助项目管理人员和系统工程人员识别新技术研发和转化过程中阻碍以往项目成功的技术风险。RI3 作为系统工程战略的一部分，应当在不同的设计和研发阶段对系统、子系统、部件进行系统性的评估。

### 8.3.1 提出背景

美国空军（USAF）多年的实践证明，技术优势决定空中优势，新技术带来新的武器系统，带来新的作战能力、作战理念和作战方式。空间系统技术的进步，促使各种新的通信方式层出不穷；隐身技术则形成了 F-117"夜鹰"隐身战斗机这样的新式武器系统。然而，众多历史经验表明，新技术的研发往往意味着严重的费用超支和进度拖延，而个中原因却有很多：前期投入不足、进度安排不合理、技能不成熟（包括技术不成熟和系统级设计状态不稳定）、经费支持不稳定、后勤保障缺失、训练不足等。其中前三项因素对项目初始阶段影响巨大。

对于时常造成项目超支和进度拖延的技术不成熟问题，DoD 已采用 TRL 工具来解决，并在美军国防采办管理中取得不错效果，也已达成了一定的共识（例如，系统中所有的 CTE 应当在里程碑 B 不低于 TRL 6 级，在里程碑 C 不低于 TRL 7 级）。然而，这个共识带大家进入了一个误区：一旦一个系统内的所有 CTE 都达到 TRL 6，与这些技术相关的技术风险就不复存在了。这是错误的看法，对 CTE 的 TRL 评估涉及的是该 CTE 本身的问题，不是风险评估。另外，TRA 并未涉及各个 CTE 之间的集成或与其他系统元素之间的集成问题，也未充分考虑一些成熟系统中的某些元素有可能在与 CTE 进行集成或交互时对系统的功能性能带来影响。

RI3 作为系统工程中的一项辅助评估方法，被设计用于标准风险管理过程中的风险识别。识别的依据是由一系列问题构成的问题清单，这些问题围绕新技术开发和转移到采办项目以及后续的工程开发进行设置。从整体上来看，主要关注技术层面，很少涉及到工程管理等方面。其中主要的涉及领域包括集成、软件开发和 Ilities（为体现"可达性"原意，本书中用英文 Ilities 来表示）等三个方面。

### 8.3.2 基本原理

RI3 评价是以从产品分解结构（PBS）中选取的被评单元为评价对象，从设计成熟度与稳定性、测试性等 9 个领域进行分析，确定被评对象的集成风险。

根据美国国家研究委员会（National Research Council，NRC）的研究表明，装备解决方案分析（MSA）阶段的决策决定了 70%～75% 的全生命周期费用，然而，通常在该阶段对于风险识别和后续管理以及风险应对的关注度非常少，而到里程碑 B 这一传统上最关注风险的节点，对生命周期费用的影响已经很小。总体上看，从 MSA 到工程与制造开发（EMD）阶段，对生命周期采办的能力的影响处于逐渐下降趋势，如图 8-3 所示。这样的话，越早实施 RI3 评价，项目越容易取得成功。

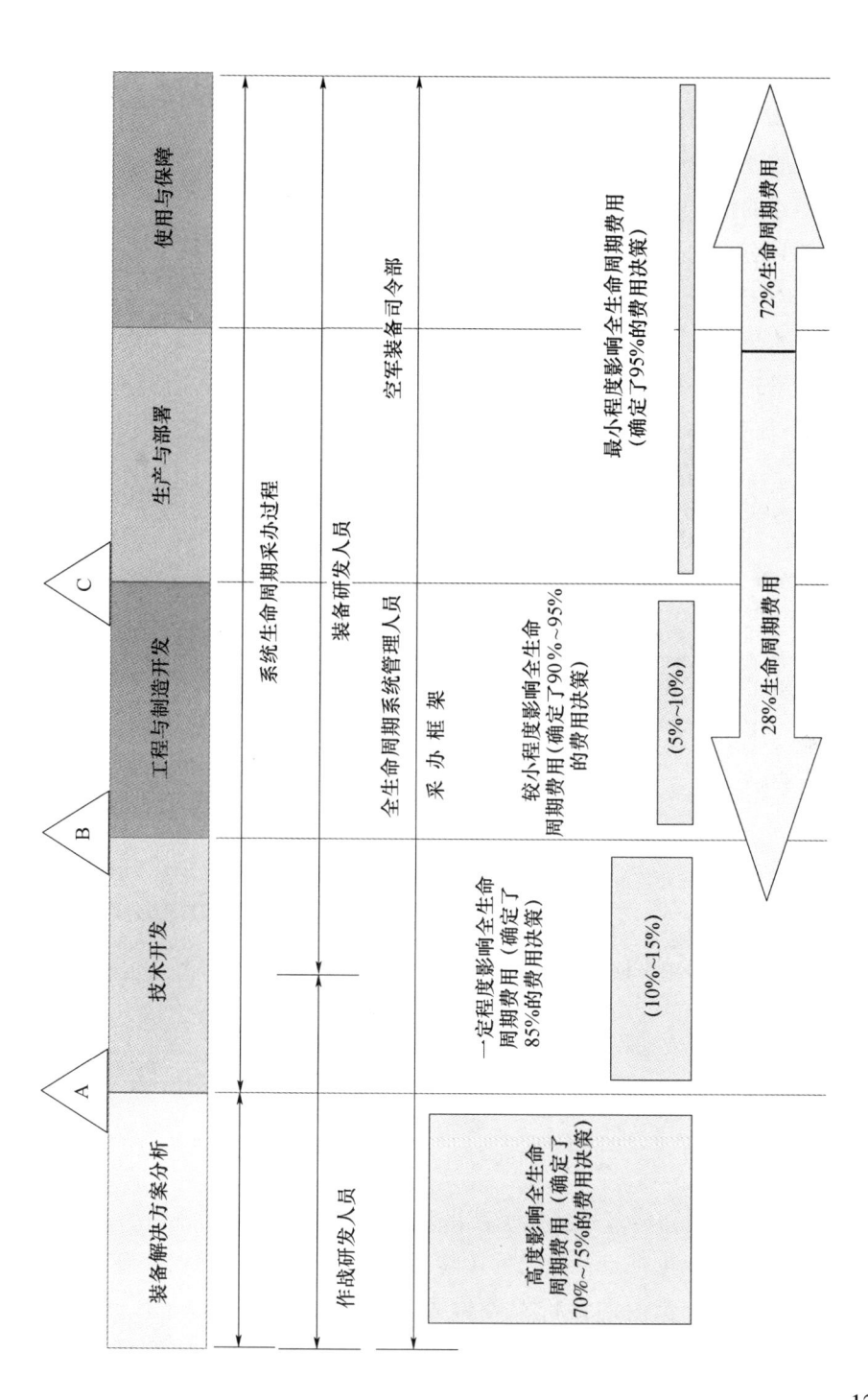

图 8-3 DoD 生命周期费用示意图

在 MSA 阶段,许多最终的细节尚不可知,因而无法进行很好的风险管理,但是,利用 RI3 识别系统风险,进而在早期利用已知的信息来进行风险管理,仍能取得较大收益。换个角度讲,对于促使管理人员掌握当前在哪些领域存在信息和知识匮乏的情况,并指导确定后续工作中在知识获取方面的工作重点,也是非常有指导意义的。与之类似,从系统角度看技术相关的风险,可指导在里程碑 A 后构建技术开发路线图,这里不仅包括技术开发本身的相关风险,还涉及到未来技术集成到系统中相关的风险。因此,在初期和整个项目周期当中实施好的风险管理都是非常重要的,如图 8-4 所示。

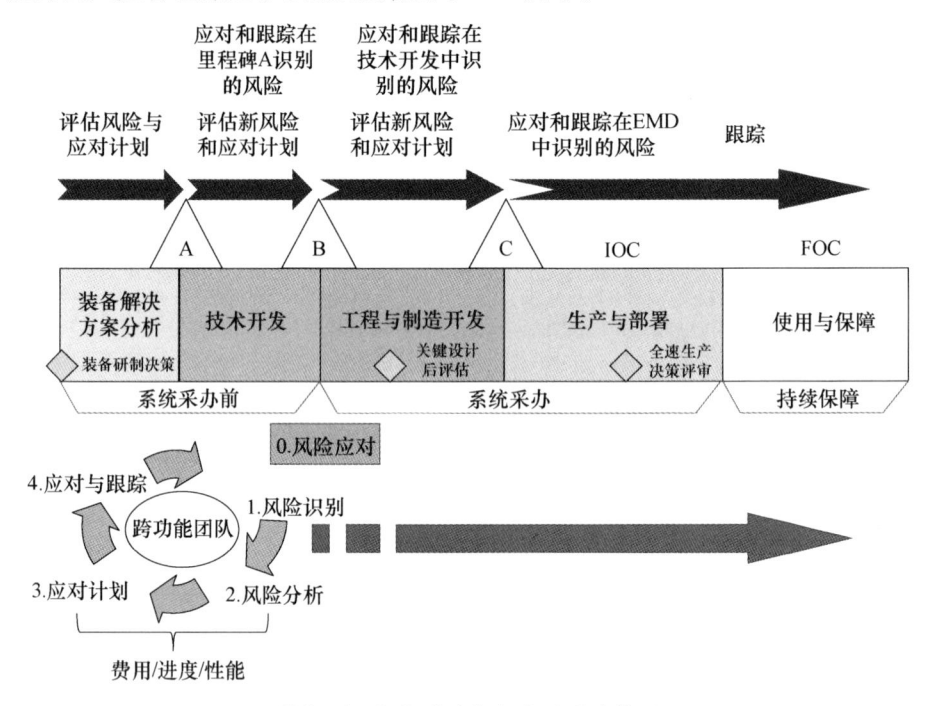

图 8-4 DoD 采办框架中的风险管理

### 8.3.3 评价对象

常用的技术风险评估多是独立于其将要集成的系统而进行评估的,RI3 方法则是从"系统"的角度来审视项目的风险,主要表征与"Ilities"相关要素的关键技术风险。RI3 评价中的评价对象称为被评单元(Unit Under Evaluation, UUE),由于 RI3 既能用于系统的独立单元,也能用于系统,因此,UUE 既可能是部件或子系统,也可能是整个系统(图8-5)。由于某个单独部件也可能对系统之系统(SoS)产生不利的影响,无论是那种情况,识别和理解 SoS 中的系统内部和系统外部相互作用相关的风险都至关重要。

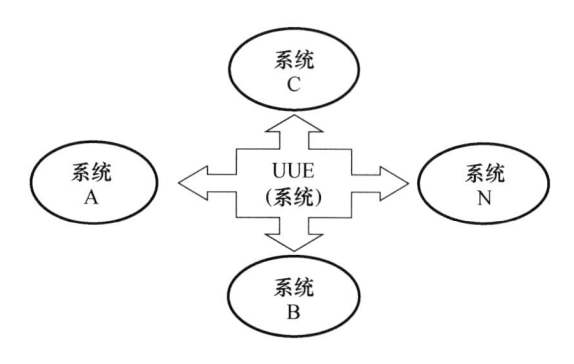

图8-5 将 SoS 中的系统作为 UUE 进行的评估

在 RI3 评价中选取 UUE 时,通常以产品分解结构(PBS)为入手点,这样不仅可与风险和费用评估相结合,也可与挣值管理(EVM)、技术成熟度评价(TRA)等工具相对应,发挥更好的效果。UUE 选择的具体过程则大同小异,仅在颗粒度和逼真度方面有所变化,主要包括两个步骤,如图8-6所示。

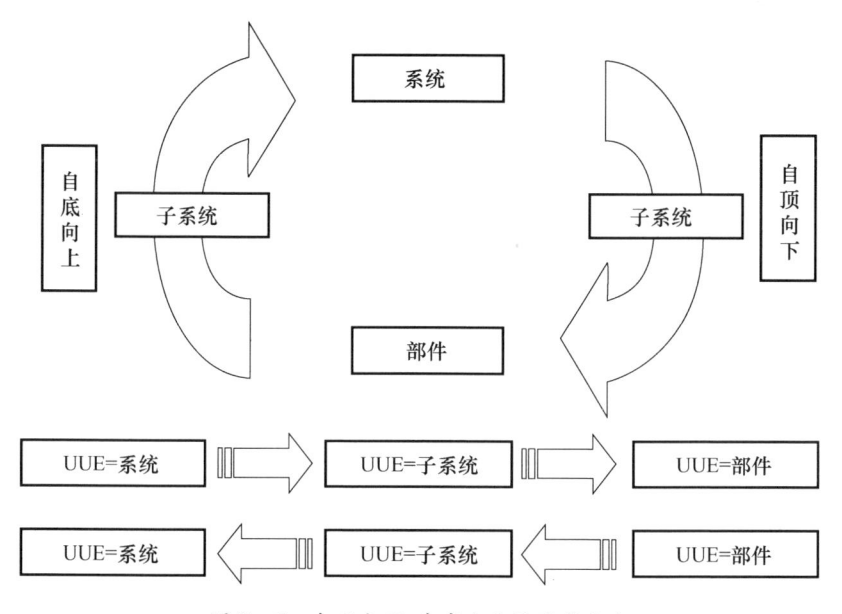

图8-6 自顶向下、自底向上的迭代方法

首先，用"自顶向下"方法选择顶层系统为 UUE，再到主要子系统，最后到部件检验系统风险。其次，采用"自底向上"的方法，先将部件识别为 UUE，再结合到一起到子系统，最后到最顶层系统。

确定什么系统可作为 UUE 来实施 RI3 与系统工程实践类似，尤其是与系统、子系统和部件的技术成熟度评价（TRA）相似，这样，就可借鉴 TRA 的方式，在实践中，如果能方便地评价一个部件或子系统的 TRL，那么就可以把 RI3 的一系列问题用于这个部件或系统中，当然，也可用于集成的更高层次。

### 8.3.4 评价时机

如前所述，风险识别与管理贯穿整个项目周期，因此，RI3 评价也主要集中在四个不同的时期，下面逐一进行说明。

1. 里程碑 A 前

在 MSA 阶段，对于系统架构的理解是粗浅的，对于架构的描述的颗粒度也是较粗的。通常，仅仅是对一些大家普遍认可、关键重要的环节有较为清晰的认识。然而，一旦形成如图 8-7 所示的面向产品的 WBS 后，马上即可实施 RI3 评价工作。RI3 评价标准中设计的问题侧重于关注 UUE 与系统元素以及系统外元素之间的相互作用。系统级的 RI3 主要关注各主要子系统之间的相互作用；子系统级的 RI3 主要侧重于子系统下一级（部件级）之间的相互作用。以此类推，这种"自顶向下"的过程，直至最低一层才完成。在 MSA 阶段，尽管并非所有的系统都能一层层评价下去，但通常都能很快识别出有风险的关键子系统/部件。

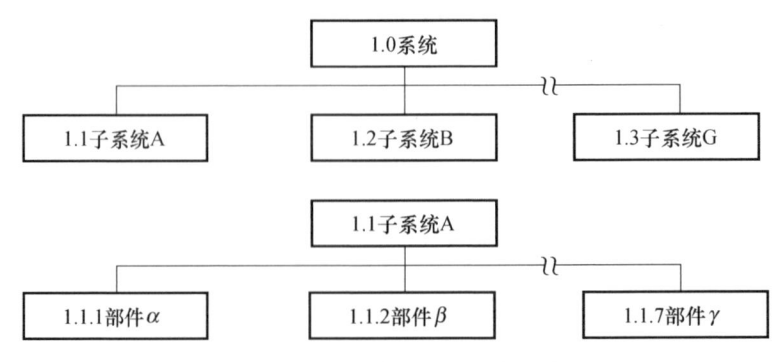

图 8-7 面向产品的 WBS(PBS)

在里程碑 A 之前实施 RI3 的优势就在于:通常情况下,该阶段,最终系统的相关知识和使用环境等相关信息都还处于未知状态,而这些信息和知识的缺失往往会给项目的发展带来不利的影响。因此,此时实施 RI3(图 8-8)评价,可使项目人员将关注重点放在相关已知领域的风险上,同时掌握哪些领域存在信息和知识匮乏,进而帮助项目人员在极小的成本下实现风险应对。

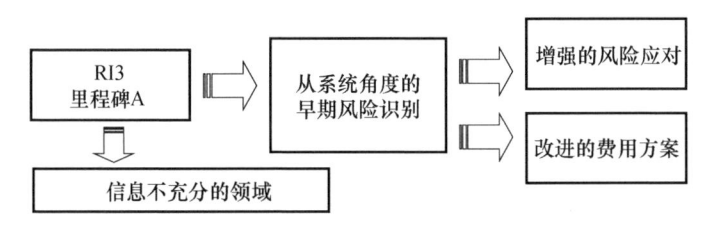

图 8-8 装备解决方案分析阶段(里程碑 A 前)RI3

2. 里程碑 A

由于仍然处于项目初期,因此,该阶段的 RI3 过程与里程碑 A 前的 RI3 本质上相同,都是按照"自顶向下"的策略进行系统级的评估。重点考查各主要子系统之间的相互作用以及与该项目外其他系统之间的相互作用。在初始的"自顶向下"评估后,有必要将关注点放在子系统和部件上面,以便跟踪和应对项目论证期间识别出的风险。值得注意的是,结合 TRA 并多次实施 RI3 效果会更好。

总体来看,此阶段实施 RI3 的作用主要体现在以下 4 个方面:

(1) 识别技术风险作为技术研发或转化战略的输入;

(2) 识别系统级的风险作为风险管理过程的输入;

(3) 识别系统级的风险作为费用分析复杂性因素的输入;

(4) 促进成功到达里程碑 B 所需的总体性知识。

3. 里程碑 A 和里程碑 B 之间

在里程碑 A 和里程碑 B 之间,通常需要定期实施 RI3 评价,这样就为跟踪项目风险、确保项目满足 TRA 要求和促进项目按照进度要求向前推进提供了一种行之有效的方法。

4. 里程碑 B

到了该节点,理想的状况是:已完成所有技术开发,已完成原理样机和原型机的开发和测试等,已经基本消除了大的风险。但要达到里程碑 C,仍存在一些风险,因而在里程碑 B 实施 RI3 主要就是为了识别从里程碑 B 到里程碑 C 过程中的相关风险。此时的关注点在于集成、软件开发和Ilities等方面。

### 8.3.5 评价标准

RI3评价标准是由9个领域共101项问题组成的清单,这9个领域包括人员、组织、技能,设计成熟度与稳定性,可缩放性与复杂性,可靠性,维护性,软件开发,人员因素,集成性,测试性。每个领域根据紧迫性又分为5个等级。

表8-2 RI3各领域检查问题数量分布

| 序号 | 领域 | 数量 | 序号 | 领域 | 数量 |
| --- | --- | --- | --- | --- | --- |
| 1 | 设计成熟度与稳定性 | 14 | 6 | 可靠性 | 9 |
| 2 | 可缩放性与复杂性 | 10 | 7 | 维护性 | 7 |
| 3 | 集成性 | 13 | 8 | 人员因素 | 4 |
| 4 | 测试性 | 13 | 9 | 人员、组织与技能 | 13 |
| 5 | 软件开发 | 18 | | | |

问题清单中的问题多以如下形式出现:如果答"是",那么有什么证据?如果答"否",会导致什么风险,其发生的概率和后果影响会是怎样?如果答"不适用",为什么?

每个问题都有相关内容进行阐述分析:该问题为什么对以往项目重要?有什么例子?有得到应用的最佳实践吗?

以"设计成熟度与稳定性"领域为例,该领域共包含了14个问题,分别如下:

(1) 硬件和软件设计需求是否已稳定?

(2) 硬件和软件是否可追溯至顶层系统需求?

(3) 硬件和软件的所有参数和特性是否得到验证?

(4) 硬件和软件设计参数和特性是否能对情报信息灵活反应?

(5) 硬件和软件的设计规范是否细致到可进入下一阶段的程度?

(6) 是否已完成了权衡研究以解决可行性和相容性?

(7) 对硬件和软件是否有必要的设计方法、分析方法和相应工具?

(8) 设计分析中是否有足够精确的合适模型(材料、热、缩比、马赫数…)?

(9) 设计中是否充分考虑UUE的信息保证和支撑设备?

(10) 设计中是否充分考虑 UUE 的涉密部件的物理安全和支撑设备？

(11) 设计中是否充分考虑 UUE、子系统和支撑设备的可靠性、维修性和保障性？

(12) 设计中是否充分考虑 UUE 及其支撑设备的最小生命周期费用？

(13) 设计中是否充分考虑可制造性？

(14) 是否在合适的试验点集成了低逼真度原理样机、中等逼真度原理样机等，从而为试验与评价提供综合数据？

其他 8 个领域也包含了不同数量的问题，由于篇幅原因，这里就不详细列举。通过回答这些问题，可以对 UUE 的各领域风险有较为清晰的了解。USAF 还利用 Microsoft Excel 编制了一套 RI3 计算器，利用该计算器可以方便地回答这些问题并记录相关风险。

## 8.3.6 评价流程

1. 主要步骤

对 UUE 实施 RI3 评价的过程和各部分的输出结果形式如图 8-9 所示。该过程首先是利用评价标准中关于"集成"和 Ilities 的问题清单对 UUE 进行质询。如果回答是肯定的，那么意味着正在实施最佳实践；如果回答是否定的，那么按照如下两个步骤开展工作：

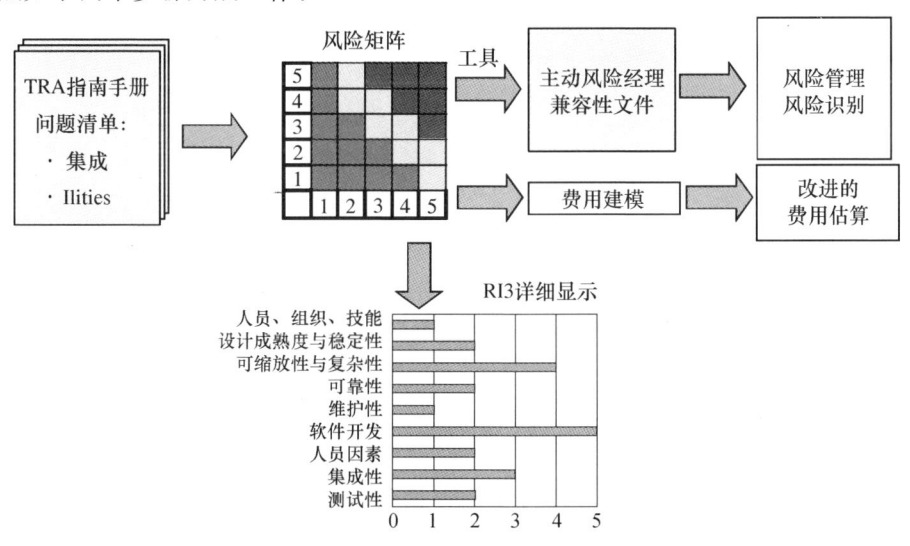

图 8-9 RI3 评价的实施过程及输出结果

第一步:识别并逐一列出问题描述的风险,尤其是那些未遵循最佳实践开展工作的选项。假如该风险不在定期更新的项目风险清单当中,将其标定为新风险。

第二步:评估第一步中识别出的风险的发生概率和后果影响。

针对 UUE 的评价结果可为主动风险经理制定项目风险管理文件提供输入,辅助其开展风险识别和风险管理工作;另一方面,也可为费用建模提供输入,为修正项目费用估算结果提供数据。

2. UUE 风险识别

如果 RI3 评价标准中的问题清单设置并使用得当,则可导出新技术集成和 Ilities 相关的风险。当然也有例外,例如:RI3 评价得出的风险已经列入了项目风险跟踪清单中;又或者可能当前阶段考虑该问题为时尚早,或与该问题相关的风险已得到缓解或消除。然而,无论何种情况,RI3 最重要的输出是后续要在风险管理中跟踪的风险。为了对集成和 Ilities 有简明的理解,需要对风险发生的可能性和影响程度进行排序。

3. UUE 风险定级

对 UUE 中风险的定级,参照 DoD 和 USAF 关于风险定级的标准做法,将风险发生可能性以及产生的影响分为 5 个等级。通常情况下,采取二维风险矩阵图(图 8-10)来标定单项风险,这种方式无法实现多个风险领域的总体显示和

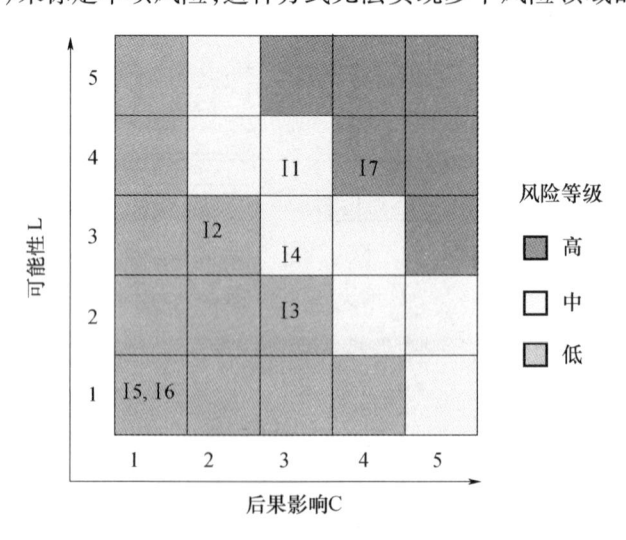

图 8-10 5×5 风险矩阵中表征风险的标准颜色

## 第8章 基于技术成熟度评价的风险管理方法

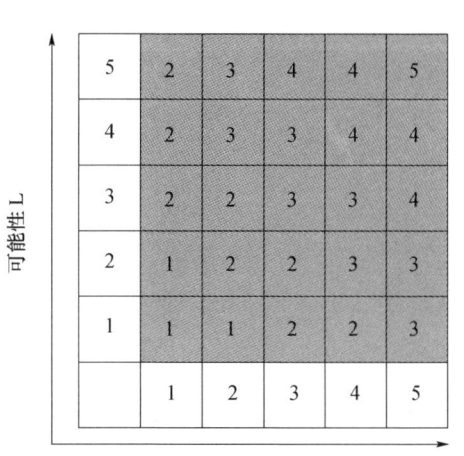

图 8-11 5×5 风险矩阵与 RI3 排序的映射

排序。为此,RI3 评价中采用从更高的层次来显示所有的 Ilities 的思路来解决这一点,利用 5×5 矩阵形式(图 8-11)将二维(L—可能性,C—后果影响)空间转换为 RI3 排序空间,1~5 的数值的含义不变。这种表示方式不仅可在一张图上区分重要性的不同程度,还可显示出风险随项目阶段的变化情况。

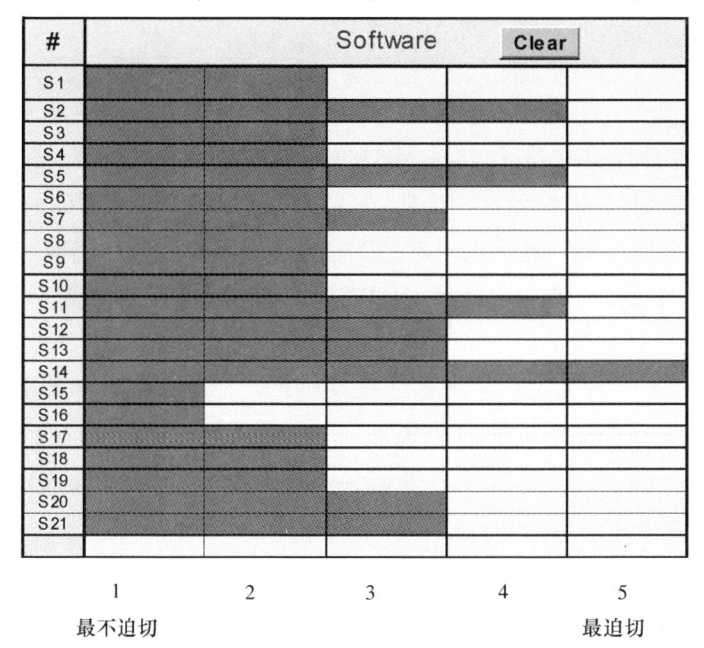

图 8-12 21 个独立软件风险的 RI3 排序举例(S14 是最为紧迫的事宜)

举例说明：

> 如果集成性风险 I7 在图 8-10 中评估为
> $C = 4$；
> $L = 4$（很可能发生）。
> 那么 RI3 排序为
> $RI7 = 4$。
> 类似地，
> 如果风险 I5 评估为
> $C = 1$；
> $L = 1$（不太可能发生）。
> 那么 RI3 排序为
> $RI5 = 1$。
> 通过这一方式，RI3 排序给出了相对粗略的风险等级：
> 5 = 最迫切；
> 1 = 最不迫切，但并非不重要。

对各个 Ilities 领域而言，该领域的总体性结果由最紧迫的问题来表征：

总体性 Ility 领域结果 = MaxRating{该 Ility 领域任何风险}

或者说，用最大风险排序值（类似于木桶原理）指出具有最坏影响的问题，也就是最需要重点关注的问题。以图 8-12 中的软件风险为例，对于每个独立风险根据软件领域的提问来给出排序，其中 S14 情况最差，为 5，则整个软件总体性结果也为 5。

对于 9 个 Ility 领域重复上述过程，可形成一张如图 8-13 所示的柱状图，来展示各个 Ility 领域的最大风险。这样，项目人员就可用此结果比较分析哪些是最迫切的领域，或者说该领域相对其他领域而言具有更高的风险级别。

这些相对排序往往随着项目所处阶段的不同而有所变化。例如，针对同一UUE，在装备解决方案分析阶段，可能"集成性"、"可缩放性与复杂性"、"设计成熟度与稳定性"相比"人员、组织、技能"排序上更靠前，这就要求在该阶段要

## 第8章　基于技术成熟度评价的风险管理方法

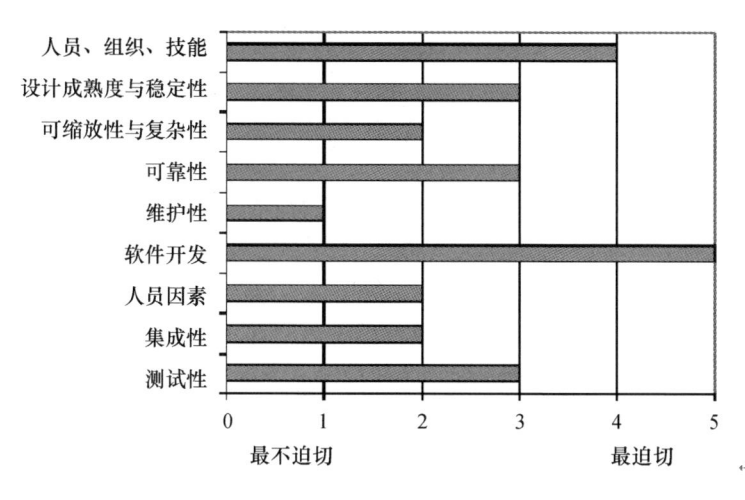

图 8 - 13　RI3 相对排序

给予这些领域足够的关注。如果在里程碑 B,"可缩放性与复杂性"可能仍然需要得到高度关注。

需要注意的是,当 UUE 是低层次单元时,应当尽可能从整个系统的角度来评估其对系统的影响。

### 8.3.7　最佳实践

1. 同一层级各单元上的应用

对于如图 8 - 7 所示的 PBS 而言,选定某一级子系统,考核该子系统下一层的各个部件的风险,则需要对其下属的部件实施 RI3 评价,形成如图 8 - 14 所示的风险评估结果。在 RI3 评价中,仍然采用"木桶原理"(短板法)来确定各部件各 Ilities 领域的风险。

$$R(UUE\alpha) = \text{MaxIlities}\{\text{集成性 } \alpha, \text{测试性 } \alpha, \cdots\}$$

$$R(UUE\beta) = \text{MaxIlities}\{\text{集成性 } \beta, \text{测试性 } \beta, \cdots\}$$

……

$$R(UUE\zeta) = \text{MaxIlities}\{\text{集成性 } \zeta, \text{测试性 } \zeta, \cdots\}$$

完成各部件的所有领域的评价后,可对不同的单元进行总结,形成各部件的结果,如图 8 - 15 所示,这样就可以对处于"最大风险"的部件、子系统或系统有个总体性认识。

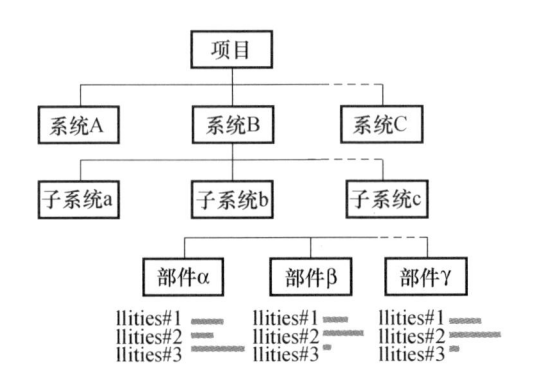

图 8-14 RI3 用于 WBS 的同一级部件

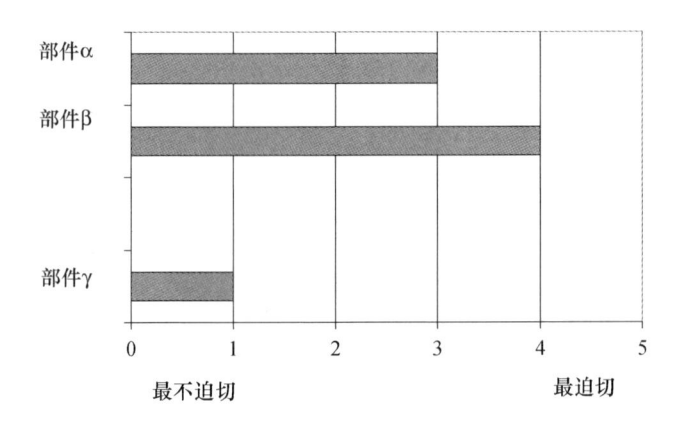

图 8-15 子系统各个部件 RI3 等级

### 2. 不同层级各单元上的应用

在如图 8-7 所示的系统的 PBS 中,部件、子系统、系统都是相对而言的。例如,对于微电子集成电路而言,其系统为芯片;对于航电系统而言,该芯片只是其中一个部件;而对于飞机而言,航电系统仅是一个子系统。再如,对 SoS 而言,飞机可能也只是其中的一个系统或者子系统,甚至是部件。

对于不同层级的单元实施 RI3 的过程也是基本一致的,主要区别在于 UUE 选择的对象不同而已。对更高层级的单元实施 RI3 时,仅仅是改变了 UUE 的含义,将更高层级的单元指定为 UUE,而评价标准(各种问题)与部件级别 UUE 还是一样的。

# 第8章 基于技术成熟度评价的风险管理方法

通常情况下，对同一层级的各个单元实施 RI3 评价，只能找出这一层级的一系列风险，无法识别出更高一层的风险，如维护性风险等。因此，通常项目人员需要采取一种"自底向上"的 RI3 过程，以便掌握项目的风险概貌。图 8-16 给出了 PBS 各层级同时实施 RI3 评价的一种示意性做法。

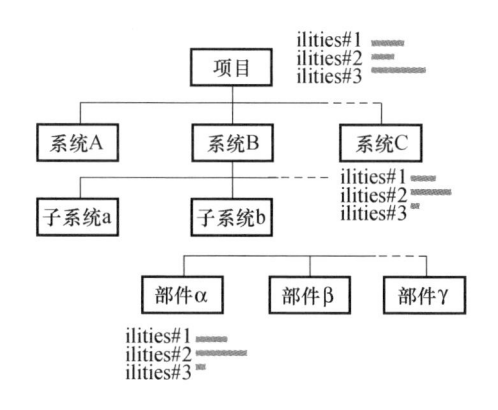

图 8-16　RI3 用于一个系统的各个层级

RI3 评价方法是为系统工程人员提供了一种掌握整个系统集成和 Ilities 相关风险的方法和工具，将 RI3 方法用于系统的 PBS，可帮助识别和确定各个 Ility 的相关风险，为后续指导项目顺利实施提供重要决策信息。

## 8.4　技术成熟计划方法

TRA、AD2、RI3 是完善风险管理的有效手段之一，为确保高技术项目的顺利实施，有必要深入挖掘评价结果，使之服务于项目风险控制。技术成熟计划（TMP）是针对高风险的 CTE 而制定的研发计划，包括经费和进度要求。TMP 能明确关键的技术进步，并能描述技术进步到的某个 TRL 的必要步骤，TRL 为技术进步与计划/项目成功结合提供了机会。TMP 是一个计划性文件，该文件需列出不成熟的 CTE 改进到所需 TRL 时需要进行的活动，包括初步计划和初步的经费估算，允许决策制定者确定随后的技术开发活动。通常，TMP 附有详细的试验计划和技术开发所需的步骤，提供了更精确的经费和进度安排信息，这些信息可以集成到项目的原始基线中，从而修订并细化项目原始计划。

### 8.4.1 制定过程

TMP 的制定要以 TRA 和其他技术评审结果为基础,其制定过程可分为 4 个阶段(图 8-17),分别是评价结果总结、风险分析、确定技术开发活动、制定 TMP,其中评价结果总结阶段主要针对之前的 TRA 和其他技术评审结果进行总结;风险分析是利用一定的风险评估方法确定需制定 TMP 的 CTE;之后根据风险评估结果和 CTE 研发状态确定技术开发活动;最后根据当前已有的技术开发活动和将要开展的研发工作制定包含经费和进度的 TMP。

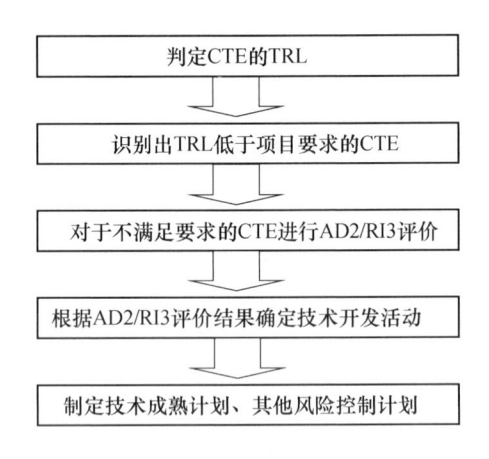

```
判定CTE的TRL
    ↓
识别出TRL低于项目要求的CTE
    ↓
对于不满足要求的CTE进行AD2/RI3评价
    ↓
根据AD2/RI3评价结果确定技术开发活动
    ↓
制定技术成熟计划、其他风险控制计划
```

图 8-17 TMP 制定流程示意图

1. 评价结果总结

在制定 TMP 过程中,应首先总结此前所有的独立技术审查、技术评价结果,以及可能对 TMP 有用的 TRA 过程,列出最近一次 TRA 中记录的每个 CTE 的 TRL。这些评价结果的总结将作为风险评估的有效输入,是梳理高风险的 CTE 的基础。

2. 风险分析

TRA 结果是当前项目技术状态的真实反映,对于评价结果,视情选取不同的处理方式:①如果 TRA 结果与项目进展要求相符合(以 DoD 重大采办项目为例,在里程碑 B 处所有 CTE 达到 TRL6 级),则按照项目原计划继续进行;②如果 CTE 的 TRL 低于项目进展要求,则可通过更换成熟技术、项目延期直到技术成熟、项目按原计划进行,并附带不成熟 CTE 的 TMP 等三种方式进行处理;③ TRA 结果超过项目进展要求,说明项目不但技术风险很小,而且在时间、成本安排上还有较大余度,可根据实际情况优化项目计划。

所以说,TMP 仅是 TRA 可能的后续工作之一,当 CTE 的 TRL 低于项目进展要求时,需要确定风险评估方法,利用相应的评价结果确定技术风险,最终确定哪些 CTE 需制定 TMP。风险评估可结合 AD2 评价方法、RI3 评价方法,也可以采用其他方法。

3. 确定技术开发活动

在确定需要制定 TMP 的 CTE 后,需要分析确定将技术提升至项目要求的成熟度状态所需的开发活动。TRA 结果就成为 TMP 制定的重要依据,因此必须以 TRA 报告为基础,特别是各 CTE 对 TRL 评价细则的满足情况,结合风险评估、现有技术条件等因素综合考虑后确定技术开发活动。

处于不同阶段的项目,技术开发活动的侧重点也不同。以 DoD 为例,在里程碑 B,强调在相关环境中进行更严格的技术验证。子系统样机制造完毕后,将在相关环境中进行两个方面的验证:一是验证作战需求;二是验证设计集成及其对系统内其他技术的影响。而在里程碑 C,对制造技术的要求更高,样机常常用不适宜大批量生产的方式制造出来,因此样机通常不能说明制造技术成熟度情况,而这些制造技术对实现所需的生产速率、生产成本和低缺陷率来说是不可或缺的,因此在技术开发活动中要侧重制造技术研发。

4. 编制技术成熟计划

TMP 是高级别总结性的文件,包含不成熟 CTE 的成熟过程,能够直接为项目经费、进度和计划执行提供重要的数据,而非详细试验计划的简单汇总。在编制计划时,首先要明确各 CTE 当前已开展的技术开发活动,作为确定 TMP 的起点,然后确定所有技术开发活动的经费和进度,最终形成完整的计划。

## 8.4.2 审核过程

TMP 主要由项目承研单位制定,在制定完成后还要经过相关管理机构或上层领导的审核/审批。概括来说,TMP 从制定到实际应用过程至少要经过如下五个步骤:

第一步：项目承研单位依据 TRA 结果起草 TMP 的初稿。

第二步：项目承研单位把 TMP 初稿提交给相关管理机构,管理机构组织专家对 TMP 进行评审,并给出评审意见。评审内容包括风险评估方法、技术开发过程以及计划进展与经费的合理性。

第三步：项目承研单位根据评审意见对 TMP 进行修订完善,并将修订后的 TMP 提交给相关管理机构。

第四步：相关管理机构批准最终报告并向项目承研单位反馈,必要的话,主管部门可将 TMP 细节写入项目风险管理计划中。

第五步：在 TMP 获得批准后,项目承研单位需起草详细的试验计划,并落实 TMP 中所描述的技术开发活动,试验计划包括：定义试验目的、相关环境、计划试验规模、试验性能目标(或成功标准)以及更详细的经费和进度细则,并报相关领导部门审核。

当然,实际执行的 TMP 的审核/审批过程,要视情而定,避免出现多次迭代或遗漏等情况。

### 8.4.3 实施监管

TMP 作为项目风险控制的工具,一旦在实施过程失去控制,将导致风险的倍增,因此要求更加严格地执行监管。计划的监管则要特别注意以下两个方面：

(1) 过程控制。在 TMP 的实施过程中,提供资金的管理部门要根据实际情况进行定期或不定期的进度检查,确保计划顺利实施,一旦发现问题,立刻采取补救措施。

(2) 变更控制。在 TMP 的实施过程中,项目承研单位可根据技术开发的具体执行情况调整计划状态,但任何范围和进度的重大更改都需要与提供资金的管理部门或机构进行协调,由资金提供方控制计划的变更。

一般来说,在 TMP 执行过程中主要参与者的任务和责任如下：

(1) 项目承研单位：凡是决定采用另一成熟的技术,或在 TMP 实施过程中进度发生任何偏离时,项目承研单位应主动告知相关管理部门。

(2) TRA 执行机构：对在计划内的所有技术成熟工作和技术开发活动进行

过程监控,如发现进度拖延或费用变更等情况,及时向相关管理部门汇报。

(3)相关管理部门:召开定期或不定期会议了解计划进展情况。

### 8.4.4 计划内容

技术成熟计划(TMP)内容包括绪论、评价结果总结、风险分析成果、技术开发活动及进度和经费计划、结论等。下面给出各项内容的具体描述。

1. 绪论

(1)项目目的:项目任务、状态、采用技术等简要概述。

(2)TMP 目的:描述 TMP 制定的目的和目标,并将其与项目状态和所有重大决策联系起来。

(3)组织管理:说明在本次 TMP 中负责管理活动的部门组织,包括关键角色及职责的简要说明。

2. 项目技术评价总结

(1)之前独立技术评审总结:总结可能对 TRA 和本次 TMP 有贡献的独立技术审查或其他技术审查。

(2)之前 TRA 总结:描述此前 TRA 结果,特别说明推动本次 TMP 的最近一次 TRA,包括在评价中使用的 TRL 标准,讨论本项目中确定的 CTE。

(3)技术传承:对把技术提高到当前成熟度水平的技术开发活动或项目进行总结。

3. 风险分析

(1)描述风险评估方法;

(2)确定需制定 TMP 的 CTE。

4. 技术开发活动及进度、经费

当前项目活动和技术成熟情况:描述在本次 TMP 之前启动的技术开发活动(如有),这些活动的完成是确定本次 TMP 的起始点。

描述各 CTE 达到项目需要的 TRL 所需的技术开发活动。具体内容如下:

1)CTE A

(1)CTE 描述(描述 CTE 在项目中所实现的功能);

(2)目标(简要说明 CTE 在项目进展过程的 TRL 需求);

(3) 当前技术水平(描述 CTE 的当前状态,包括最近一次 TRA 中的 TRL);

(4) 技术开发活动(描述达到项目进展要求的技术开发工作,包括典型试验、相关设施需求等);

(5) 工作内容(描述技术开发活动的关键步骤,给出关键工作点、性能指标、关键工作点时所取得的 TRL 以及研发经费初步评估);

(6) 时间表;

(7) 预算。

2) CTE B

与 CTE A 相同,此处略

5. 结论

简要说明由于成功实现 TMP 所产生的项目全生命周期效益。

TMP 的总体性说明,汇总项目中所有 CTE 的每项主要技术开发活动,进行粗略经费估算,计算总的技术成熟经费和进度要求,以及各项 CTE 的技术成熟过程,如图 8-18 所示。

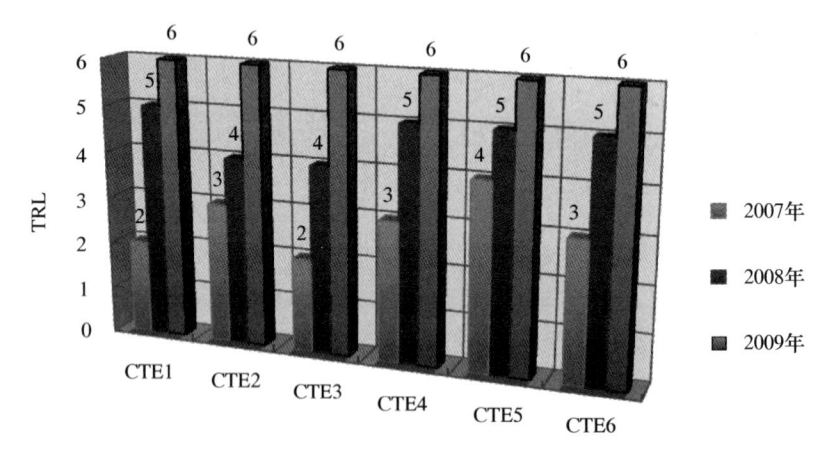

图 8-18 关键技术元素成熟进度示意图

除以上内容外,在 TMP 中还可附有相应的缩略语、图表和其他参考资料,如项目工艺流程图、TRL 计算器等。

TMP 是 TRA 工作在风险管理范畴的合理延续,准确而客观的 TRA 结果是制定切实可行计划的基础。可以说 TMP 是降低技术风险,避免成本增加和进度延迟的有效管理工具,有必要在开展 TRA 工作的项目中推广。

# 第9章 制造成熟度理论与方法

为了强化武器装备研制与生产中的制造风险管理，DoD 在总结自身以及国防承包商在项目制造管理中的最佳实践经验的基础上，创立了制造成熟度理论，提出了制造成熟度评价方法，并逐步开始实施基于制造成熟度的制造风险管理。目前，制造成熟度评价在美国已经形成了比较系统的标准体系，在各军种和采办机构的各类科研与型号项目中得到了广泛应用，并逐步推广到了 DoE 等其他政府部门。国外应用实践表明，实施制造成熟度评价对于项目达到预期的性能、成本和进度目标具有不可忽视的作用。同时，制造成熟度评价已经纳入了国外标准的制造风险管理流程，成为研制与生产科学化管理的一种重要工具。

本章中主要介绍制造成熟度理论的发展历程、基本概念、评价原理、标准体系、典型流程等，并且通过制造成熟度管理的最佳实践和基于制造成熟度的项目制造风险管理等介绍了制造成熟度理论的实际应用和发展方向。

## 9.1 发展历程

制造成熟度理论是从 20 世纪 90 年代起在美国逐步建立起来的，进入 21 世纪以来，制造成熟度评价方法得到了迅速的发展和大范围的应用，成为 DoD 加强制造风险管理的重要手段。

当今各国的国防科研和型号采办项目都存在不同程度的"拖进度、涨经费、降指标"问题，其中有很多项目遇到的问题都与制造环节密切相关。这些问题归纳起来主要有:设计的工艺性、可生产性不高,制造工艺的工程化困难,材料和零部件的供应不稳定,供应商的质量管理缺乏,多品种小批量下的生产成本超支,设计频繁变更导致进度拖延等。

DoD 通过评估认为,上述问题实际上反映出的是制造能力无法满足项目性能、成本与进度目标的问题。这些不成熟的制造能力带来的制造风险后果往往很严重,也给项目造成了不可忽视的风险。长期以来,这些风险并未得到有效控制,其原因有如下四个方面:

一是在采办各阶段的项目评审中很少评估制造风险,尤其是在预研和型号研制早期缺乏对制造问题的考虑;二是仅有的一些制造风险评估工作缺乏系统性,各个采办阶段的评估没有统一的准则,而且不够严格;三是在生产决策前进行的生产就绪评审虽然考虑了很多制造风险因素,但为时已晚,识别出的风险往往已经造成严重后果;四是项目管理人员对于制造问题缺乏认识,不能有效地组织工作、监控制造风险。

针对制造风险管理的现状与需求,DoD 组织专家研究总结自身以及国防承包商在项目制造管理中的最佳实践经验,创立了制造成熟度理论,并参照技术成熟度理论发展了制造成熟度评价方法。表 9-1 列出了制造成熟度理论产生与发展的里程碑事件。

表 9-1  制造成熟度理论发展里程碑事件

| 时间 | 里程碑事件 |
| --- | --- |
| 2001 年 | 建立制造成熟度工作组,成员包含 DoD 和工业部门专家 |
| 2002 年 | 提出制造成熟度等级定义 |
| 2004 年 | 提出制造成熟度等级的评价细则 |
| 2007 年 | 发布《制造成熟度等级指南》,系统描述了制造成熟度理论 |
| 2008 年 | 发布标准手册,配合基于制造成熟度的制造风险管理工作 |
| 2010 年 | 发布《制造成熟度等级手册》,详细介绍了评价工作的详细流程 |

制造成熟度理论辩证地研究了制造风险与制造能力的关系,创造性地提出了项目制造风险的 9 个风险因素,即技术和工业基础、设计、成本和投资、材料、过程能力和控制、质量管理、制造人员、设施、制造管理。一个科研或型号项目中任何一个因素存在工作缺陷或能力缺失,都会对项目造成风险,所以,这 9 个制造风险因素也可以称为项目的制造能力要素。制造成熟度评价着眼于将设

计转变为最终产品的制造工艺和制造系统的成熟度,评价面向产品全生命周期,将制造能力的状态分为 10 个等级,并综合考虑 9 个能力要素,是一种制造能力状态以及相应制造风险的步进式、精细化的衡量方法。

制造成熟度评价方法经过多年的发展,已逐渐体系化、标准化,初步形成了统一的普适性评价标准体系,并在工业界一些重大项目上得到验证,收到了良好效果,其广泛应用也推动了制造风险管理工作模式的转变。目前,以 USAF 为首,DoD 各军种和采办机构基本都已开始采用制造成熟度评价方法来评估国防科研和型号采办项目的制造成熟度并以此管理制造风险,而美国国会也要求 DoD 对所有的重大国防采办项目进行制造成熟度评价。除了政府机构,制造成熟度评价还在 GE 公司、霍尼韦尔等工业巨头内部得到广泛应用,深入其研制与生产管理流程。

制造成熟度评价之所以如此受青睐,很重要的一点是因其能预估实际制造中以及项目管理中的一些重大问题,发现其中的短板和潜在的风险,从而有针对性地制定计划降低这些风险,提升相关能力水平。

## 9.2 基本概念

制造成熟度理论以及制造成熟度评价方法涉及 4 个基本概念:制造成熟度、制造成熟度等级(MRL)、制造成熟度评价(MRA)和关键制造元素(CME)。

制造成熟度是表征制造能力对产品全生命周期的最优性能、成本、进度目标的满足程度的一种状态。这种能力状态不是固定不变的,而是在发展中不断积累和完善的。过去,这种能力状态是隐性的,发展过程是模糊的,而现在则可以实现对它们的显性化和结构化描述。

制造成熟度等级(MRL)是衡量制造成熟度的指标体系,或者说是衡量一项制造技术是否具备向产品研制或生产转化的能力的指标体系。它是基于事物发展客观规律,根据项目制造管理的最佳实践经验,依据产品全生命周期过程划分的阶段性指标,为项目的制造风险管理提供了一种统一的标准化通用语言。在这里需要明确的是,MRL 是个相对的概念,与项目目标息息相关,一般不能代表制造技术或产品的绝对水平。

制造成熟度评价(Manufacturing Readiness Assessment, MRA)是运用 MRL, 对将设计转变为最终产品的制造工艺或制造系统进行的成熟度评价。MRA 是识别制造风险并降低项目风险、引导健全制造与质量管控体系、补充和完善国防工业基础能力的重要手段。通过 MRA,可以确认当前的制造成熟度等级,即了解当前的制造成熟状态;对比目标要求找出差距和风险,尤其是性能、成本和进度方面;制定相关计划,提高制造成熟度,以降低和监控制造风险。MRA 是一个科学严谨的能力状态评估和制造风险识别过程,它要求采用统一的评价准则,以保证整个评价过程的客观性和公正性。由于复杂的制造系统包含了从设计转变为最终产品的所有制造元素,所以,其成熟度一般通过关键制造元素来体现。

关键制造元素(Critical Manufacturing Element, CME)是在性能、成本和进度上对系统研制与生产造成潜在重大风险的子系统、部组件,以及总装、测试和部组件装配等关键过程。同一个项目,评价目的不同、产品所处的研制或生产阶段不同,CME 可能都会有所不同。对制造风险管理而言,通过 MRA 识别制造风险时,CME 也就是项目存在的重要风险点,需要特别关注。

值得注意的是,MRA 不同于单纯的制造技术成熟度评价,除了单项制造工艺,评价更多情况下是针对整个制造系统的评价,涉及实现武器系统或分系统、部组件研制与生产的 9 个重要的能力要素。而且 MRA 是制造风险管理工作中一个持续推进的闭环过程,在一个评价过程完成后,需要将结果反馈到相应环节实施改进,然后根据需求再评价、再改进。

## 9.3 评价原理

按照科技评价与管理的一般原理,MRA 应该包括评价的组织机构、评价对象、评价模式和评价结果四个方面。图 9-1 给出了 MRA 原理的示意图。组织机构的设置和评价对象所处的阶段,将直接决定评价开展的模式,并对评价流程和评价准则产生影响,这些都会在评价结果中得到充分体现。评价流程的核心工作是识别和评价 CME,评价准则由 MRL 定义和评价细则构成,评价结果的成果形式一般是制造成熟度评价报告。

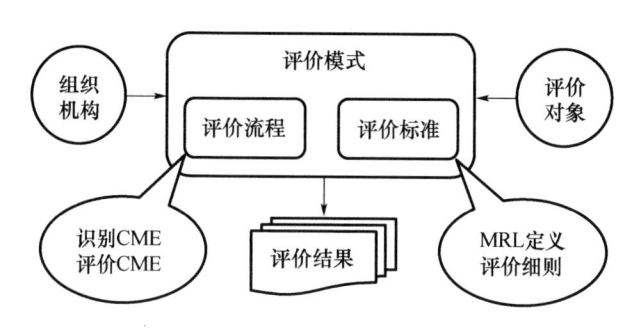

图 9-1　制造成熟度评价原理

### 9.3.1 评价目的与评价模式

评价目的将决定整个评价工作的侧重点和运行模式。对于一般的项目评价来说，具体的评价目的有如下几种：一是在工程化、转阶段前掌握制造风险为决策提供参考；二是在研制与生产过程中摸清能力现状、排查制造风险、重点安排投资；三是监控项目的供应链风险等。

评价模式主要是根据发起评价的决策机构、项目特点和评价目的而定的，一般分为内部评价、外部评价两种模式，不同项目、不同模式下的组织机构设置也不尽相同。这两种评价模式都包括自评价、自评价评审和现场评审三个评价过程，一般都需要组织专家队伍。

内部评价是由项目主承单位（或其上级集团公司、系统集成商）发起的评价工作，这时主承单位的领导层就是决策机构，主承单位自身要对评价结果负责。在这种模式下，所有的评价工作都由主承单位负责动员、组织、监督和审查，评价结果也是内部审核，所以应该特别强调对评价过程的监控，以保证结果的客观准确。内部评价模式的计划和进度可根据项目情况灵活掌握，持续时间相对较短，需要的资金也较少。特别地，主承单位为了监控项目的供应链风险，也可以协调、组织针对外部供应商的 MRA，对于这些供应商来说，这种评价则更像是一种外部评价。

外部评价是由政府机构、军方发起的评价工作，政府机构、军方的项目相关领导层作为决策机构。在这种模式下，评价工作由决策机构所设置的外部评价组进行监督和审查，评价结果将经过各方审核最后由决策机构审定通过，其客观性受主承单位的影响较小。外部评价模式包含较多部门的协作,协调工作复杂,评价周期较长,成本高于内部评价。

### 9.3.2 评价对象

MRA是衡量制造能力对产品全生命周期的最优性能、成本、进度目标的满足程度的一种方法,要求评价对象是具有明确目标的国防科研或型号研制与生产项目,这些项目可以是工艺开发类项目,也可以是产品研制类项目。

以美国为例,进行基于制造成熟度的制造管理的项目包括:

(1) 工艺开发项目,如F-22前机身自动化钻孔和F-35机器人进气道钻孔等制造技术(ManTech)项目;

(2) 技术预研项目,如F135排热结构和微冷却结构等科技项目;

(3) 产品研制和升级改型项目,如AIM-120C-7先进中程空空导弹、MQ-9"死神"无人机、P-8A"海神"海上巡逻机和C-130航电现代化、B-2甚高频卫星通信升级、AH-64D"长弓阿帕奇"直升机等型号采办项目。

这些项目的共同特点是具有明确的目标,例如,将新工艺、新技术转化到现有产品生产中代替旧工艺、旧技术,或者是新产品的批量研制、改型与生产。有些项目资金投入巨大,而有些项目规模比较小,说明实施MRA不仅可以给重大项目带来收益,对于一些小项目也同样能获得良好的效果。

对于产品研制和生产类项目来说,它往往拥有复杂的制造系统,包含了从设计转变为最终产品的所有制造元素,所以其成熟度一般通过CME来体现,即在实施评价时,CME是其评价的具体对象。CME可能是产品的子系统、部组件,也可能是相关的装配和测试过程,它们是对项目的研制与生产目标有着关键影响的制造元素,而对于工艺开发类项目来说,CME则可能是详细的工序。CME应该通过一套科学的方法从这些项目中识别出来。

### 9.3.3 评价组织机构

不同的MRA,由于评价对象和评价目的不同,其组织机构会有所不同,但基本的组织体系是一致的。

## 第9章 制造成熟度理论与方法

评价的组织体系可以分为决策层、管理层和实施层三个层次,包括评价决策机构、业务管理部门、评价执行机构、评价组、项目主承单位、CME 责任单位,以及项目负责人、评价工作负责人、自评价负责人等责任人。

决策层是评价工作的发起人,是评价工作成果的接收方与最终受益方,主要指评价决策机构。管理层主要负责组织协调评价工作,并对评价过程进行监督,对评价结果进行审查,包括业务管理部门和评价执行机构。实施层是评价工作的具体操作层,主要承担具体的评价相关准备及实施工作,包括评价组、项目主承单位、CME 责任单位、评价工作负责人、项目负责人以及自评价工作负责人等。图9-2 给出了评价组织机构的示意图。

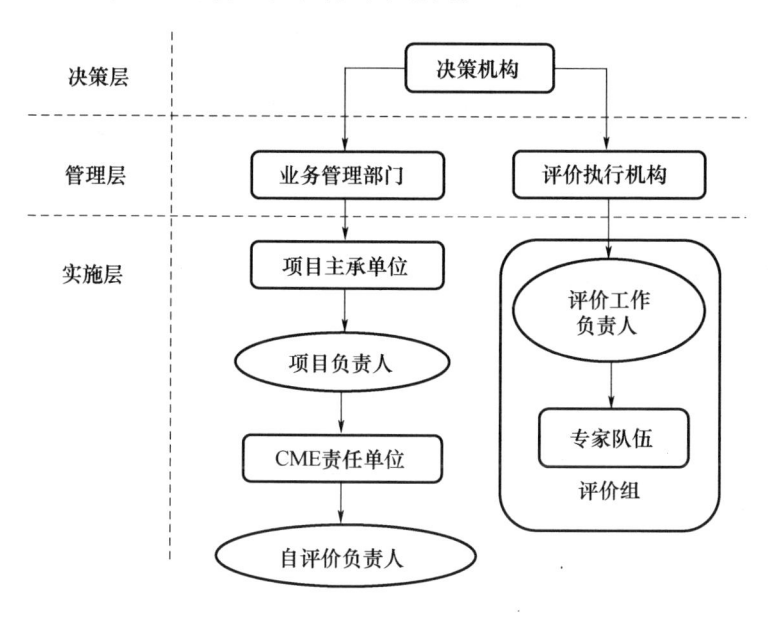

图 9-2　评价组织机构

评价组在评价的准备、实施和总结中占据重要的位置。为保证评价结果的客观性、权威性、有效性,评价组的组建要坚持如下三个原则:

(1) 保证评价组的独立性。要组建一个相对独立的评价组,必须要挑选项目以外的人员适当参与到该评价组。目的一是增加评价的可信度;二是有利于从多角度观察问题;三是有机会从项目以外的专家获取客观意见;四是促进信息的横向流动。

（2）保证评价组的专业性。评价组成员要求经验丰富，具备制造工程、质量、供应链、设计、系统工程和生产等领域的知识，以便更准确地确认研制与生产时不同领域的制造能力、约束因素和潜在风险。评价组成员还要对制造成熟度理论有一定的了解。

（3）保证评价组的完整性。评价组成员一定要有决策层或管理层的人员参与，便于向评价组专家阐述评价目的与相关需求，确保评价组评价结果能有效支撑决策机构的管理决策。决策层或管理层的人员还可在评价组和项目主承单位、CME 责任单位之间起到协调沟通的作用。

当项目的 CME 很多时，可以视情将评价组分为若干小组，分别对不同的 CME 进行评价，尤其是在对某些 CME 的责任单位进行现场评审时。采用外部评价模式时，在特定需求下可能需要主承单位对供应商进行评价，这时可组建次级评价组，成员来自项目主承单位。

## 9.4 标准体系

制造成熟度评价标准体系是 MRA 方法的核心，它由 MRL 定义、能力要素和 MRL 评价细则三者共同组成。MRA 是判定评价对象制造能力状态的基本依据，而能力要素和 MRL 评价细则构成了判定过程的具体衡量准则。MRL、能力要素和 MRL 评价细则这三者互为关联，互为依存，共同形成了制造成熟度评价的标准。

### 9.4.1 制造成熟度等级

MRL 为 MRA 提供了最基本的依据，包含 10 个等级，其中 1 级是最低等级，10 级是最高等级，如表 9-2 所列。每个等级的通用定义都描述了达到该等级应具备的基本状态，反映了对产品全生命周期的最优性能、成本、进度目标的满足程度，而从 1 级到 10 级，所描述的状态渐趋成熟，越来越接近项目的最终目标状态。

表 9-2 制造成熟度等级定义

| MRL | 定义 |
| --- | --- |
| 1 | 制造基本原理得到确认 |
| 2 | 制造概念得到确认 |
| 3 | 制造概念得到开发与验证 |
| 4 | 具备在实验室环境下生产技术验证件的能力 |
| 5 | 具备在生产相关环境下生产原型部件的能力 |
| 6 | 具备在生产相关环境下生产原型系统或子系统的能力 |
| 7 | 具备在生产典型环境下生产系统、子系统或部件的能力 |
| 8 | 试生产能力得到验证,具备开始低速初始生产(LRIP)的能力 |
| 9 | 低速初始生产能力得到验证,具备开始全速生产(FRP)的能力 |
| 10 | 全速生产能力得到验证,精益生产正在实施 |

10 级通用 MRL 定义的描述如下:

MRL 1:制造基本原理得到确认

这是制造成熟度的最低等级,开展基础研究。

MRL 2:制造概念得到确认

在这一等级,基础研究开始向应用研究转化,主要进行材料和工艺方法的确认、纸面研究和分析,开始了解制造可行性和制造风险等问题。

MRL 3:制造概念得到开发与验证

在这一等级,完成对制造概念的分析或实验室验证,描述材料和工艺的可用性与可制造性,初步评估和验证材料和工艺方法,开发可能具备有限功能的实验模型。

MRL 4:具备在实验室环境下生产技术验证件的能力

在这一等级,完成设计方案的可生产性评估,进行制造技术开发的准备工作,材料和工艺已经在实验室环境下通过技术验证件验证。

MRL 5:具备在生产相关环境下生产原型部件的能力

在这一等级,开始系统的初始设计,确认所有使能/关键技术和部件,进行制造技术开发,可以在一种比较接近实际生产的环境下生产原型系统的某个或某些部件。

MRL 6:具备在生产相关环境下生产原型系统或子系统的能力

在这一等级,系统的初始设计仍存在重大设计更改,但已可以在一种比较接近实际生产的环境下生产原型系统/子系统,大部分制造工艺已经确认并在该生产环境下得到验证。

MRL 7:具备在生产典型环境下生产系统、子系统或部件的能力

在这一等级,进行系统的详细设计,可以在一种非常逼近实际生产的环境下生产系统、子系统或部件,制造工艺在该生产环境下得到验证。

MRL 8:试生产能力得到验证,具备开始低速初始生产的能力

在这一等级,系统的详细设计已完成并足够稳定;制造工艺和质量在试生产线环境下得到验证并可控;可以进行低速初始生产(LRIP)。

MRL 9:低速初始生产能力得到验证,具备开始全速生产的能力

在这一等级,设计稳定,制造工艺得到实际验证,低速初始生产质量可控,可以进行全速生产(FRP)。

MRL 10:全速生产能力得到验证,精益生产正在实施

在这一等级,所有制造工艺处于精益水平,质量可控,全速生产能力得到验证。

MRL 定义描述的是产品从无到有、产品制造技术从概念到实现、产品制造能力从低到高的发展过程。在具体的 MRA 中,需要结合项目实际对十个通用等级定义进行具体化。MRL 可以从载体和环境两个方面进行描述和具体化:其中,"载体"指的是产品的存在形式,如纸面研究、实验模型、技术验证件、原型部件、实际系统等;"环境"指的是产品制造能力的验证环境,如实验室环境、相关环境、典型环境、试生产环境、低速初始生产环境、全速生产环境等。可以看到,从 1 级到 10 级,载体和环境都是越来越逼近实际系统和全速生产环境这个最终的状态。另外,从 MRL 的第 10 级定义也可以看出,制造成熟度的最终目标是实现精益生产,这也是所有项目制造能力的理想状态。

### 9.4.2 能力要素

MRL 定义描述了对应不同等级的制造能力状态,制造能力可以通过多个维度来衡量,将这些维度归纳为 9 个能力要素,为了能更全面、更细致地描述项目

的制造能力状态,进一步将这 9 个能力要素细分为 20 个子要素,如表 9-3 所列。

表 9-3 制造能力要素

| 能力要素 | 子要素 | 能力要素 | 子要素 |
| --- | --- | --- | --- |
| 技术和工业基础 | • 工业基础<br>• 制造技术开发 | 过程能力和控制 | • 建模与仿真<br>• 制造工艺<br>• 产量和生产速率 |
| 设计 | • 可生产性<br>• 设计成熟度 | 质量管理 | • 质量管理(包括供应商) |
| 成本和投资 | • 生产成本建模<br>• 成本分析<br>• 制造投资预算 | 制造人员 | • 制造人员 |
| 材料 | • 材料成熟度<br>• 可用性<br>• 供应链管理<br>• 专用处理 | 设施 | • 工装/专用测试和检测设备<br>• 设施 |
|  |  | 制造管理 | • 制造计划和进度安排<br>• 物料计划 |

9 个能力要素的主要着眼点如下:

(1) 技术和工业基础:最大限度地确保国内供应,减少供应商风险,确保制造技术顺利开发。包含工业基础、制造技术开发两个子要素。

(2) 设计:确保设计方案易于制造,确保关键特征稳定,确保设计变更等问题不会严重影响生产。包含可生产性、设计成熟度两个子要素。

(3) 成本和投资:确保有足够的投入以达到各阶段的制造成熟度目标,通过成本分析与控制,确保能够达到制造成本目标。包含生产成本建模、成本分析、制造投资预算三个子要素。

(4) 材料:确保材料(包括原材料、元器件、零部件、半成品件)满足制造要求、可用且没有供应问题,不会发生存储、安全、污染等问题。包含材料成熟度、可用性、供应链管理、专用处理(储存期限、安全、有害材料、储存环境等)四个子要素。

(5) 过程能力和控制:确保制造工艺具备经济可承受性与可重复性,达到过程可控、质量稳定的状态,确保生产速率和成品率能达到目标要求。包含建模与仿真、制造工艺、产量和生产速率三个子要素。

(6) 质量管理:确保质量目标可达到,包括供应商产品。包含质量管理(包括供应商质量策略)子要素。

(7) 制造人员:确保制造人员的数量和技能满足需求。包含制造人员子要素。

(8) 设施:确保工装、专用测试设备(STE)和专用检测设备(SIE)的开发和应用,确保制造设施的需求和建造进度。包含工装/专用测试和检测设备及设施两个子要素。

(9) 制造管理:确保制造计划按进度执行,开展风险应对计划,确保制造/购买决策合理、物料计划可行。包含制造计划和进度安排、物料计划两个子要素。

能力要素全面系统地反映了制造风险可能存在的领域,一个科研或型号项目中任何一个要素存在能力缺失,都可能会对项目造成风险。所以,评价对象的制造成熟度等级要通过9个能力要素综合表现,即在进行评价时,每一个能力要素达到的状态首先要分别表现,然后根据一定的原则进行综合评判。

### 9.4.3 评价细则

为了实现对制造能力状态以及相应制造风险的步进式、精细化衡量,制造成熟度评价方法在能力要素及子因素的基础上,对应每个等级形成了判定的详细准则,这些详细准则统称为评价细则。基本上,9个能力要素以及20个子要素针对每一个等级都有相应的评价细则,通过这些细则可以精细化衡量一个科研或型号项目中各阶段是否存在相应的制造能力缺失,保证了制造工艺和制造系统从一个等级到下一个等级成熟过程的连续性,也让使用者可以独立地跟踪和掌握每个能力要素和子因素的制造成熟度变化情况。

目前,DoD和DoE等采用的通用等级评价细则是DoD在2011年5月发布的新版《制造成熟度等级手册》中给出的11.0版本评价细则,从版本号上可以看出这套评价细则经过了生产、质量、管理专家的多轮修改,是一个十分完整、细致的判定体系。这些评价细则在实际评价中是以问题的形式给出的,评价人员应该逐条用"是"或者"否"回答这些问题,并进行相关情况的说明。同 MRL 一样,在具体评价工作中,需要结合项目实际,对制造成熟度等级评价细则进行具体化等工作。由于篇幅有限,本书不再一一赘述。

## 9.5 典型流程

开展 MRA 工作,识别项目的制造风险,必须遵循一套科学、规范的流程。MRA 作为制造风险管理中风险识别环节的核心工作,在评价的各个阶段都需要收集和积累与 CME 相关的项目信息,以为整个制造风险管理过程提供充足的信息支持。MRA 的最终交付物是制造成熟度评价报告,其间还有一个重要的交付物:各 CME 的自评价报告。

### 9.5.1 典型评价流程

典型评价流程分为启动工作、识别 CME、实施评价、编制报告 4 个阶段,如图 9-3 所示,主要包括如下 10 个步骤:

第 1 步,组建评价组织机构。决策机构根据评价目的,制定评价方案,组建组织机构。决策机构负责管理层的机构组建,管理层负责实施层的机构组建。

第 2 步,制定评价工作计划。评价工作负责人在项目负责人协助下制定工作计划,并与管理层协调确定最终计划,报送决策机构。

第 3 步,确定工作分解结构(WBS)或产品分解结构(PBS)。项目负责人组织完成。阶段交付物为××分解结构表。

第 4 步,筛选 CME 和能力要素。项目负责人组织完成,同时各候选 CME 的责任单位要开始收集识别与评价 CME 所需的各种信息。

第 5 步,协调、确定 CME 和能力要素。评价工作负责人组织评审初始清单,并确定最终清单以及 CME 的责任单位。

第 6 步,通用 MRL 定义具体化。项目负责人组织完成。

第 7 步,CME 自评价。各 CME 的自评价负责人组织完成该 CME 等级评价细则的具体化和等级判定等工作,同时继续收集评价 CME 所需的各种信息。

第8步，CME自评价评审。评价工作负责人组织完成。

第9步，现场评审。评价工作负责人组织完成，相关CME的自评价负责人进行协助。值得注意的是，不是对每个CME的责任单位都要进行现场评审。

第10步，编写和审定MRA报告。评价工作负责人组织完成报告编写，由管理层进行审核并完成最终报告，提交决策机构审定。

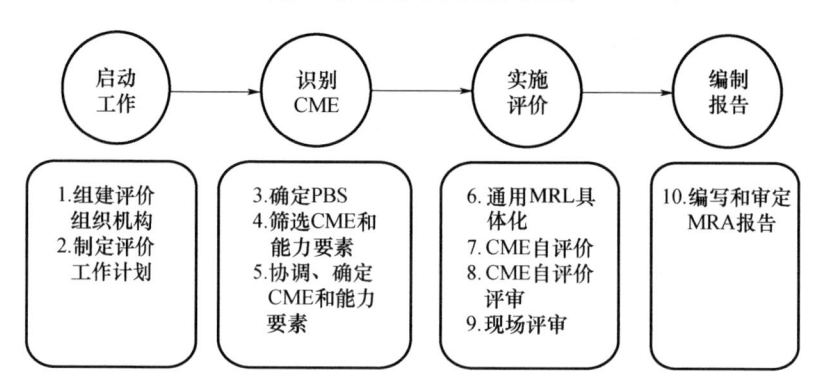

图9-3 典型制造成熟度评价流程

## 9.5.2 启动工作

启动工作是评价的计划阶段。由评价决策机构根据评价目的，制定评价方案，下达评价任务，明确工作要求，任命相关责任人，启动评价工作。该阶段主要包括两项工作：一是组建评价组织机构，二是制定评价工作计划。

一般说来，决策机构负责管理层的机构组建，管理层负责实施层的机构组建。评价工作启动时可先确定管理层、项目负责人、评价工作负责人等核心人员，以及评价组的部分专家，之后在识别CME阶段确定各CME的自评价负责人和评价组的其余专家。在组建评价组时，要坚持评价组成员的独立性、专业性、完整性原则，并保证他们具备一定的MRA相关知识。在组建评价组织机构的过程中，可随时安排相关的培训工作。

评价工作负责人在项目负责人的协助下制定评价工作计划，并就评价目标、评价要求、阶段培训、进度安排、评价组成员和项目实际进展情况等与业务管理部门进行协调，以确定最终的评价工作计划，指导今后的评价工作。

### 9.5.3 识别 CME

识别 CME 是评价的准备阶段，CME 一般来自于项目的某种分解结构，是在性能、成本和进度上对系统研制与生产造成潜在重大风险的子系统、部组件，以及总装、测试和部组件间的装配等关键过程。该阶段主要包括三项工作：一是确定某种分解结构（类似于 TRA 中的 WBS 或 TBS）；二是筛选 CME 和能力要素；三是协调、确定 CME 和能力要素。

根据项目或系统的特点，建立反映项目或系统全貌的多层级分解结构树，如工作分解结构（WBS）、产品分解结构（PBS），目的是梳理目前项目或系统组成和必不可少的制造过程，为筛选 CME 做准备。这项工作一般由项目负责人组织完成。CME 从分解结构的哪些层级范围内筛选，主要受评价目的、评价要求、项目现状和进度安排等因素影响。

以对产品研制和生产项目进行的 MRA 为例，CME 是评价所针对的具体评价对象，它是 MRA 的基础，也是 MRA 工作的核心。

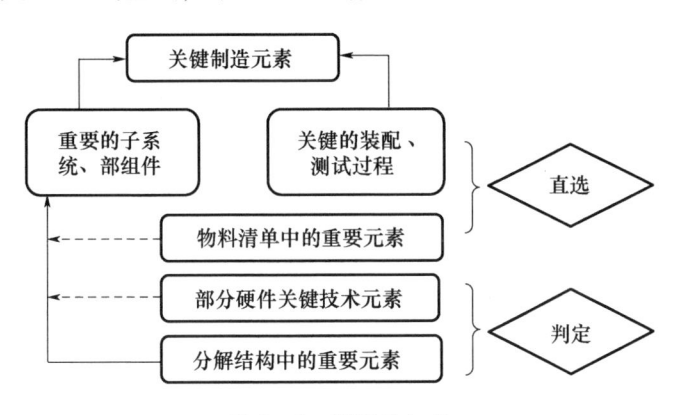

图 9-4 CME 的组成

如图 9-4 所示，一般来说，按照 CME 的不同组成，筛选候选 CME 分为两个过程：一个是利用判定问题，筛选出在性能、成本和进度上对系统研制与生产造成潜在重大风险的子系统、部组件，包括项目的部分硬件类 CTE（如果实施过 TRA）和某种分解结构中的重要元素；二是直接选取总装、测试和部组件间的装配等关键过程以及物料清单（Bill of Material, BOM）中的重要元素。在特定需求下，CME 可以直接确定为存在已知重大风险的元素与过程。

在从 CTE 和某种分解结构中筛选候选 CME 时，要根据以下三个方面进行判定：

（1）产品是否新颖。主要考察新的未验证的产品设计、材料使用、工艺方法是否会带来风险。

（2）生产是否稳定。主要考察生产成本、进度、质量方面是否稳定，是否存在重大风险隐患。

（3）能力是否完备。主要考察国内工业基础、次级供应链、重大设施是否完备或影响生产。

在第一个过程中，项目负责人组织相关人员按以上原则选择 CME 及能力要素。在第二个过程中，可以直接将相关过程和元素作为候选 CME。在筛选的同时，项目负责人和各候选 CME 的负责单位要开始收集识别与评价 CME 所需的各种信息。

筛选工作完成后，要对这些候选 CME 在评价中进行衡量的能力要素进行确定，自评价负责人可按照评价目的、特定需求对每个 CME 的能力要素分别进行裁减，并与评价组专家协商确定。每个 CME 的能力要素的裁减结果都需要项目负责人和评价组的一致认可。

候选 CME 及其待评能力要素筛选结束后，由评价工作负责人组织评价组对提交的初始 CME 清单进行评审，评价工作负责人根据相关协调工作的结果和评价组评审意见确定最终参与评价的 CME 及其待评能力要素。最终确定 CME 清单后抄送管理层，之后项目负责人要确定每个 CME 的责任单位及其自评价负责人。这时，项目负责人和每个 CME 的自评价负责人要继续搜集相关信息。

### 9.5.4 实施评价

评价实施阶段主要包括四项工作：一是通用 MRL 定义具体化；二是 CME 自评价；三是 CME 自评价评审；四是现场评审。

1. 通用 MRL 定义具体化

将 MRL 定义中的载体、环境等内容具体到适合项目或系统评价的内容，形成具体化 MRL 定义，作为 CME 自评价过程中初步判定的依据。这项工作由项目负责人组织项目专家完成,也可与评价组专家进行协调、确定。

2. CME 自评价

由项目负责人组织,各 CME 自评价负责人独立完成,主要任务是根据搜集到的 CME 相关信息,针对每个 CME 分别进行初步判定和详细判定,得出 CME 的 MRL。单项 CME 的 MRL 判定过程如图 9-5 所示,分为初步判定、详细判定(评价细则具体化、工作说明、原因解释等)、迭代判断、评价结果等过程,并形成 CME 自评价报告。

在具体自评价过程中,利用通用评价细则进行详细判定时,可能难以有效建立支撑文档信息与通用评价细则之间的逻辑关系和对应关系,因此通常还需要自评价负责人进行通用评价细则的具体化工作。此时,要考虑评价目的、评

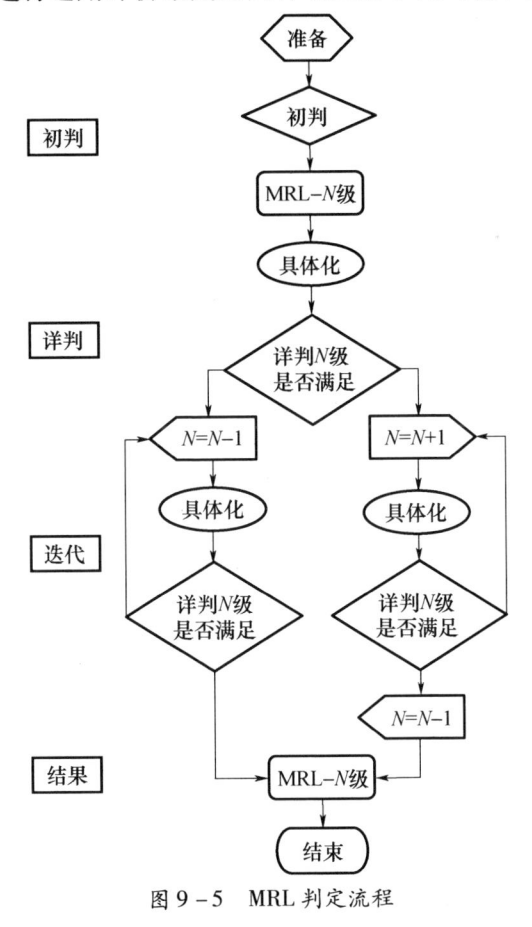

图 9-5 MRL 判定流程

价要求、特定需求、项目特点，以及主承单位、各CME责任单位的实际情况，一般来说，对评价细则中涉及的重要方法、计划、要求等要素，需要结合项目情况进一步解释说明。

3. CME自评价评审

评价工作负责人组织评价组对自评价报告进行形式审查和技术审查，审查重点包括：形式格式、评价过程、评价细则说明、满足情况说明、支撑文档的真实性/准确性等。在审查过程中，如有必要，可以组织相关CME的自评价负责人和相关项目人员对评价组发现的问题和疑问进行解释和答疑，相关自评价负责人须根据评价组的要求修改或补充相应内容。对于依然不能解决的问题和疑问，评价组应考虑将其列入现场评审内容，提交评价工作负责人。

4. 现场评审

评价工作负责人经协调确认现场评审的CME责任单位和审查内容，组织评价组专家和相关人员制定现场评审议程。可视情将评价组分为若干小组，分别对不同CME进行现场评审，以便掌握较自评价报告和文档资料更详细、更直观的信息。

现场评审前，评价工作负责人要将现场评审议程下发给主承单位和项目负责人，由后者通知相关CME的责任单位以及自评价负责人。在现场评审中，要求评价组对车间等工作现场进行实地考察，与现场技术和管理人员就相关问题进行讨论，详细了解CME的工艺问题和项目的制造现状，并记录在案。现场评审后，负责现场评审的各个小组要在相关自评价负责人的协助下完成现场评审记录，整理后提交评价工作负责人。

### 9.5.5 编制报告

编制报告是评价的总结阶段，主要是编写和审定MRA报告。评价工作负责人组织评价组专家对自评价报告、自评价评审和现场评审的结果等进行分析和汇总，完成MRA报告。MRA报告要具有客观真实性，内容要涵盖项目概况、评价工作的计划与关键实施过程、明确的评价结果和工作总结。MRA报告还应该根据评价结果和对项目制造问题的掌握，识别项目潜在的制造风险，以及在性能、成本和进度等方面可能造成的重大影响，给出提升制造成熟度的计划的编制建议。MRA报告编写完成后,分别提交给管理层和决策层进行审核。

制造成熟度评价报告是对制造成熟度评价工作过程和结果的体现,系统、全面、详实地反映制造成熟度评价过程中各个阶段的实施情况、结论意见。通过评价报告中的评价结果,形成对后续提升制造成熟度、降低制造风险的制造成熟计划的编制与执行工作的指导。

需要注意的是,在对一个项目实施评价时,评价结果只对整个项目确定一个 MRL 没有太大意义,因为这很难反映项目的真实风险水平,重要的是掌握每个 CME 的各项能力要素的 MRL,其成熟度目标是否达到,还有多少时间,还需要什么工作来提升成熟度,还有哪些方面的制造能力比较薄弱。

完成 MRA 报告标志着本轮评价工作的结束,但并不是制造风险管理工作的最终成果。通过 MRA 工作,明确当前的制造能力状态和与项目目标的差距,识别出项目在制造方面的重大风险点及其相关风险因素。所以,MRA 以及风险识别之后的重要工作之一就是编制和执行制造成熟计划(Manufacturing Maturity Plan,MMP)。

## 9.6 基于制造成熟度的项目制造风险管理

强化制造风险管理的强烈需求是制造成熟度理论产生和制造成熟度评价广泛应用的根本原因。制造成熟度评价是识别制造风险的核心过程,针对识别出的风险,需要制定相应计划来给出降低风险的具体措施,并通过强有力的监控有效管理这些制造风险。

目前,通过将制造风险管理流程进行标准化,DoD 等政府部门以及相关企业都已逐步开始实施基于制造成熟度的制造风险管理。在标准化的制造风险管理流程中,有如下要求:

(1)把制造风险管理写入开发/研制策略和相关合同;

(2)将制造风险分为 9 个因素,通过提升相应的制造能力来降低制造风险;

(3)在工艺开发或者产品研制的关键阶段要达到不同层级的制造能力状

态,即 MRL;

(4) 通过 MRA 评估制造能力状态,识别制造风险;

(5) 利用 MRA 结果指导风险应对和监控工作;

(6) 编制和执行 MMP 来应对制造风险;

(7) 定期评估 MRA 需求,积极掌握 MRL 状态。

具体到一个型号采办项目时,其流程如图 9-6 所示,首先在采办策略和研制合同中写明制造成熟度步进目标,然后通过 MRA 识别项目的制造风险,做出覆盖所在风险因素领域的制造成熟度提升计划,实施风险应对监控工作,不断达到更高的成熟度状态,直到实现项目目标。

采办策略 → 研制合同 → 目标MRL → 风险识别 → 风险应对 → 风险监控

图 9-6 基于制造成熟度的制造风险管理流程

1. 制造风险识别

制造风险识别是制造风险管理的重要流程,其核心工作就是制造成熟度评价。一般来说,没有达到目标 MRL 的 CME 都是项目的重大风险点,CME 的未达到目标 MRL 的相关风险因素(能力要素)都应该得到足够的重视。MRA 报告中,应该根据评价结果和对项目制造问题的掌握,描述这些潜在的风险及其严重程度,并对已有的制造风险管理工作及其效果进行总结。此外,还可引入相关的风险分析手段,详细分析每个重大风险点的风险。

2. 制造风险应对

制造风险应对是制造风险管理的关键流程,其核心工作是编制和执行 MMP,这也是 MRA 的核心目标之一。MMP 对贯穿项目全生命周期的每个重大风险点及其相关风险因素都给出了实施风险应对工作的计划,包括供应商管理不足的领域。MMP 的编制要充分利用 MRA 的结果,针对需要实施风险应对工作的 CME 进行编制,内容可包括优化方案、设定进度、追加投资、补充能力等。如果 MRA 的目的是为工程化和转阶段等决策提供参考,MMP 还可同 MRA 报告一同提交,作为重要的决策支持信息。

3. 制造风险监控

MMP 的执行情况和各个 CME 的制造风险应对工作需要进行跟踪和检查,

## 第9章　制造成熟度理论与方法

根据跟踪和检查结果，可以在适当时机安排新一轮的MRA，以督促计划实施，检验执行效果，并安排下一步工作，以保证制造风险处于可控状态。一般来说，在项目的重要阶段性节点前都要对MRL的提升情况进行评价。

波音公司、洛·马公司、通用动力公司、雷神公司、GE公司、普·惠公司、霍尼韦尔公司、古德里奇公司、罗克韦尔·柯林斯公司等国防承包商都接受了制造成熟度理论，并运用在DoD科研和型号项目的制造风险管理中。GE公司、霍尼韦尔公司等先进企业还将基于制造成熟度的制造风险管理引入民用产品的开发中，这些以市场业绩为导向的企业更加注重制造风险管理，它们进行了如下的最佳实践：

（1）认识到降低制造风险对项目成功的重要性；
（2）通过制造成熟度管理制造风险；
（3）监控制造风险应对行动的状态和进展；
（4）提升管理人员在制造风险管理方面的技能；
（5）使用MRL在产品开发的关键节点评估可生产性；
（6）在项目早期就开始掌握制造方面的知识；
（7）在技术开发阶段提前验证制造工艺；
（8）强调高效的供应链管理。

# 第10章　后勤保障成熟度理论与方法

国防装备的使用保障是装备全生命周期的重要阶段，无论是费用还是时间，都占有相当重要的比例。本章中主要介绍 DoD、洛·马公司和美国海军提出的三种与后勤保障相关的成熟度等级概念，使读者对相关概念有个初步的了解。

## 10.1　国防装备后勤保障相关背景知识

我国古代著名的兵书《孙子兵法·军争篇》中强调："军无辎重则亡"。"辎重"指的是古代军队一切军用物资，包括粮草、衣被、武器、装备等，即现代武器装备的后勤保障。在冷兵器时代的战争中，"辎重"起到了决定战争胜负的作用，在信息化时代的高技术战争中，后勤保障仍然是赢得战争胜利的重要保证。

### 10.1.1　国防装备后勤保障相关概念

目前，常见的装备保障概念包括后勤（Logistics）、后勤保障（Logistics Support）、综合后勤保障（Integrated Logistics Support，ILS）、综合产品保障（Integrated Product Support，IPS）、持续保障（Sustainment）、生命周期后勤和生命周期持续保障等，这些概念的定义和内涵有所不同。下面首先对这几类概念进行介绍，加以区分，为下文相关成熟度模型的提出做一部分铺垫。

1. 后勤和后勤保障

根据 1999 年版《中国军事百科全书》中的定义,后勤保障是指"运用物质力量和技术手段,对武装力量建设、作战及其他活动所实施的后勤各项专业保障。是军事后勤的中心工作,主要内容有财务保障、物资保障、卫勤保障、交通运输保障、装备技术保障和营房建设保障等。"装备技术保障是指"为使军事装备性能完好所采取的技术措施,简称技术保障。主要包括维护、修理、改装、检查等。"

根据 1998 年《美军国防采办术语》,后勤是指"应用一种完善、综合的方法对在役装备的正常使用提供所必需的各种供应、修理和维护。"实际上,美军的后勤保障的内涵和范围介于国内的后勤保障和装备技术保障之间。而美军对后勤保障的定义在逐渐演变,2011 年《美军国防采办术语》将后勤定义更新为"为确保在采办早期和整个采办过程中考虑保障性,以最大程度降低保障费用,并向用户提供持续保障现役系统所需资源而进行的技术和管理活动。"其中,增加了"在早期和整个采办过程中对保障性的考虑",并进一步强调了生命周期的概念。还将后勤保障定义为"为保障美国本土和世界范围部署的部队所需的后勤服务、器材和运输"。这样,后勤保障与后勤的区别在于,后勤是一系列技术和管理活动,而后勤保障是利用这些活动来为作战部队提供保障。

2. 综合后勤保障和综合产品保障

美军将综合后勤保障(ILS)定义为:"在生命周期内,为影响作战和装备要求及设计规范,定义系统设计相关的最佳保障要求,研制并采购必要的保障,以最低费用提供必要的作战保障,寻求改进装备系统和保障系统的战备完好性和生命周期费用,并在系统整个服役期内反复检查保障要求,实施所必需的管理和技术活动的一种统一的、迭代的方法。"这里规范了综合后勤保障(ILS)的 10 个要素:维修规划,人力与人员,保障设备,供应保障,技术资料,训练与训练保障,计算机资源保障,保障设施,包装、装卸、储存与运输(Packaging, Handling, Storage and Tansportation, PHS&T)和设计接口。

综合产品保障(IPS)是综合后勤保障的应用,也是对综合后勤保障的进一步拓展。美军定义了综合产品保障(IPS)的 12 个要素:产品保障管理,设计接口,持续工程,供应保障,维修规划和管理,PHS&T,技术数据,保障设备,训练与训练保障,人力与人员,设施与基础设施,计算机资源。

美军所称的ILS,国内称为"综合保障",并通过国军标GJB 3872《装备综合保障通用要求》进行规范,是指"在装备生命周期内,为满足系统战备完好性要求,降低生命周期费用,综合考虑装备的保障问题,确定保障性要求,进行保障性设计,规划并研制保障资源,及时提供装备所需保障资源的一系列管理和技术活动。"

3. 持续保障、生命周期持续保障和生命周期后勤

美军将持续保障定义为:为维持和延长使用或作战直至任务或国家目标成功得以完成或修订,而提供人员、训练、后勤和需要的其他保障服务。

随着DoD对生命周期管理的重视,各种不同的生命周期持续保障和生命周期后勤概念也相继出现在美军的相关法规、指南和手册当中。美军对这两个概念的解释基本相同,将生命周期持续保障定义为:"将军方的能力和性能要求转化为定制的产品保障,以实现规定的、并不断演变的生命周期产品保障可用性、可靠性和经济可承受性参数。考虑因素包括供给,维修,运输,持续保障工程,数据管理,配置管理,人员系统集成,环境、安全性(包括爆炸物)和职业健康,关键项目信息的保护,反干预防备、保障性和互操作性。"从装备解决方案分析(MSA)阶段开始,并在技术开发阶段不断成熟,生命周期持续保障规划贯穿从装备解决方案分析直至报废处理的整个生命周期。

此外,美军不同军种、不同部门、不同政策文件中对于相关术语的使用并不统一,本书中对后勤的理解采用的是美军《2011年国防采办术语》中的定义,并认为其与综合后勤保障、生命周期持续保障、生命周期后勤等概念从内涵上基本相同,都覆盖了全生命周期的后勤活动。

## 10.1.2 武器装备生命周期中的保障活动

1. 生命周期中的持续保障目标

部队作战的性能目标主宰持续保障目标,而持续保障目标又主宰着基于性能的保障策略。性能协议又规定了保障要求和目标。性能和持续保障之间的联系十分关键,必须在项目早期的各种设计活动中加以考虑。

生命周期持续保障涉及一个综合的、经济可承受的、有效的、性能驱动的后勤保障策略的早期规划、制定、实施和管理。它在生命周期各个阶段发挥重要的作用,如图10-1所示。

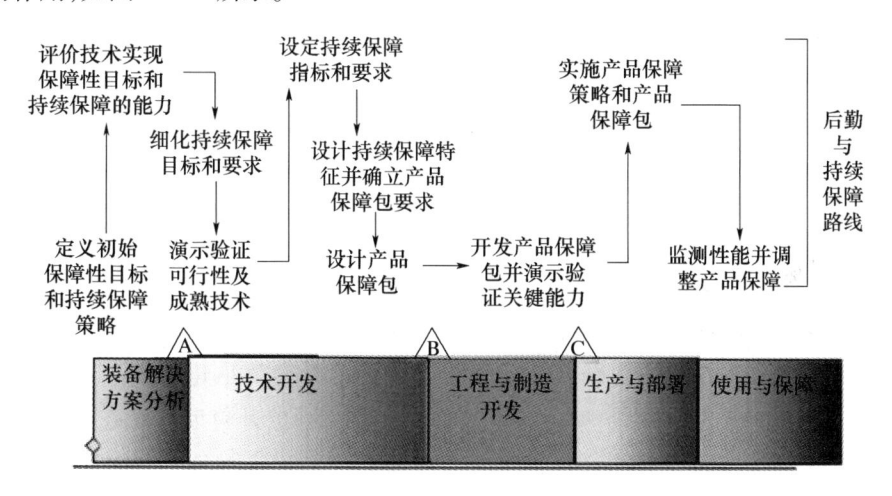

图 10-1 持续保障在生命周期各阶段的作用

其目标是确保持续保障相关因素被综合到与一个系统研制生产、部署、保障及退役的整个生命周期相关的所有的规划、实施、管理和监督活动中。它包括:

(1) 参与设计过程,得到一个高可保障、可持续的系统;

(2) 提供满足用户需求的、具有最佳装备可用性的经济可承受的、可靠的、有效的保障策略和系统;

(3) 制定合适的指标,确认并验证系统工程设计过程,并度量保障策略/供应链的性能;

(4) 向用户提供具有最小后勤规模的有效系统,如为部署、持续和移动一个系统所需要的可测量的后勤保障规模(含人力);

(5) 制定更综合、更简化的采办和符合法规的后勤保障流程;

(6) 在系统生命周期中促进迭代技术的增强。

通过利用指标驱动的基于输出的过程来驱动决策和采取措施可以实现该目标。依靠一个多学科专家组,确保持续保障要求得到持续、综合地解决,并平衡费用、进度和性能。通过在系统工程流程中考虑持续保障,确保在其设计、研

制、生产和持续保障过程中,都贯彻实施使用和保障能力有关的决策。完成该目标的关键原则包括但不限于以下几点:

(1) 完成项目持续保障目标(包括后勤系统和保障)的单一责任制,即设立产品保障经理(Product Support Manager,PSM)。

(2) 增量采办和符合法规的产品保障策略。

(3) 整个生命周期内硬件、软件和人员的全面综合,以便优化使用性(Usability)、可用性(Availability)、维护性、持续性和经济可承受性。这包括解决缺陷报告和持续保障问题的后续改进改型。

基于一个有意义的用户输出指标(如装备可用性)的指标驱动决策,由一个装备质量指标(如装备可靠性)支持。

美军的基于性能的后勤(PBL)中的一项关键内容就是建立易于理解且可实现的指标体系,方便对结果进行追踪、度量和评估,以及根据需求变化而进行修改。武器装备系统通常有关键性能参数(KPP)和关键系统属性(Key System Attributes,KSA)两类指标。其中:KPP 是指对于研发有效的军用能力而言,非常关键的或者是必不可少的系统属性;KSA 是指相对关键但不足以定为 KPP 的特性或属性,描述的是一些低于 KPP 的能力特性。

美军 JCIDS 中规定了 4 个关键的生命周期持续保障指标:装备可用性、装备可靠性、拥有费用(或使用与保障费用)和平均停机时间。其中前 3 个是联合需求监督理事会(Joint Requirements Oversight Council,JROC)强制要求的用于描述项目的指标,装备可用性是 KPP 指标,装备可靠性和拥有费用是 KSA 指标,而平均停机时间则是可选项。

这些指标可用于所有的产品保障策略,它们是产品保障经理创建一致的产品保障策略的有力工具。通常,需要在装备解决方案分析(MSA)阶段的初期就建立这些指标体系,将其纳入项目基线目标逐步实现直至退役,并建立相应的指标管理系统对其进行管理。此外,为确保系统满足作战需求,还应该建立与 JCIDS 指标一致的下层指标。

2. 生命周期各阶段的关键保障活动

1) 装备解决方案分析阶段

该阶段的主要目标是确定影响持续保障的用户需求和作战环境限制因素,

形成初始的生命周期持续保障计划(Life Cycle Sustainment Plan, LCSP)。由于可用的真实数据非常少,大部分工作是基于类似的系统和工程预估完成。

早期设计中的权衡可以最大程度地影响系统保障和保障系统的要求。在探讨系统技术选择过程中,需要对相关的保障和维修要求进行评估,还应探讨那些有可能改进维修、缩小后勤规模的技术,如便于系统诊断、预测、监控、训练和记录、供应保障及资产可视性的技术。与此同时,技术选择方面的考虑还应包括给已部署系统的战备完好性和经济承受性带来正面影响的备选维修方案和备选方法,以及制造资源和材料短缺(Diminishing Manufacturing Sources and Material Shortages, DMSMS)问题。

在这个阶段 PSM 受到的约束最小,应该积极调查各军种对每个综合产品保障要素的现有解决方案,并找出与其作战用户需求高度相近的解决方案的性能和费用情况。这个阶段是推动实现系统、部件、备件和保障设备的标准化的最佳时机。

2) 技术开发阶段

在技术开发阶段 PSM 的主要目标是确保保障性设计特征满足保障性 KPP 和 KSA,并被纳入到整个设计技术规范。为此,需要开展以下工作:评估建议系统的物理和使用维修环境;根据预估环境,评估所建议系统的功能特性、复杂性以及在该环境中实行有效持续保障的障碍和使能因素;评估便于使用嵌入式诊断、预测和类似维修使能因素的能力的方案和技术。

在这个阶段,需要制定供应链性能要求、后勤风险和风险应对策略、维修方案和持续保障作战计划、训练策略、保障设备计划、技术数据管理和基础设施、人力和人员策略等。PSM 可以利用更多的数据制定一个后勤试验与评价主计划(TEMP),通过基于模型的整体持续保障规划,设计完整的生命周期持续保障方案和所有相关的综合产品保障要素,并保证采用标准的产品生命周期保障数据交换格式,确保数据的共用性。PSM 还应该创建期望产品保障组织的初步基线图,提供执行持续保障的操作方案。通过分析,确定满足要求的系统性能和费用指标的供应链性能需求,并确定供应链管理使能技术。

在里程碑 B 之前,需要完成的关键后勤活动包括:评估持续保障规划和参数;按照采办策略中的规定描述产品保障策略;在采办项目基线中描述适当的后勤参数、指标和经费要求;在 TEMP 中描述适当的后勤考虑事项和测试点。

3)工程与制造开发阶段

PSM 在该阶段的目标是确保研制一个满足完好性目标、持续保障系统性能能力阈值准则、管理使用与保障费用、实现后勤规模最优并符合环境和其他法规要求的综合后勤保障系统。在这个阶段,要验证与保障有关的设计特性和持续保障策略与基础设施,以保证保障性设计特征足可纳入到设计当中,符合预算和进度要求以及其他设计约束(如重量、尺寸和带宽)。同时,产品保障组织也应该足够成熟,可以为初始作战能力(Initial Operational Capability,IOC)提供支持。相比前面的阶段,这一阶段存在更多可用的真实数据,可以开展更多的工程分析。可以利用产品保障模型进行库存规划、人力规划和训练规划。利用真实数据更新综合产品保障各要素,基于选中的产品保障策略确定供应链设计。

在里程碑 C 之前,需要完成的后勤关键活动包括:在采办策略中更新保障策略;在采办项目基线中更新后勤要求和参数;能力生产文件中给出参考的后勤要求和总的持续保障要求;TEMP 中给出后勤参数和测试点等。

4)生产与部署阶段

PSM 在这一阶段的目标是执行生命周期持续保障计划,并持续地监视执行情况以便及时调整计划。在这一阶段,产品保障包被部署到使用站点,持续保障和产品保障能力在使用环境中得到验证。利用可用性、可靠性和费用指标衡量性能。所有通过试验识别的问题或弱点都采取了纠正措施。产品保障组织的能力能够满足装备可用性、装备可靠性、拥有费用和其他持续保障指标的要求。

这一阶段的分析重点在监测真实费用和性能与预计值之间存在的偏差,并确定根本原因。对每个 IPS 元素是否达到要求的性能目标进行分析,包括预测值和真实值之间的偏差,根据分析结果对 IPS 元素进行修正。在这个阶段,还应该密切监视供应链,利用生产供应链支持持续保障。

在进入使用与保障之前,需要完成的关键后勤活动包括:满足初始作战试验与评价(Initial Operational Test & Evaluation,IOT&E)中提出的持续保障要求;

达成 PBL 协议；得到充分资助的持续保障项目等。

5）使用与保障阶段

使用与保障阶段是武器系统生命周期中最长的一个阶段，并且也占据了武器系统生命周期费用的最大一部分，如图 10-2 所示。使用与保障是从形成初始作战能力（IOC）之后开始的，通常以 IOC 为里程碑标志，也有可能更早。在这一阶段，PSM 应该指导开展长期产品保障策略的主动分析、规划和持续细化。

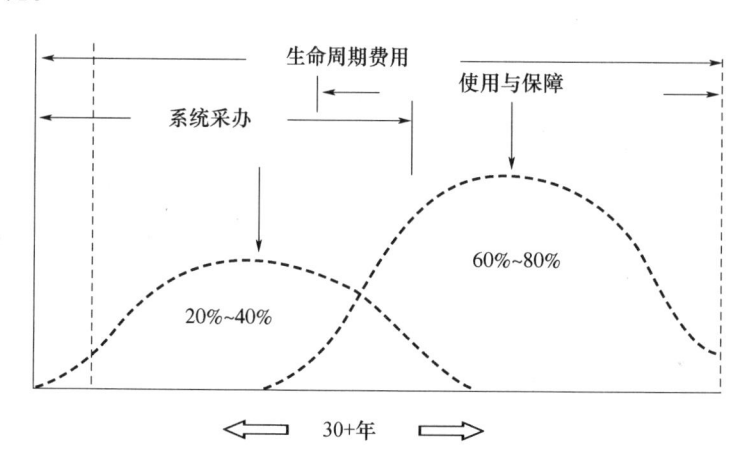

图 10-2 使用与保障费用占生命周期费用比例

在形成 IOC 之后，产品保障策略的主要目标是确保项目能够实现持续保障 KPP 和 KSA。PSM 利用这些指标评价持续保障方法的有效性，并将其作为评价和修订产品保障策略的基础。PSM 在使用与保障阶段的任务与之前阶段不同，在设计和研制阶段，PSM 的任务是制定持续保障规划；而在使用与保障阶段，系统已经停产，PSM 的任务是执行持续保障，同时监视系统性能，并评估产品保障策略的有效性和经济可承受性。随着系统投入作战使用，可利用真实数据作为分析和制定产品保障决策的基础。

在这一阶段，系统已经形成了一个稳定的持续保障基础设施，并且随着零部件疲劳以及过时淘汰和 DMSMS 问题的发现，系统将面临着性能不断下降、持续保障费用不断上涨的局面。产品保障策略将从依赖生产供应链转移到纯粹的持续保障供应链。DMSMS 风险随着时间而增加，PSM 必须持续监测、对供应商基础健康状况开展年度评估。

以上是生命周期各阶段的关键后勤保障活动,目前后勤保障相关的成熟度概念也都是基于对生命周期后勤保障活动的不同维度的度量而建立的。

## 10.2 国防装备后勤保障相关的成熟度概念

### 10.2.1 研究概况

近年来,DoD已经意识到在技术开发过程中强调保障性是非常重要的,需要在技术生命周期早期就开始考虑保障性,而且良好的保障性也是促进技术成熟的重要影响因素。另外,据DoD统计,武器装备交付后的使用和保障费用约占全生命周期费用的60%~80%,而开展保障活动的难易程度、费用、效率,都取决于保障性特征这一武器装备的固有特性。设计阶段所发生的费用很低,但却决定了生命周期费用的80%以上。保障性则是在需求分析、方案论证、技术开发和系统设计等阶段所决定的。鉴于系统设计对持续保障起着决定性作用,必须从武器装备研制的早期就开始有关保障性的研究、分析和设计活动。为了更好地衡量系统的保障性和持续保障能力,国外不同机构提出了后勤保障相关的一些成熟度概念和理论。

目前,国外关于后勤保障的成熟度概念主要有3个,分别是持续保障成熟度等级(Sustainment Readiness Level,SusRL)、持续保障成熟度等级(Sustainment Maturity Level,SML)、后勤成熟度等级(Logistics Readiness Level,LRL)。其中SusRL由洛·马公司提出,共分为9级,其直接评价对象是技术成熟度评价中各个CTE,评价内容是各个CTE满足持续保障目标的程度;SML由DoD提出,共分为12级,其直接评价对象是项目及其重要子系统,评价内容是项目在生命周期各个阶段执行产品保障策略达到持续保障指标的状态;LRL由美国海军老龄化飞机IPT提出,分为5级,其直接评价对象是现役装备系统中引入的新技术,评价内容是一项引入新技术在不同发展阶段的后勤保障成熟度等级(表10-1)。综合来看,DoD的SML模型无论从提出机构的权威性还是模型应用的广泛性来看都更具优势,下面将作为重点进行介绍,并将其与另外两个模型进行对比。

表 10-1 后勤保障相关成熟度概念

| | 概念 | 提出者/出处 | 等级数 | 评价内容 |
|---|---|---|---|---|
| 1 | 持续保障成熟度等级（SML） | DoD | 12级（1~12） | 项目执行产品保障策略（包括设计和得到的产品保障包）以达到持续保障指标的状态 |
| 2 | 持续保障成熟度等级（SusRL） | 洛·马公司 | 9级（1~9） | CTE满足持续保障目标的程度 |
| 3 | 后勤保障成熟度等级（LRL） | 美国海军老龄化飞机IPT | 5级（0~4） | 引入技术在各阶段的后勤保障成熟度水平 |

### 10.2.2　DoD 提出的持续保障成熟度等级（SML）模型

**1. 提出背景**

DoD 一直在不断地改进其产品保障工作，并将重点放在提高成熟度并实现更好地费用控制上。为此，2008年，DoD 负责后勤与装备完好性的助理部长（ASD(L&MR)）成立了一个由政府、工业界和高校资深代表组成的产品保障评估组来推进相关工作。2009年10月，美国总统奥巴马签署2010财年国防授权法。该法 pub.1.111-84 条款第805节"生命周期管理和产品保障"要求：①国防部长发布生命周期管理的全面指南，对重大武器系统制定和实施产品保障战略；②各重大武器系统应当由 PSM 负责保障；③每个 PSM 职位应当由适当资格的武装部队人员或者由 DoD 的全职人员担任。同年12月，负责采办、技术与后勤的国防部副部长（USD(AT&L)）批准并签署了《武器系统采办改革产品保障评估报告》，其中包含提高生命周期产品保障的8条综合建议，其中一条建议是进一步开发产品保障业务模型，并帮助 PSM 履行其职责。2011年4月，DoD 负责后勤与装备完好性的助理部长首席帮办签发《产品保障经理（PSM）指南》，该手册贯彻了《武器系统采办改革产品保障评估报告》中的建议，开发了产品保障业务模型，并提出了持续保障成熟度的概念模型，将其作为一项重要的生命周期持续保障管理工具。

在项目研制过程中,产品保障包的开发和部署随着时间而演变,保障包取决于一些变量,如使用条例、技术变化以及民用和政府维修能力,因此,需要一个统一的指标来衡量实施过程的成熟度。SML 概念被用于记录项目执行产品保障策略(包括设计和获得的产品保障包)以达到持续保障指标的状态,提供一种通用的、统一的、可重复的表达产品保障包成熟度的方式。SML 概念涉及所有的保障方案,从传统的基于建制保障到全面的基于民用的产品保障。

2. 等级模型

持续保障成熟度模型共有 12 个等级,具体如表 10 - 2 所列。

表 10 - 2 持续保障成熟度等级及评价标准

| SML | 项目采办阶段 | SML 概述 | SML 详细描述 |
| --- | --- | --- | --- |
| 1 | 装备解决方案分析(里程碑 A 前) | 确定保障性和持续保障备选项目 | • 基于作战要求和作战方案明确了基本的保障性和持续保障备选项目。<br>• 确定由预期的技术或确定的作战环境带来的潜在保障和维修的挑战 |
| 2 | 装备解决方案分析(里程碑 A 前) | 确定理想的产品保障和维修方案 | • 评价可能的备选产品保障和维修方案,并将理想方案作为备选方案分析的一部分。<br>• 明确了影响持续保障的用户需求和环境限制 |
| 3 | 装备解决方案分析(里程碑 A 前) | 为支持理想方案定义了理想的产品保障、持续保障和保障性要求并形成文档 | • 在管理文档(包括但不限于备选方案分析、采办策略、初始能力文档和试验与评价策略)中明确了基本的产品保障、持续保障和要求的保障性能力。<br>• 利用生命周期费用估算评估经济可承受性 |
| 4 | 装备解决方案分析(里程碑 A 前) | 定义了保障性目标和 KPP/KSA 要求,明确了系统或供应链需要的新的或更好的技术 | • 利用初步的持续保障规划、保障性分析、可靠性、可用性和维修性分析来确定需要的研制工作。<br>• 试验与评价策略说明了如何验证使能技术和 KPP/KSA |

(续)

| SML | 项目采办阶段 | SML 概述 | SML 详细描述 |
| --- | --- | --- | --- |
| 5 | 技术开发（里程碑 B 前） | 在设计要求中纳入达到 KPP/KSA 所要求的保障性设计特征 | • 分析了初始系统能力，形成了初始保障目标/要求和初始可靠性、可用性和维修性策略，并通过系统工程计划（SEP）和生命周期持续保障计划（LCSP）将上述策略与系统工程流程进行综合。<br>• 实现产品保障策略的设计特征（包括诊断和预测）被综合到系统性能规范中。<br>• TEMP 说明了要求的持续保障相关的设计特征及 KPP/KSA 将何时及如何得到验证 |
| 6 | 技术开发（里程碑 B 之前） | 维修方案和持续保障策略完成 LCSP 获得批准 | • 记录产品持续保障策略的 LCSP 获得批准。<br>• 在 LCSP 中识别并记录了保障链性能要求。<br>• LCSP 中识别了后勤保障风险，确定并记录了风险规避策略。<br>• LCSP 中识别并记录了最佳地利用建制保障和承包商保障组合的初步保障策略以及相关的后勤保障过程、产品和交付物。<br>• 持续保障承包策略（包括扩展的 PBL 合同）将被使用并记录在采办策略中 |
| 7 | EMD（里程碑 C 前） | 保障性特征嵌入到设计中。完成保障性和子系统维修任务分析 | • 产品保障包元素要求被集成、定案，并与批准的系统设计和产品保障策略协调一致。<br>• 确认该设计与保障需求的符合性。<br>• 基于关键设计评审（Critical Design Review, CDR）结果，批准的产品保障包元素要求和预计的供应链性能预测持续保障指标 |
| 8 | EMD（里程碑 C 前） | 产品保障能力得到演示验证，供应链管理方法得到确认 | • 持续保障和产品保障规划完整地识别出将被实施的持续保障策略作用、职责和合作。<br>• 持续保障和产品保障能力（包括相关的后勤保障过程和产品）得到试验和演示验证。<br>• 供应链性能得到确认。<br>• 基于设计和试验结果调整预算需求 |

(续)

| SML | 项目采办阶段 | SML 概述 | SML 详细描述 |
|---|---|---|---|
| 9 | 生产与部署(里程碑 C 后) | 产品保障包在作战环境中得到演示验证 | • 部署典型的产品保障包,以支持使用试验。<br>• 持续保障和产品保障能力(包括相关的后勤保障过程和产品)通过使用环境中的成功的演示验证。<br>• 制定和实施计划,解决 IOT&E 中识别的问题或"弱点" |
| 10 | 生产与部署(里程碑 C 后) | 初始产品保障包在使用站点得到部署。依据可用性、可靠性和费用指标度量性能 | • 向各类使用站点交付保障系统和服务。<br>• 持续保障和产品保障能力(包括相关的后勤保障过程和产品)在使用环境中得到验证。<br>• 依据预计的装备可用性、装备可靠性、总拥有费用和其他对作战而言较重要的持续保障指标,度量持续保障和产品保障,并基于性能数据采取必要的改进措施 |
| 11 | 生产与部署(里程碑 C 后)和使用与保障 | 依据作战需求度量持续保障性能,产品保障持续改进 | • 依据持续保障指标定期地测量持续保障和产品保障性能,并采取纠正措施。<br>• 基于性能和不断演变的使用要求,细化并调整产品保障包和持续保障过程。<br>• 实现经济可承受的系统作战效能的倡议得到实施 |
| 12 | 生产与部署(里程碑 C 后)和使用与保障 | 产品保障包全部到位(包括基地级维修能力) | • 保障系统和服务已交付,并完全集成到作战环境中。<br>• 基地级维修得到执行。<br>• 根据持续保障指标定期地测量持续保障和产品保障性能,并采取纠正措施。<br>• 制定产品改进、改型和更新计划。<br>• 通过对后勤过程、服务和产品的建制保障和承包商保障的优化组合细化保障策略。<br>• 按需要执行设备退役/报废计划 |

### 3. 模型简析

从美军产品保障经理手册中提出的持续保障成熟度模型来看,它的直接评价对象是项目及重要子系统,其评价内容是项目执行产品保障策略(包括保障性设计和得到的产品保障包)以达到持续保障指标的状态,模型定义中的主要考核点是(项目早期)保障性设计的充分性和(项目后期)产品保障包的实施情况以及持续保障能力的形成。这一模型是 DoD 为更好地落实国防授权法和武器系统采办改革法中的"提高生命周期持续保障"要求而提出的(图 10-3)。其作用是通过提供一种通用的、统一的、可重复的表达产品保障包成熟度的方式,来辅助产品保障经理更科学、有效地开展生命周期持续保障管理。

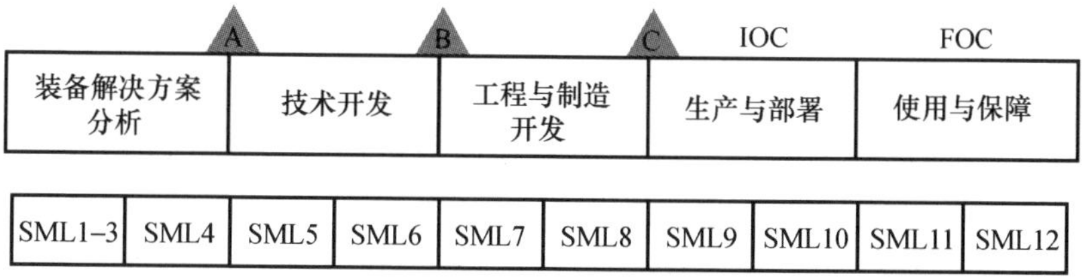

| 装备解决方案分析 | 技术开发 | 工程与制造开发 | 生产与部署 | 使用与保障 |
|---|---|---|---|---|
| A | B | C | IOC | FOC |
| SML1-3　SML4 | SML5　SML6 | SML7　SML8 | SML9　SML10 | SML11　SML12 |

图 10-3　国防装备系统工程与持续保障成熟度等级(SML)

### 10.2.3　洛·马公司提出的持续保障成熟度等级(SusRL)模型

#### 1. 提出背景及作用

2010 年 9 月,洛·马公司的持续保障和后勤专家 Michele L. Hanna 等人,在美国海军工程师学会举办的学术研讨会上,发表了一篇名为《为系统设计建立持续保障成熟度等级》的报告。该报告针对"系统设计阶段对部署后的持续保障起着决定性作用"这一问题,提出了 SusRL 的概念,给出了各级的评价标准,阐述了与 TRL 的关系,并初步提出了如何在生命周期各阶段进行应用。

持续保障成熟等级用来衡量某项拟采用的 CTE 满足持续保障目标的程度,以及它对项目风险产生影响的程度,同时也衡量系统设计的持续保障成熟水平。TRL 是从系统的角度衡量技术的成熟程度和成熟水平,SusRL 从持续保障的角度衡量技术满足武器系统保障性要求的程度。SusRL 将处理系统全生命周期中有关"为持续保障性而进行设计"的相关需求。

SusRL有以下几个方面的作用：

1）利用SusRL有助于控制持续保障费用

历史数据证明系统的持续保障费用占一个系统全生命周期费用的70%~80%。而持续保障的费用绝大部分是由设计阶段决定的，因此在设计过程的不同阶段利用SusRL来考虑、分析持续保障要求，确保持续保障和后勤资源的成本可控、成本最优，可有助于降低持续保障费用在全生命周期费用的比重。

2）利用SusRL有助于实现主装备系统和保障系统的并行评估

武器装备系统的研制包括主装备系统和保障系统，但在开发某种作战能力时，人们往往把注意力集中在主装备系统的技术方案上，而忽视保障系统，这会给武器装备系统的持续运行造成不利影响。因此，为提高武器装备系统的经济可承受性，对主装备系统和保障系统进行同步设计和开发，应成为一个必须遵守的强制性要求。因而有必要建立一套持续保障成熟度等级，来衡量技术和系统在不断成熟过程中的持续保障成熟水平。利用SusRL可以实现主装备系统和保障系统的并行评估，确保总体能力的经济可承受性和可用性。

3）SusRL在控制项目风险方面可以成为TRL的一个补充

"成熟度"在系统的整个生命周期中是一个逐渐演变的过程。它不是一个瞬时事件，而是一个在从初始方案到报废过程中不断成熟的过程。"成熟度"不是独立的，它取决于"为什么而成熟"（目标）。就TRL而言，技术成熟衡量的是提议的CTE满足项目目标的程度，是项目风险的主要元素。SusRL与TRL相关，衡量CTE满足持续保障目标的程度，对项目风险也存在影响。

SusRL可以应用到项目的整个生命周期，与TRL可共同确保系统设计的成熟度，并且需要和相应的TRL保持一致。例如，从TRL 3到TRL 4，同时需要完成SusRL 3，这将避免"设计返工"的风险，即当系统设计达到较高等级时，却发现需要为了持续保障而进行重新设计。

2. 等级模型

SusRL模型共有9级，如表10-3所列。

表 10 – 3  SusRL 定义及相关评价标准

| SusRL 等级 | 评价标准 | 对应 TRL |
| --- | --- | --- |
| SusRL 1 | **基本原理**：识别出用户任务的基本特征和属性，以确定①任务成功所需的系统可用性特征；②针对每一项技术的保障系统的持续保障属性 | TRL 1 |
| SusRL 2 | **方案**：制定基本的保障系统方案。针对表征系统各种情况下（如正常运行、功能退化、故障等）的性能和任务可用性参数的任务情景，开展有关的持续保障属性研究和分析。针对每一项技术，确定关键的持续保障设计要求 | TRL 2 |
| SusRL 3 | **分析标准**：完成保障系统方案。确定在系统/分系统功能退化时，关键任务相关的保障系统的门限值和目标值。通过聚焦后勤资源的使用仿真等方法，评估门限值和目标值决定因素。识别外场可更换单元。确定每项技术的 KPP：装备可用性和使用可用性 | TRL 3 |
| SusRL 4 | **关键任务设备的保障方案**：完成关键的外场可更换单元的识别工作。对于所有关键任务系统和分系统在接近真实环境中演示验证分系统外场维修方法。计算得到 KSA 指标：装备可靠性和拥有费用。完成平均停机时间的首次评估 | TRL 4 |
| SusRL 5 | **确认保障方案**：在相关环境中对持续保障的多个元素进行试验；KPP 和 KSA 指标的门限值和目标值经过更新，并和任务情景的能力要求相一致。启动后勤资源相关文档的起草 | TRL 5 |
| SusRL 6 | **保障系统的可行性**：针对保障性需求的所有问题，完成保障系统原型。完成主装备系统和保障系统与现有系统的集成；识别出能够共享的后勤资源，甄别出保障性特征的弱点。开始编写含有后勤保障资源、技术恢复方法、使用人员和维护人员等内容的文档 | TRL 6 |
| SusRL 7 | **主装备系统和保障系统的使用演示验证**：在实际使用环境中，完成主装备系统和保障系统的功能演示验证。在关键系统正常运行、功能降级和故障等状态下，完成所有关键任务情景的测试。验证主装备系统和保障系统与任务所需的其他辅助系统的集成情况。保障性设计的需求已记入文档，并和相关后勤资源的保障性特征关联起来。四项持续保障结果指标（KPP 和 KSA）经过重新计算 | TRL 7 |

(续)

| SusRL 等级 | 评价标准 | 对应 TRL |
|---|---|---|
| SusRL 8 | **用任务来证明实际的保障系统的合格性**：保障系统完全集成到使用环境和系统中。完成所有的文档(后勤数据库、使用和维护手册、训练条例、第一阶段部署所需的 PBL 和供应链管理存货等) | TRL 8 |
| SusRL 9 | **部署和持续改进**：实际的主装备系统和保障系统完全运行；收集与任务相关的 KPP、KSA、平均停机时间等有关的修理和故障数据 | TRL 9 |

3. 模型简析

从洛·马公司提出的持续保障成熟度(SusRL)模型定义来看，它的直接评价对象是项目中的各个 CTE。等级模型也是 9 级(这两点都是同 TRL 模型一致的)，其评价内容是各个 CTE 满足项目持续保障目标的程度，模型定义中主要的考核点是项目早期保障方案的可行性和项目后期保障系统的合格性，洛·马公司将这一模型定位为配合 TRL 工具使用、用来降低项目风险的有力工具。

### 10.2.4 美国海军提出的后勤保障成熟度等级(LRL)模型

1. 提出背景

为帮助项目经理考虑那些在现役系统中嵌入新技术的项目的持续保障问题，美国海军老龄化飞机 IPT 提出了 LRL 的概念，旨在提供一种可评估一项引入技术在各阶段的后勤成熟度水平的方法和近似基准，同时，提供一种预测后勤保障工作负荷和人力资源需求，以及识别后勤保障缺口和差距的管理工具。

2. 等级模型

根据美国海军老龄化飞机 IPT 的理论，技术引入通常发生在 6 个不同的阶段：实验室试验/研发、项目定义、项目开发和实施、工程验证、机队验证和机队使用。每个阶段分别针对不同的后勤保障因素建立各自的任务基准，这些保障因素包括维修规划，供应保障，技术数据，训练，设施，人力，PHS&T，保障设备，计算机资源保障，保障设施，设计接口以及 DMSMS 等。

LRL 依据任务百分比情况而定，完成工作量越多，LRL 越高，共分 5 个等级：

LRL = 0 无保障性(未完成任何所需完成的工作)；

LRL = 1 较差保障性(完成 1% ~50% 的所需完成工作);

LRL = 2 中等保障性(完成 51% ~70% 的所需完成工作);

LRL = 3 接近完全保障性(完成 71% ~99% 的所需完成工作);

LRL = 4 完全保障性(完成所有所需完成工作)。

该模型中,首先要确定是技术引入处于哪个具体阶段;然后,根据要求确定各个阶段不同后勤保障要素任务基准(图 10-4 给出了一种典型的各后勤保障要素所需完成工作量占全部工作量的百分比情况);最后,根据一套详细的评价准则,评价出各后勤要素目前达到的状态。

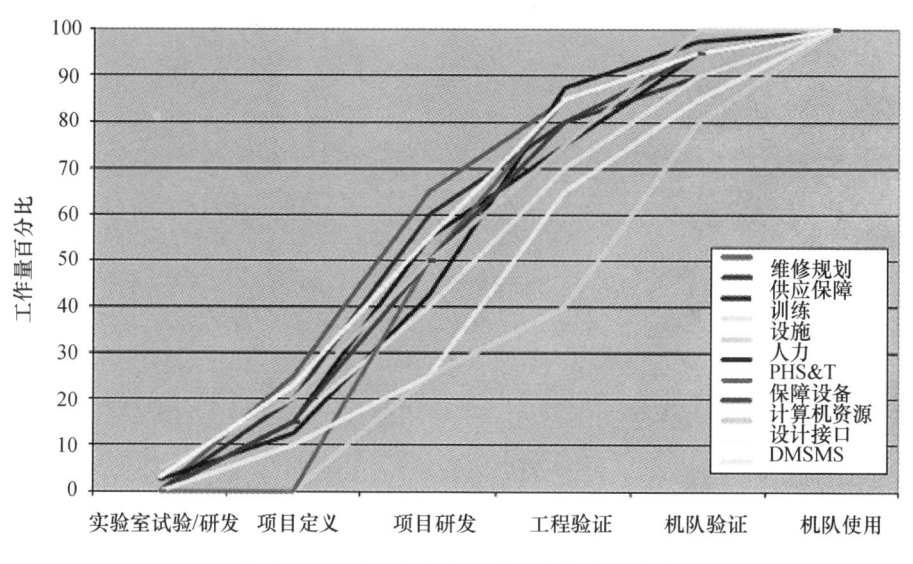

图 10-4 项目各个阶段需要完成的工作量

理想状态下,如果所有的后勤保障因素都要解决或得到保障,那么所有应用阶段的后勤保障成熟水平都应该达到 LRL 4。

## 10.3 小结

综上所述,鉴于后勤保障对形成和保持强大作战能力所发挥的重要作用,国外的后勤保障概念越来越强调其在全生命周期中的作用。同时,为了更好地度量生命周期各阶段后勤保障的成熟度,弥补技术成熟度的不足,目前国外提出了一批不同的后勤保障成熟度概念,这些成熟度概念的提出机构,等级模型,评价内容,适用范围都不相同。这一方面表明国外军方和工业部门对后勤保障领域的重视程度不断提高,希望借鉴技术成熟度的成功经验,使用一种定量化的模型来度量后勤保障能力;另一方面也表明关于后勤保障成熟度目前还没有形成一个统一的概念和模型,未来这一领域还需要开展更多的理论研究和工程实践。

# 第11章 系统成熟度理论与方法

单项技术的成熟不代表系统的成熟，TRL 关注点是单项技术的本身，技术的集成和系统的综合问题，是科研人员和管理人员要解决的现实问题。在本章中首先介绍系统成熟度理论的提出背景，然后着重对矩阵计算法、权值计算法、因子计算法、模板对比法等四个系统成熟度模型进行说明，使读者初步掌握系统成熟度的基本概念。在此基础上，针对复杂系统工程的技术成熟度评价面临的挑战和方法进行了初步的探讨。

## 11.1 系统成熟度理论的提出背景

美国在使用现有标准和方法开展技术成熟度评价的同时，还着眼于技术和装备的实际需求，对技术成熟度评价标准进行深化研究，以进一步拓展其应用领域和适用范围。其中，重要的一个表现方面就是技术成熟度评价从单项技术向技术集成应用和系统层面拓展。目前的 9 级技术成熟度标准主要针对单项技术，没有考虑技术集成应用中多项技术之间相互对接带来的问题，但对于一个较为复杂的系统，即使单项技术都达到了预期的技术成熟等级，在系统总体层面仍会存在不确定和不成熟因素。对于技术成熟度评价在系统层面的应用问题，美国采取了边探索边实践的策略。一方面，DoD 仍在积极资助有关研究团体探索开发新的模型，以形成上述 9 级技术成熟度评价标准的拓展方法；另一方面，在技术成熟度评价工作中及时将研究成果应用于实践，以检验评价方法的成效。

经过美英等国学者的大量的探索与实践,在系统成熟度研究方面取得重大进展,目前提出的典型计算理论和模型包括矩阵计算法、权值计算法、因子计算法和模板对比法等四种,为系统成熟度在武器装备研制评价中的应用提供了丰富的理论基础。其中,系统成熟度矩阵计算法是目前国外比较典型的系统成熟度评价理论,将技术成熟度矩阵与集成成熟度矩阵相乘,得到一个系统成熟度矩阵,由此来评价系统成熟度,也是最有可能在未来成功应用的方法。

## 11.2 系统成熟度评价的常用模型

本节主要针对常用的几种系统成熟度计算模型进行介绍,侧重点是矩阵计算法。

### 11.2.1 矩阵计算法

技术成熟度评价从单项技术拓展到系统集成层面,人们关注的往往是复杂问题之间的相关性,通常涉及到多项技术间的相互作用。为了处理这些关系,美国斯蒂文森大学的 Brian J. Sauser 等人在 TRL 概念基础上引入了 IRL 和 SRL 的概念。其中,IRL 用于衡量任意两种技术的集成程度,目前提出的模型包含 9 个等级,与 TRL 理论基础类似(表 11-1);SRL 用于表征系统研发的状态,它是 TRL 和 IRL 的函数(见图 11-1)。

表 11-1 集成成熟度等级(IRL)定义

| IRL | 定义 | 描述 |
| --- | --- | --- |
| 1 | 通过充分、详细的描述识别技术间的接口 | 集成成熟度的最低水平,描述了集成方法的选择 |
| 2 | 通过接口,两种技术之间存在一定程度的相互作用 | 一旦定义了一种方法,必须选择"发送信号"的方法,这样两种集成技术可以通过该方法相互影响。IRL 2 反映了通过指定的方法两种技术之间相互影响的能力,说明了集成以概念为依据 |

(续)

| IRL | 定义 | 描述 |
| --- | --- | --- |
| 3 | 有序、有效集成和交互的技术之间有兼容性（如通用的语言） | IRL 3 表示成功的集成需要达到的最低水平。这表明两种技术不仅能相互影响而且能相互交换数据。在成熟过程中，IRL 3 是第一个可视阶段 |
| 4 | 关于技术集成的质量和保证的细节描述很充分 | 假设如果两种技术能成功地交换信息，那么它们就充分集成了。基于这个假设，很多技术集成失败从而导致集成成熟度不会超过 IRL 3。IRL 4 不单是简单数据交换，而且要求具有检查机制的数据获取 |
| 5 | 技术间的有效控制，对于集成的确立、管理和终止很有必要 | IRL 5 简明指出一种或多种集成技术控制自身集成的能力，包括确立、维修和终止的能力 |
| 6 | 为了达到预期的应用目标，集成技术可被接受、转化并配置信息 | IRL 6 表示达到了最高的技术水平，包括控制集成的能力、确定信息交换的能力、确定信息的单位识别符以及从国外数据结构到本国数据结构的转化能力 |
| 7 | 根据大量有价值的细节，技术的集成得到了验证和批准 | IRL 7 是 IRL 6 以上重要的一级。从技术和要求两个方面集成技术。IRL 7 表示集成满足了诸如性能、生产能力和可靠性的要求 |
| 8 | 在系统环境中，经过测试和演示完成了实际的集成而且任务合格 | IRL 8 表示不但集成符合要求而且在相关环境下的系统演示也符合要求。只有在系统环境中两种集成的技术交互作用时才可能暴露任何未知的缺陷/瑕疵 |
| 9 | 成功完成任务，证明了集成的成功 | IRL 9 表示在系统环境中成功地采用了集成技术。要达到 IRL 9 首先要将技术集成到系统中，然后在相关的环境中得到证明。因此，要想达到 IRL 9，技术的成熟度首先要达到 TRL 9 |

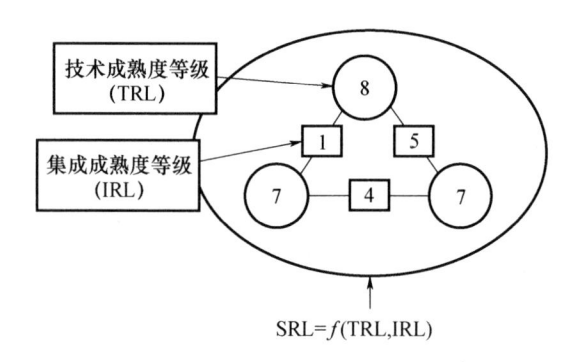

图 11-1 系统成熟度理论的基本原理

系统成熟度等级定义见表 11-2。

表 11-2 系统成熟度等级定义

| SRL | 阶段 | 定义 |
| --- | --- | --- |
| 1级<br>(0.10~0.39) | 概念精化<br>(装备解决方案分析) | 精化初始概念,开发系统/技术策略 |
| 2级<br>(0.40~0.59) | 技术开发 | 降低技术风险并确定合适的技术以综合为一个完整的系统 |
| 3级<br>(0.60~0.79) | 系统开发与演示验证<br>(工程与制造开发) | 开发系统能力,降低集成和制造风险,确保使用保障支持,减少后勤工作量,实现人员系统集成。为生产而设计,确保经济可承受性并保护关键项目信息,验证系统综合性、互操作性、安全性和可使用性 |
| 4级<br>(0.80~0.89) | 生产与部署 | 达到满足任务需求的生产能力 |
| 5级<br>(0.90~1.00) | 使用与保障 | 执行满足使用保障要求的支持计划,在全生命周期内保证系统具有最好的费效比 |

然而,无论是 TRL、IRL,还是 SRL,都与系统工程流程密不可分,在系统工程中的系统设计流程、技术管理流程和产品实现过程中,无时无刻不在体现着这三个模型的实际应用,如表 11-3 所列。

表 11-3　系统工程流程与 XRL 实施的关系

| 系统工程流程 | 分类 | 内容 | TRL、IRL、SRL 的实现 |
|---|---|---|---|
| 系统设计流程 | 需求定义流程 | 利益攸关者期望定义 | TRL、IRL、SRL 通过对特定技术、综合和系统成熟度的识别提供了一种增强性能力"对准",而这种"对准"可以被用于作为取舍研究的工具并以最低的风险、成本和以客户需要的时间和安全性要求来选择最合适的技术和综合 |
|  |  | 技术需求定义 |  |
|  | 技术方案定义流程 |  | • SRL(IRL,TRL)模型通过在系统工程管理中提供与系统和功能要求相关的系统成熟度的合格认证而提升客户的信心,它也能够以成熟度准则来提升对系统任务能力的理解。<br>• SRL 能够在多重架构层面提供成熟度的评价。任何单一 SRL 评价都包含着来自 SRL 矢量的多重 SRL 评价,而这能为理解不同子功能的相互依赖性及其如何去更大的架构里的适配提供了更加深入的洞悉。<br>• 基于技术和集成成熟度来优化系统整体图像,任何系统概念方案都能够用不同的技术和综合来进行重构 |
| 技术管理流程 | 技术计划流程 | 技术计划 | • 在开发期间,快速和迭代评价可以进行重复和跟踪。确保这些活动决策对于架构而言是合格的。这能使价值的展现在架构测试和生成时成为必要,从而对系统有更好的理解和重构。<br>• IRL、SRL 是对技术成熟度之外其他成熟度因素的测量。此外,可以考虑多重技术的比较分析,技术成熟度投资和转移的优化,这些都是未来的研究领域。<br>• SRL、IRL、TRL 为采办开发、系统开发和技术引入的评价提供了一种公共体 |
|  | 技术控制流程 | 需求管理 |  |
|  |  | 接口管理 |  |
|  |  | 技术风险管理 |  |
|  |  | 构型管理 |  |
|  |  | 技术数据管理 |  |
|  | 技术评价流程 | 技术评价 |  |
|  | 技术决策分析流程 | 决策分析 |  |

(续)

| 系统工程流程 | 分类 | 内容 | TRL、IRL、SRL 的实现 |
|---|---|---|---|
| 产品实现过程 | 产品转变过程 | 产品转变 | • IRL 减小了将技术集成到系统中所包含的不确定性,并且将综合与评价系统级的成熟度一起视为分离的、特定的评价指标。<br>• 当前的 SRL、IRL、TRL 仅仅表明成熟度的等级而非性能的等级,这些指标并不是为了测量系统的性能是否满足需求而提出的 |
| | 评价过程 | 产品验证 | |
| | | 产品确认 | |
| | 设计实现过程 | 产品实现 | |
| | | 产品综合 | |

在该模型中,提出了一种根据 TRL 和 IRL 值计算 SRL 值的规范化矩阵。即,假设一个系统采用了 $n$ 项技术,首先,用公式表达 TRL 矩阵,为[TRL]。该矩阵只有一栏 TRL 值,表示系统中采用的每一项技术。[TRL]的定义如式(11-1)所示,$TRL_i$ 表示技术 $i$ 的 TRL 值。

其次,IRL 矩阵是一个 $n \times n$ 阶对称矩阵,表示在系统中任意两种技术之间所有可能的集成。假设一个系统采用了 $n$ 项技术,[IRL]的定义如式(11-2)所示,$IRL_{ij}$ 表示技术 $i$ 和技术 $j$ 之间的 IRL 值。需要强调的是,在两种技术不需要集成的情况下,其 IRL 值为最高级 9 级。

$$[TRL]_{n \times 1} = \begin{bmatrix} TRL_1 \\ TRL_2 \\ \cdots \\ TRL_n \end{bmatrix} \quad (11-1)$$

$$[IRL]_{n \times n} = \begin{bmatrix} IRL_{11} & IRL_{12} & \cdots & IRL_{1n} \\ IRL_{21} & IRL_{22} & \cdots & IRL_{2n} \\ \cdots & \cdots & \ddots & \cdots \\ IRL_{n1} & IRL_{n2} & \cdots & IRL_{nn} \end{bmatrix} \quad (11-2)$$

以这两种指标为根据,得到了 TRL 和 IRL 的值,就得到了 SRL 矩阵的值,如式(11-3)所示。

$$[SRL]_{n \times 1} = [IRL]_{n \times n} \times [TRL]_{n \times 1} \quad (11-3)$$

理论上,如果一个系统采用了 $n$ 项技术,[SRL]矩阵如式(11-4)所示。

$$[\text{SRL}] = \begin{bmatrix} \text{SRL}_1 \\ \text{SRL}_2 \\ \cdots \\ \text{SRL}_n \end{bmatrix} = \begin{bmatrix} \text{IRL}_{11}\text{TRL}_1 + \text{IRL}_{12}\text{TRL}_2 + \cdots + \text{IRL}_{1n}\text{TRL}_n \\ \text{IRL}_{21}\text{TRL}_1 + \text{IRL}_{22}\text{TRL}_2 + \cdots + \text{IRL}_{2n}\text{TRL}_n \\ \cdots \\ \text{IRL}_{n1}\text{TRL}_1 + \text{IRL}_{n2}\text{TRL}_2 + \cdots + \text{IRL}_{nn}\text{TRL}_n \end{bmatrix}$$

(11 - 4)

在式(11-4)中得到每一个 SRL 值都在从 0 到 n 的取值范围内。考虑到取值的一致性，SRL 值除以 n 就得到了从 0 到 1 的规范值。整个系统的 SRL 值是所有 SRL 规范值的平均值，如式(11-5)所示。因为每项技术的加权值都相等，所以，容易求得平均值。

$$\text{SRL} = \frac{\left(\dfrac{\text{SRL}_1}{n} + \dfrac{\text{SRL}_2}{n} + \cdots + \dfrac{\text{SRL}_n}{n}\right)}{n}$$

(11 - 5)

根据大量的理论研究和案例分析，美国海军研究学院得出了 SRL 与国防采办阶段的对应关系，图 11-2 中显示出武器装备在各个里程碑点所处的状态。美国学者采用该模型计算出了"火星气象卫星"、"阿丽亚娜"5号、"哈勃"空间望远镜、"哈勃"天文望远镜的 SRL 值，并对系统的 TRL 和 IRL 指数进行评价，数据结果较真实地反映出系统研制的实际状态。

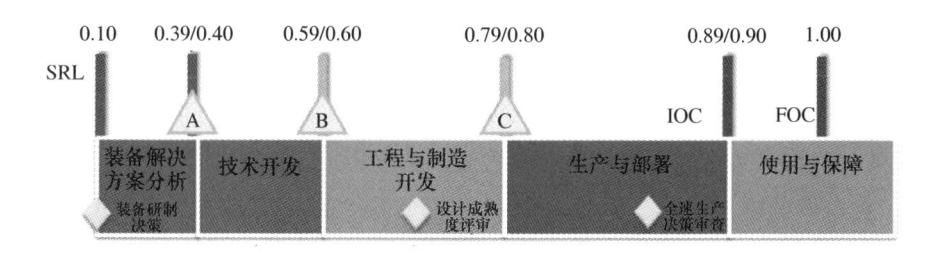

图 11-2 系统成熟度与国防采办的对应关系图

### 11.2.2 权值计算法

加权法是根据研制方的判断，按照各项关键技术在整个系统中的重要性大小，确定它们在整个项目中所占的比重。在判定了关键技术的成熟度等级之后，根据所确定的比重，将其成熟度等级进行加权，得出整个系统的技术成熟度等级。

T-50教练机的技术成熟度评价就是加权法在实践中的典型应用。T-50教练机的系统成熟度评价过程如下：

第一步：识别出T-50教练机的13项CTE，分别是结构、飞行控制、电子设备、座舱、推进系统、保障和支持系统、训练系统等。

第二步：将13项CTE进一步分解，得到649项子技术，并根据研制方的建议，确定各项子技术在对应CTE中的权重。

第三步：对每项子技术，根据TRL定义，以及各项子技术的性能数据、演示验证情况和在其他飞机系统中的应用情况，确定出其技术成熟度等级。

第四步：对关键技术下各项子技术的成熟度加权，得出每项CTE的成熟度等级，分别是结构7.5、飞行控制4.9、电子设备4.8、座舱6.0、推进系统6.0、保障和支持系统5.7、训练系统6.7等。

第五步：按照各项关键技术在整个系统中的重要性大小，确定各关键技术在T-50项目中所占的比重，分别为8%、18%、15%、5%、5%、5%、5%。

第六步：对13项CTE的成熟度按照确定的权重值进行计算得出T-50教练机的系统成熟度等级为6.3。

### 11.2.3 因子计算法

在该模型中，以"技术成熟因子"来表征系统技术成熟度的量化指标，它是一个位于0~1的数值，其大小表示系统与所需技术成熟度之间的差距。技术成熟因子越大，系统与所需技术成熟度差距越显著。

技术成熟因子取决于所有CTE的技术成熟度和风险等级，由各项CTE所需达到的TRL、当前评价出的TRL和风险等级三个参数计算得出，具体计算公式如下：

$$\text{TRF} = \sum_{i=1}^{n} (\text{gain})_i \times (\text{risk})_i \Big/ \sum_{i=1}^{n} (\text{goal})_i \times \max\{(\text{risk})_i\} \quad (11-6)$$

式中：TRF为表征系统技术成熟度的技术成熟因子；$n$表示该系统包括的CTE数量；$(\text{risk})_i$表示第$i$项CTE的风险等级，例如，定义三个风险等级，低风险等级数值为1，中风险等级数值为1.5，高风险等级数值为2；$(\text{goal})_i$表示第$i$项

CTE 需要达到的 TRL；(gain)$_i$ 表示第 $i$ 项需要达到的 TRL 与当前的 TRL 之差。

美国太阳帆—太阳能电推进项目采用该模型进行评价，其中，太阳帆确定出轻质结构与控制部组件技术、薄膜技术、环境控制部组件技术等 3 项 CTE；太阳能电推进技术确定出离子推进器技术、千瓦功率部组件技术、环境控制部组件技术等 3 项 CTE。表 11-4 显示了对太阳能电推进技术的离子推进器部组件技术中各 CTE 的成熟度评价。

表 11-4 对离子推进器部组件中各关键技术的评价

| 序号 | 离子推进器的关键技术 | 技术性能数据或实际应用情况 | 当前 TRL | 目标 TRL | 需要提升的 TRL | 风险等级 |
|---|---|---|---|---|---|---|
| 1 | 特殊动力 | 已经通过演示验证 | 4 | 6 | 2 | 低 |
| 2 | 长寿命 | 通过改变光学设计可将生命周期延长一倍，这已在推进器中得到验证 | 4 | 6 | 2 | 低 |
| 3 | 多功能推进器 | 其操作已经得到演示验证 | 4 | 6 | 2 | 低 |
| 4 | 推进器开关 | 在生命周期测试中，完成了 30~40 次开、关动作 | 4 | 6 | 2 | 低 |

进而，在此基础上，运用式(11-6)计算出离子推进器部组件的技术成熟度因子：

TRF = $(2×1+2×1+2×1+2×1)/(6×2+6×2+6×2+6×2)$ = 0.167

在计算出太阳帆和太阳能电推进各关键部组件的技术成熟因子之后，可进一步计算出太阳帆技术和太阳能电推进技术的成熟度因子。计算方法是，先将各关键组部件技术成熟因子计算式中的分子部分相加，再将所有分母部分相加，二者的比值即为太阳帆或太阳能电推进系统的技术成熟因子。

在此案例中，太阳帆的轻质结构与控制、薄膜、环境控制三个部组件的技术成熟因子分别是 18.5/52、11/36、3.5/26，因此太阳帆的技术成熟因子 TRF = $(18.5+11+3.5)/(52+36+26)$ = 0.29；太阳能电推进的离子推进器、千瓦功率部组件、环境控制三个部组件的技术成熟因子分别为 8/48、15.5/54、4/34，因此,太阳能电推进的技术成熟因子 TRF = (8 + 15.5 + 4)/(48 + 54 + 34) = 0.2。

### 11.2.4 模版对比法

同样基于集成成熟度和系统成熟度的概念,部分国外学者却采用了另外一种新的评价方法,我们称之为模版对比法。该方法相对简单,评价结果形象直观,是国外正在探索的一种比较典型的系统成熟度评价方法。

在此方法中,国外学者将集成成熟度共分为7个等级,其中1到3级分别表示界面、相互作用和兼容性,第4级为数据完整性检测,第5级表示综合集成控制,第6级表示数据传输和编译,第7级表示两项技术完全融合。

该方法的基本原理如下:首先假设一个只包含两项关键技术的简单系统,其系统成熟度可以表示为 TRL – IRL – TRL 模型。对一个复杂的系统来说,可以采用网络模型放大,逐一分析即可。由于 TRL 有9级,IRL 有7级,所以 TRL – IRL – TRL 模型的系统可以有567种变化。但是考虑到只有 TRL≥4 时,一项技术才能真正成为有实体的技术,才有可能与其他技术进行综合,所以排除 TRL≤3 的组合形式,最后得到的系统只剩下171种,但这个数字也非常庞大,不便于管理。所以国外学者选择了26种典型情况来代表两项技术的潜在动态关系。基于这种方法,研究学者对 NASA、DoD 等30个系统工程领域的项目专家组进行了 TRL – IRL – TRL 模型在线调查后发现:假设 1 – 1 – 1 对应最低级 SRL 1,9 – 7 – 9 对应最高级 SRL 5,那么把这些专家得出的 TRL – IRL – TRL 分析结果同与 DoD 采办阶段对应的5级 SRL 比较,得到一个系统成熟度等级模型,如图11 – 3 所示。

图 11 – 3  SRL 同 TRL – IRL – TRL 的对应关系

采用该模型可以得出任意系统的 SRL 值。例如,美国火星气候探测器(Mars Climate Orbiter, MCO)于1999年9月23日因导航系统出现问题在火星的大气层坠毁。调查发现事故原因是其中两个软件输出/输入单位不一致(一个是米制单位,一个是英制单位)。显然,MCO 的系统成熟度介于 SRL 2 和 SRL 5 之间,而其中出现问题的两个软件技术成熟度分别是 TRL 8 和 TRL 9。但是两项软件技术的集成成熟度只有 IRL 5,而 SRL = $f(\min[\text{TRL 1}, \text{TRL 2}], \text{IRL1 2})$,根据 MCO 的系统成熟度等级为 3 可知该系统处于 EMD 阶段。

## 11.3 复杂系统成熟度的评价问题

如第 10 章所述,随着科技的发展,目前国防装备系统工程的研究对象已从单个系统演变为 FoS、SoS、ES 等复杂系统,此类系统的典型特征是复杂性和多样性,以 SoS 为例,就可分为分层阶梯 SoS、网络化 SoS 和以网络为中心环境下 SoS 等多种形式(图 11-4 ~ 图 11-6)。

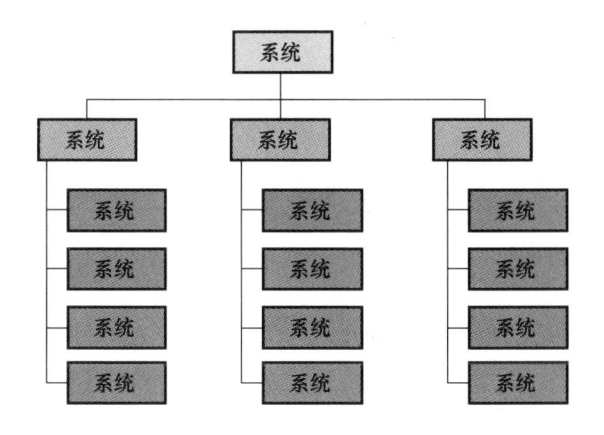

图 11-4 分层阶梯 SoS

以 SoS 为代表的复杂系统代表了当前和未来国防装备研制的主流,沿用传统的系统工程方法和工具已经无法解决复杂系统所面临的各种问题。因此,系统之系统工程(System of System Engineering,SoSE)等复杂系统工程也成为当前研究的热点。与系统工程相比,SoSE 等复杂系统工程具有如下几个方面的区别:

(1) 单个系统的边界条件是固定,而复杂系统的边界条件是动态变化的。
(2) 单个系统工程考虑的是过程和流程,而复杂系统则考虑方法论。
(3) 单个系统是以平台为中心,而复杂系统是以网络为中心。

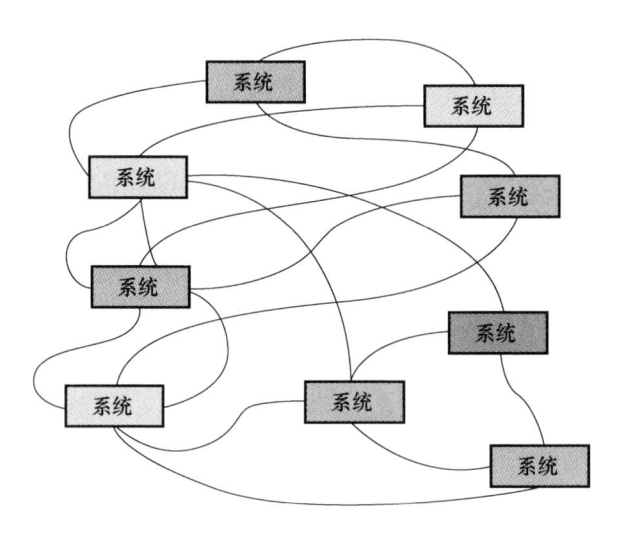

图 11-5 网络化 SoS

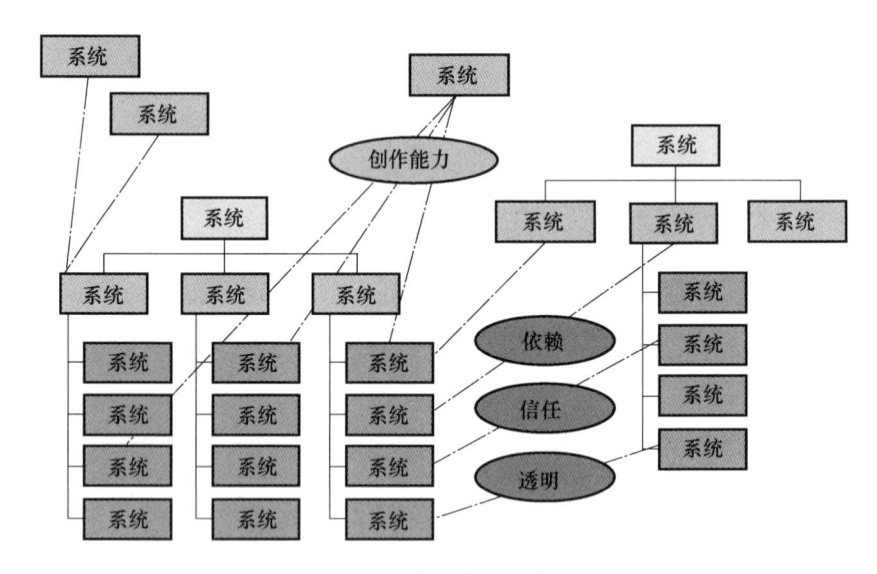

图 11-6 以网络为中心环境下的 SoS

（4）单个系统只需一次采办过程即可，而复杂系统工程需考虑多个并行的系统工程，且具有时间和技术成熟度上的不同步性。

除此之外，复杂系统的涌现性问题也是复杂系统工程中需重点考虑的问题。复杂系统与系统工程的区别如图 11-7 所示。

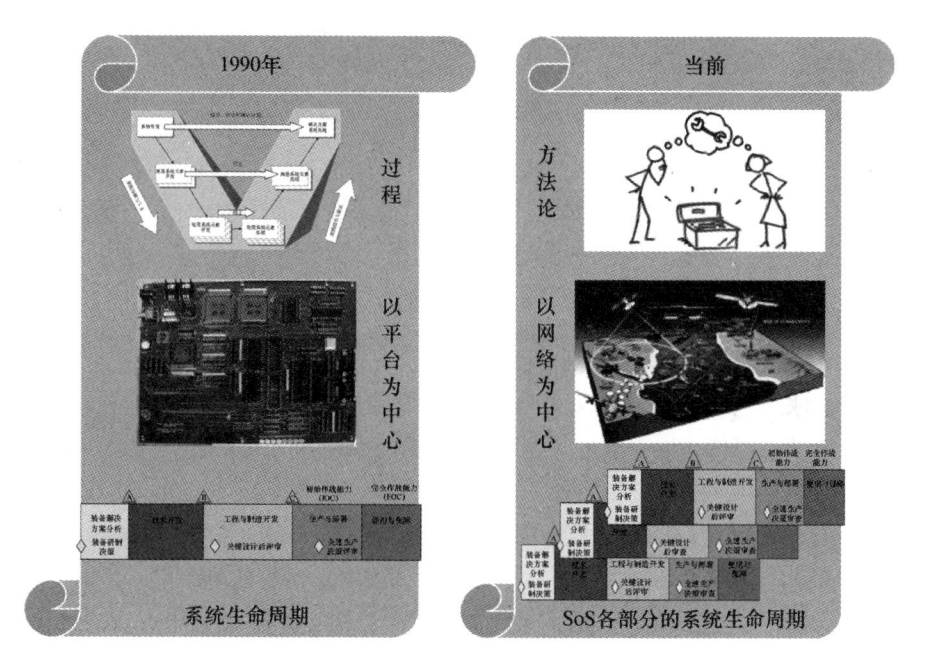

图 11-7 复杂系统与系统工程的区别

DoD 目前沿用的 TRA 指南所考虑的技术研发与评价主要集中于单个独立运行的复杂系统,而对于 JCIDS 中以网络为中心的应用、服务、复杂体系(ES)、系统簇(FoS)和系统之系统(SoS)而言,一方面,大多数情况下,先进的技术必须同时成熟,要求多重系统来支持所要求的互操作性和综合性,单纯考虑独立运行的单个复杂系统已难以满足多重复杂系统的实际需求。另一方面,目前缺乏对网络中心战系统关键技术/使能技术进行研发和评价的手段。这样,对于 SoS 的技术成熟度评价(TRA)的基本要求和指南将超越当前对系统的评价要求和指南。其中的主要挑战就集中在:SoS 等复杂系统和相关环境的定义、互操作性或相互依赖功能相关的关键技术的识别等方面。

首先,DoD 指南、工业和学术界对于 SoS 等复杂系统、网络中心战、信息技术(IT)系统等的定义尚未统一,而且有关互操作性的程度的分类系统也尚未定义出来。

其次,复杂系统的相关环境要求包括特定战斗能力所必要的互操作性及综合推动力。对于 SoS、FoS 及 ES 这样以网络为中心的系统,由于在相关环境的定义上无法达成共识,诸多技术专家们在进行相关环境下的 CTE 识别和评价方面大大受挫。

再次,系统的综合要超越系统的互操作性,主要的表现就是系统之间存在不同程度的功能依赖。通常来说,可互操作的系统可以独立地实现功能,而综合的系统中,服务流(工作流)一旦中断即会引发显著的功能丧失。举例来说,一个综合的 FoS 必须是可互操作的,但是可互操作的系统并非都是综合的系统。

总之,对于诸如 SoS、FoS 及 ES 这些复杂系统,其技术成熟度和系统成熟度的评价方法还需更进一步的发展和完善,才能更好地解决国防武器装备复杂系统工程中的成熟度评价问题。

# 缩略语

| 序号 | 缩略语 | 全 称 | 中 文 |
|---|---|---|---|
| 1 | AD2 | Advancement Degree of Difficulty | 技术成熟困难度 |
| 2 | AFCC | Advanced Flight Control Computer | 先进飞控计算机 |
| 3 | AFRL | Air Force Research Laboratory | 美国空军研究实验室 |
| 4 | aSRL | applied Science Readiness Level | 科学成熟度等级 |
| 5 | BCA | Business Case Analysis | 商业案例分析 |
| 6 | BOM | Bill of Material | 物料清单 |
| 7 | BPP | Breakthrough Propulsion Physics Project | 突破性物理学推进计划 |
| 8 | CDR | Critical Design Review | 关键设计评审 |
| 9 | CDU | Control Display Unit | 控制显示单元 |
| 10 | CI | Configuration Item | 技术状态项目 |
| 11 | CJCSI | Chairman of the Joint Chiefs of Staff Instructions | 美国参谋长联席会议主席指令 |
| 12 | CME | Critical Manufacturing Element | 关键制造元素 |
| 13 | COSSI | Cost and Operation and Support Savings Initiative | 节约支出和运行维护成本提案 |
| 14 | CTE | Critical Technology Element | 关键技术元素 |
| 15 | CVR | Cockpit Voice Recorder | 座舱话音记录器 |
| 16 | DDT&E | Design Development Test & Evaluation | 设计/研发/试验与评价 |

(续)

| 序号 | 缩略语 | 全　　称 | 中　文 |
|---|---|---|---|
| 17 | DHS | Department of Homeland Security | 国土安全部 |
| 18 | DMSMS | Diminishing Manufacturing Sources and Material Shortages | 制造资源萎缩和材料短缺 |
| 19 | DoD | Department of Defense | 美国国防部 |
| 20 | DoE | Department of Energy | 美国能源部 |
| 21 | DRL | Design Readiness Level | 设计成熟度等级 |
| 22 | DT&E | Developmental Test and Evaluation | 研制试验与评价 |
| 23 | EGI | Embedded Global Positioning System and Inertial Navigation System | 嵌入式全球定位系统/惯性导航系统 |
| 24 | EMD | Engineering and Manufacturing Development | 工程与制造开发 |
| 25 | EOA | Early Operation Assessment | 早期使用评估 |
| 26 | ES | Enterprise Systems | 复杂体系统 |
| 27 | EVM | Earned Value Management | 挣值管理 |
| 28 | FAA | Federal Aviation Administration | 美国联邦航空管理局 |
| 29 | FBS | Function Breakdown Structure | 功能分解结构 |
| 30 | FDR | Flight Data Recorder | 飞行数据记录器 |
| 31 | FOC | Full Operational Capability | 完全作战能力 |
| 32 | FoS | Family of Systems | 系统簇 |
| 33 | FRP | Full Rate Production | 全速生产 |
| 34 | GAO | Government Accountability Office | 美国政府问责办公室 |
| 35 | GPS | Global Positioning System | 全球定位系统 |
| 36 | IDM | Improved Data Modem | 改进型数据调制解调器 |
| 37 | ILS | Integrated Logistics Support | 综合后勤保障 |
| 38 | IOC | Initial Operational Capability | 初始作战能力 |
| 39 | IOT&E | Initial Operational Test & Evaluation | 初始作战试验与评价 |
| 40 | IPS | Integrated Product Support | 综合产品保障 |

(续)

| 序号 | 缩略语 | 全　称 | 中　文 |
|---|---|---|---|
| 41 | IPT | Integrated Product Team | 综合产品组 |
| 42 | IRL | Integration Readiness Level | 集成成熟度等级 |
| 43 | JCIDS | Joint Capability Integration and Development System | 联合能力集成与开发系统 |
| 44 | JDMTP | Joint Defense Manufacturing Technology Panel | 美国联合国防制造技术委员会 |
| 45 | JROC | Joint Requirements Oversight Council | 联合需求监督理事会 |
| 46 | JSF | Joint Strike Fighter | 联合攻击战斗机 |
| 47 | KPP | Key Performance Parameters | 关键性能参数 |
| 48 | KSA | Key System Attributes | 关键系统特征 |
| 49 | LCSP | Life Cycle Sustainment Plan | 生命周期持续保障计划 |
| 50 | LFT&E | Live-Fire Test & Evaluation | 实弹试验与评价 |
| 51 | LRIP | Low Rate Initial Production | 初始低速生产 |
| 52 | LRL | Logistics Readiness Level | 后勤成熟度等级 |
| 53 | MAIS | Major Automated Information System | 重大自动信息系统 |
| 54 | MatRL | Material Readiness Level | 材料成熟度等级 |
| 55 | MBSE | Model Based System Engineering | 基于模型的系统工程 |
| 56 | MCO | Mars Climate Orbiter | 火星气候探测器 |
| 57 | MDAPS | Major Defense Acquisition Programs | 重大国防采办计划项目 |
| 58 | MFD | Multi-Function Displays | 多功能显示器 |
| 59 | MMP | Manufacturing Maturity Plan | 制造成熟计划 |
| 60 | MRA | Manufacturing Readiness Assessment | 制造成熟度评价 |
| 61 | MRL | Manufacturing Readiness Level | 制造成熟度等级 |
| 62 | MSA | Materiel Solution Analysis | 装备解决方案分析 |
| 63 | NASA | National Aeronautics and Space Administration | 美国国家航空航天局 |
| 64 | NCS | Net Centric System | 网络中心系统 |
| 65 | NRC | National Research Council | 国家研究委员会 |
| 66 | OA | Operational Assessment | 使用评估 |

(续)

| 序号 | 缩略语 | 全 称 | 中 文 |
|---|---|---|---|
| 67 | ORD | Operational Requirements Document | 作战需求文档 |
| 68 | OT&E | Operational Test & Evaluation | 作战试验与评价 |
| 69 | PBL | Performance Based Logistics | 基于性能的后勤 |
| 70 | PBS | Product Breakdown Structure | 产品分解结构 |
| 71 | PHS&T | Packaging, Handling, Storage and Transportation | 包装、装卸、储存与运输 |
| 72 | PRL | Programmatic Readiness Level | 项目管理成熟度等级 |
| 73 | PSM | Product Support Manager | 产品保障经理 |
| 74 | R&D | Research & Development | 研究与发展（研发） |
| 75 | RI3 | Risk Identification：Integration & Ilities | 基于集成与可达性的风险识别 |
| 76 | S&T | Science and Technology | 科学技术（科技） |
| 77 | SDD | System Development and Demonstration | 系统开发与演示验证 |
| 78 | SEI | Software Engineering Institute | 软件工程协会 |
| 79 | SEP | Systems Engineering Plan | 系统工程计划 |
| 80 | SML | Sustainment Maturity Level | 持续保障成熟度等级 |
| 81 | SoS | System of Systems | 系统之系统 |
| 82 | SoSE | System of System Engineering | 系统之系统工程（复杂系统工程） |
| 83 | SRL | System Readiness Level | 系统成熟度等级 |
| 84 | SusRL | Sustainment Readiness Level | 持续保障成熟度等级 |
| 85 | SysML | Systems Modeling Language | 系统建模语言 |
| 86 | TBS | Technology Breakdown Structure | 技术分解结构 |
| 87 | TEMP | Test and Evaluation Master Plan | 试验与评价主计划 |
| 88 | TFU | Theoretical First Unit | 理论初始单元 |
| 89 | TMP | Technology Maturity Plan | 技术成熟计划 |
| 90 | TRA | Technology Readiness Assessment | 技术成熟度评价 |
| 91 | TRL | Technology Readiness Level | 技术成熟度等级 |
| 92 | USAF | U. S. Airforce | 美国空军 |
| 93 | UUE | Unit Under Evaluation | 被评单元 |
| 94 | WBS | Work Breakdown Structure | 工作分解结构 |

# 参 考 文 献

[1] Chairman of the Joint Chiefs of Staff Instructions(CJCSI)3170.01F. Joint Capabilities Integration and Development System. 1 May 2007.

[2] International Coucil on Systems Engineering (INCOSE). Systems Engineering Handbook. INCOSE-TP – 2003 – 002 – 03. 2006.

[3] 汪应洛. 系统工程. 北京:机械工业出版社,2004.

[4] 陈学楚,张诤敏,陈云翔,等. 装备系统工程. 北京:国防工业出版社,2008.

[5] Department of Defense. Systems Engineering Guide for System of Systems. 2008.

[6] Department of Defense. Defense Acquisition Guidebook,10 January 2012.

[7] U.S Government Accountability Office. Defense Acquisition Assessments of Selected Weapon Programs. GAO – 09 – 326SP. March, 2009.

[8] William L. Nolte. Did I Ever Tell You About The Whale? Or Measuring Technology Maturity. Information Age Publishing, Inc. 2008.

[9] Department of Defense. Technology Readiness Assessment (TRA) Deskbook. April, 2005.

[10] John C Mankins. Technology Readiness Level, A White Paper. April 6, 1995.

[11] Hernando Jimenez, Dimitri N. Mavris. Assessment of Technology Integration using Technology Readiness Levels. 51*st AIAA Aerospace Sciences Meeting including the New Horizons Forum and Aerospace Exposition*, 07 – 10 January 2013, Grapevine (Dallas/Ft. Worth Region), Texas, AIAA paper 2013 – 0583.

[12] Joint Defense Manufacturing Technology Panel (JDMTP). Department of Defense. Manufacturing Readiness Assessment (MRA) Deskbook. May 2009.

[13] Department of Defense. DoD Life Cycle Management (LCM) & Product Support Manager (PSM) Rapid Deployment Training. June 2011.

[14] Marc G. Millis. Breakthrough Propulsion Physics Project:Project Management Methods. NASA/TM – 2004 – 213406, December, 2004.

[15] Department of Defense. Technology Readiness Assessment (TRA) Guidance. July 2011.

[16] John C. Mankins. Technology readiness assessments: A retrospective. *Acta Astronautica*. Volume 65, Issues 9 – 10, November-December 2009, Pages 1216 – 1223.

[17] 程文渊,张慧,王传胜,等. 技术成熟度评价方法培训手册. 科技咨询评估中心,2009.

[18] Department of Defense. UH – 60M Technology Readiness Level Assessment. 6 March 2001.

[19] William L. Nolte. Airforce Research Laboratory. Technology Readiness Level Calculator V2.2. 2004.

[20] James W. Bilbro. Using the Advancement Degree of Difficulty (AD2) as an input to Risk Management. Technology Maturity Conference 2008. Virginia Beach, VA. September 8 – 12, 2008.

[21] 张慧,王传胜. 技术成熟度相关风险评估方法简析. 航空咨询,2011.

[22] Implementation Team TD – 1 – 12. Risk Identification: Integration & Ilities (RI3) Guidebook. December 15, 2008.

[23] 刘亚威,任晓华,杨玉岭,等. 制造成熟度评价方法培训手册. 科技咨询评估中心,2011.

[24] Department of Defense. Product Support Manager Guidebook, 2011.

[25] Michele L. Hanna, Fellow, Lockheed Martin. Establishing Sustainment Readiness Levels (SRLs) for Systems Design. 2010.

[26] Aging Aircraft Integrated Product Team (AAIPT). Process for Evaluating Logistics Readiness Levels (LRLs), May 10, 2006.

[27] 王萍. 国外后勤保障相关成熟度模型浅析. 装备质量,2012.10.

[28] Brian J. Sauser, Dinesh Verma. From TRL to SRL: The Concept of Systems Readiness Levels, Stevens Institute of Technology,2006.

[29] 刘代军,于晓伟. 从单项技术到系统集成——国外技术成熟度评价方法的探索与实践. 航空咨询,2009.

[30] 邢晨光. 技术成熟度方法在企业科研管理中的应用. 航空咨询,2012.

[31] Alex Gorod-agorodis. Modern History of System of Systems Engineering (SoSE). Stevens Institute of Technology, 2011.